怎样读书

Zen Yang Du Shu

福建省厦门双十中学校本读本

许嘉璐等　　著

许序修　　选编

厦门大学出版社　国家一级出版社
XIAMEN UNIVERSITY PRESS　全国百佳图书出版单位

目　录

阅读对当今中国具紧迫现实意义 ……………………… 许嘉璐 1
应该把全民阅读作为国家战略 …………………………… 朱永新 7
时代的阅读深度 …………………………………………… 张　炜 11
读书的传统与传统地读书 ………………………………… 周远斌 19
现在书该怎么读 …………………………………………… 金克木 22
数字化时代的阅读 ………………………………………… 吴祚来 25
读书，一个历史学家的真诚嘱咐
　　——白寿彝教授谈读书 ……………………………… 瞿林东 28

珍惜读书做学问的大好时间 ……………………………… 叶秀山 34
读书的"风景"与"爱美的"学问 ………………………… 陈平原 39
好读书与读好书 …………………………………………… 周国平 49
养成阅读习惯是一门科学 ………………………………… 邬书林 54
经典阅读的当下意义 ……………………………………… 汪涌豪 60
读书的意义 ………………………………………………… 赵启正 67
阅读的重量 ………………………………………………… 铁　凝 70
阅读与人生 ………………………………………………… 莫　言 75
思想的张力 ………………………………………………… 何怀宏 81
阅读的未来 ………………………………………………… 胡　泳 88

毛泽东的读书生涯和政治实践 …………………………… 陈　晋 97
博览群书的革命家
　　——毛泽东读书生活我见我闻 …………………… 逄先知 105

毛泽东读书纵横谈 …………………………… 王炯华 114

毛泽东读鲁迅著作 …………………………… 徐中远 124

古籍新解,古为今用

　　——记毛泽东读中国文史书 ………………… 逄先知 133

毛泽东读报章杂志 …………………………… 逄先知 146

读书杂谈 …………………………………………… 鲁　迅 152

鲁迅的读书方法 …………………………………… 张　才 157

读书漫谈 …………………………………………… 钱　穆 162

我的读书经验 ……………………………………… 蔡元培 165

读书 ………………………………………………… 胡　适 167

论读书 ……………………………………………… 林语堂 173

谈读书 ……………………………………………… 朱光潜 177

我的读书经验 ……………………………………… 冯友兰 181

我的读书经验 ……………………………………… 曹聚仁 184

我的苦学经验 ……………………………………… 丰子恺 187

我的读书经历 ……………………………………… 杨宪益 195

谈谈怎样读书 ……………………………………… 王　力 197

读书的方法 ………………………………………… 钟敬文 200

关于读书的学问 …………………………………… 余英时 203

在读书中思考 ……………………………………… 赵汀阳 206

我的快乐读书观 …………………………………… 余三定 211

选择与鉴别

　　——怎样阅读文艺书籍 …………………………… 老　舍 218

怎样读宋词 ………………………………………… 谢桃坊 221

"浏览式阅读法"与"精研式阅读法" …………… 陈　亮 227

随风潜入夜　润物细无声

　　——朗读与情操的陶冶 …………………………… 鲁景超 231

读书·读人·读物 ………………………………… 金克木 233

漫谈读书与治学 …………………………………… 蒋　凡 237

写什么书和读什么书 ……………………………… 朱　正 244

哲学:多读多思 …………………………………… 叶秀山 247

阅读,与经典同行 ……………………………… 王余光 251

我一读再读的十部书 …………………………… 绿　原 259

"四岁就读莎士比亚"的启示 …………………… 周汝昌 267

读书到苦方觉甜 ………………………………… 刘道玉 270

阅读是一种孤独 ………………………………… 毕淑敏 274

访好书如访美人 ………………………………… 韩石山 276

摸书 ……………………………………………… 冯骥才 278

我不太读新书 …………………………………… 徐城北 280

枕头下的书 ……………………………………… 倪梁康 282

跋 ………………………………………………………… 286

阅读对当今中国
具紧迫现实意义

许嘉璐

【许嘉璐，（1937—　　），江苏淮安人，民进成员。1959年参加工作，北京师范大学中文系毕业，大学文化，教授，全国人大常委会原副委员长。】

　　中国是一个具有五千年文明的古国，中华文化延绵至今从未断绝，"忠厚传家久，诗书继世长"是文明的传统和文化不断延续发展的原因。在我们这样一个文明古国，现在要讨论为什么要读书，我认为这是很悲哀的，说明现在是一个不读书的时代。一个不读书的民族将会怎样，无须我多说。

读书的意义

　　我们从总体上看文化与教育是落后的。民族如果不读书就无法完成全面建设小康社会的任务。要吸纳世界上一切优秀文明成果为我所用。

　　阅读，对一个国家、一个民族、一个个体都很重要，从中国现实社会呈现的特点看，阅读对当今中国尤其具有紧迫的现实意义。

　　第一，我们是从文盲充斥的状态经过几十年的努力迅速走向了教育的普及，但总体上文化与教育是落后的。经过党和政府以及各级干部群众的努力，现在我国人均受教育年限已经达到9.6～9.7年。而摆在我们面前的是要建设一个现代化的文明、富强、民主的社会主义国家。现在整个社会教育普及的程度、国民的素质和我们的奋斗目标差距太大。虽然我们也有院士、教授、博士、"海归"，但是建设这么一个大的国家，只靠几百万人、几千万人是不够的,需要 13 亿高素质的人共同努力。

第二,我们刚刚达到基本小康,党中央提出来要走向全面建设小康社会的任务。民族不读书,怎么能达到? 全面建设小康社会当然要看人均居住面积、电信化水平、交通便利与否等,但同时还要看整个民族的文化水平、素养,以及文明与民主的程度。

第三,我们曾长期封闭,现在在走向全面开放,要吸纳世界上一切于我有用、我又能用的优秀文明成果。西方发达国家的社会、经济、科技已经发展到较高程度了,如果我们只有 9.6 年的受教育程度能学得到吗? 去年我国图书销售码洋 100 多亿元,听起来很多,但是用 13 亿人口的总量一平均,我们花在读书上的钱就少得可怜。况且在这 100 多亿中,还有国家机关买书、图书馆购书和国家机关买书发给职工的部分。

国家开放后,我们要学习先进、有用的东西,但是落后、腐朽、肮脏、与我们不适用的也进来了。我们设想一下自己的孩子,当他只有初中水平的时候,能分出什么是好,什么是坏吗? 中国又封闭得久了,打开窗子觉得外面一切都是新鲜的,蜜糖与毒药不分,一起吞下了。而当一个人通过读书获得更高的智慧,达到自觉的时候,就可以真正形成一道看不见的文化、思想、感觉的铜墙壁垒。

现在"软实力"这个词谈得比较多,这个概念是哈佛大学教授约瑟夫·奈提出的,他是就国与国的竞争、对抗而言的。如果我们只就着自己的发展来说,使用"提高我国软实力"类似的说法并不很恰当。中国从古至今,没有主动扩张的意图,主动与他人对抗不符合中华民族的哲学。我觉得还应该多谈谈读书对内的作用,最好用别的词。

第一,阅读可以增强民族凝聚力。现在党领导我们的事业起到了核心作用。但是增强民族凝聚力只靠政策不行,要靠我们共同祖先留下的精神和共同走过的路。我们可以从民俗领悟到这一点。新中国成立前几乎村村寨寨都有家庙、宗祠,五服之内的人都要拜。同一家族的人可能一年都不见面,甚至为房产、田产产生矛盾,但是家祭时都要来拜祖。这是家族的凝聚力。一个家族如此,扩大来看,一个国家、一个民族也是如此。

第二,阅读可以促进社会进步,保证社会的稳定和和谐。保证社会稳定和和谐主要是靠法律,但是当一个国家和民族只能靠法律来维护的时候,这个国家和民族实际上已经在走向崩溃。因此除了法还应该有"德"。党中央提出依法治国和以德治国相结合,这是中华传统文化在今天的体现。例如人民法院有调解制度,在诉讼前先调解,如果言归于好就可撤诉,这在世界上是独有的。

调解就是唤起被诉方和诉方的良知和宽容。这对于构建和谐社会,落实邓小平同志提出的稳定压倒一切,作用太大了。

第三,中国要走可持续发展的道路必须全民读书。可持续发展除了环境、资源、人口等社会因素之外,很重要一点就是要创新,不能老跟在人家屁股后面。真正的创新靠的不是 HO_2、$NaHO_3$ 和加减乘除,而是人文。创新要有胆略,需要好奇、联想和想象,这些都不是理工科的专业课程所能给予的,而是要文化,特别是民族文化予以熏陶和启迪。清华大学的毕业生不是都能当院士的,具有创新精神的能成为"家",缺乏创新精神的就只能是"匠"。匠当然也很重要,但我们也需要越来越多的创新者。

当今中国需要读书

目前中国经济建设和社会发展在许多方面陷入两难境地,怎样解决?要沉静,要从浮躁、浮夸、浮肿中落到地面上来。第一要好学,第二要深思。读书可以让社会沉静下来,让人深思,而深思是催生智慧最好的途径。

我们目前面临的不是发展不发展的问题,而是发展太快了就容易引发环境、资源、社会等种种问题,在社会层面上呈现的就是整个社会的浮躁。浮躁、浮夸、浮肿"三浮"之病在每个个体身上的体现就是空虚、精神无所依归。

这样一个两难的境地是怎么来的?我们就不能不看到经济全球化的两面性。虽然"经济全球化"这个概念是在 1947 年提出的,但是在 19 世纪就已经开始。当时英国用东印度公司把南亚拿下,又通过鸦片和炮舰占领了中国,这也是经济全球化,只不过当时是通过鸦片现在则主要靠商品。以后两次世界大战延缓了经济全球化的进程。从 1989 年特别是叶利钦上台以后,经济全球化才真正实现。经济全球化本质上是跨国集团为了获取超额利润而积极推动的,它要转移污染和资源供应地,这给广大发展中国家带来严重后果。

目前很多发展中国家已经陷入了泥淖而不能自拔,他们在经济全球化过程中被边缘化的现象很明显。到 20 世纪末,非洲整个的 GDP 已经降到了 60 年代建成民族国家摆脱贫困以后那段时间的 50%。中国的"两难"问题也源于此。中国是最大的发展中国家,我们要抓住经济全球化这一机遇。但是全球化的弊病对我们也有很深的影响,在社会领域最具体的体现就是人与人关系的淡薄以及个人心灵空虚,身与心的分离。

从社会、人类发展的规律看,我认为我们需要沉静,要从浮躁、浮夸、浮肿中落到地面上来。第一是好学,要多读书。第二要深思,只有深思才能产生智慧。读书可以让社会沉静下来,读书可以让人深思,而深思是催生智慧的最好途径。

深思就要反思传统,从祖先的智慧中汲取营养。中华文明是全世界几个著名的古代文明中唯一没有中断过的。这样一个文明值得我们骄傲。中华民族的文化成长于农耕社会,农耕社会人们没有现在浮躁,发展速度慢,人们可以优哉游哉地冥想。在农耕社会,人和土地、草木、天、水打交道,对于客观世界的观察极其细致,人和人之间的关系也最为密切。进入工业化和全球化以后,人们远离了自然,远离了他人,也远离了自己的心。长此以往,人何以堪,世界何以堪?

我们要从中华文化中汲取智慧,把古人的智慧拿来创造出适合今天、适合未来的"智"。这就需要我们读书。这不是一年两年十年八年的事,我相信通过读书,中国会再次产生出像孔子、老子一样的大思想家,贡献出社会发展和人类前进所需要的智慧。相信中国人的智慧,中华民族的智慧是能够解决当前的世界性难题的。

怎样让全民读起书来

图书出版要处理好快与慢、高与低、古与今、新与旧、义与利的关系,处理好编书与营销的关系。要多发现和培育像易中天、于丹这样传统文化的普及者。

第一,要处理好几种关系。

首先是图书出版快与慢的关系。我们要多出书,出好书,但是书出快了很容易出问题。出版部门应该和科研、教研主管部门联起手来,用各种方式,支持一部分学者沉静下来,用三年五年、八年十年写一本书。

其次是图书出版高和低的关系。"高"指的是基础研究、专门的研究;"低"指的是通俗的、大众的。大众读物是满足最基本群众的图书,现在急需多出这方面的书。但是只有这些,没有"高",即给文化打根基的东西,将来普及也很难,因为没有源了。

再次是古与今的关系。自西方工业化革命以来,人们的知识不断扩大,现在则处于知识爆炸的时代,但是,人类的智慧,即关于人和人、人和天、身和心、现世和未来关系的认识并没有增加,甚至是倒退。因此,中国古代哲人的一些东西要适当多出一些。

另外是新和旧的关系。"新"就是新版书,"旧"就是重版书。我们的图书品种需要不断增加,但是不要轻视重版。重版证明有价值,证明现在还有用。

最后,是义和利的关系。我们既不能唯利是图,也不能不言利。我想应该吸收永嘉学派的态度和观念——义利兼求。义,就是取之有道,同时回馈社会;但是,无利,无法生存,无法发展。目前出版集团、出版社都有这个问题,我们需要更好地兼顾。

我希望加大对出版的扶持力度,尤其是在税收上。出版社能否不纳税?这是有先例的。英国100多年来出版社是不纳税的。英国前首相撒切尔夫人曾经提出过改革,要求出版社也纳税,出版社纷纷抗议,于是铁娘子也不得不让步。至今英国所有出版社还是不纳税的。赢利了怎么办?法律规定,必须用来扩大再生产,扶持文化、科学事业。我们现在是纳税后返还回来作为文化发展基金,能不能把出版社的利润留给它自己,让它做大做强?我国目前的图书销售额只相当于美国一个出版集团一年的营业额啊,这样我们在文化产品的竞争上能有多大力量?

第二,要处理好编书和营销的问题。

这个问题涉及技术层面,即如何用现代化的手段让从编到销全过程完全同步。我直接到书店买书的机会不多。在网上购买,我知道书名的可以在网上订购,但是不知道书名的就无法办了。现在没有这样一个平台。我建议几个出版集团能否在新闻出版总署和中宣部的指导下,通力建立一个图书界的"阿里巴巴"。书出版之后马上就到了物流中心。读者点击之后,物流中心、邮购中心就知道了,那边就从架上取下来,包装发出,同时结算中心就接到了网上交易的费用。这个项目需要一定的投入,但是这一投入是会得到丰厚回报的。一是销售额增加,二是增加一大批人就业,三是可能带来书价的下降。

第三,书是死的,单靠文字有些人会缺乏兴趣,要通过各种方式把知识变成活的,让没耐心读书的、没时间读书的人培养起读书的兴趣,这就需要我们多发现和培育一些像易中天和于丹这样的传统文化的普及者。

于丹善于普及,她真读了《论语》、《庄子》等原著而且是在用心读,强调知行的合一,这是中国学问的根本和真谛。同时,她的心得用活泼生动的语言传授给千家万户。在中国,易中天和于丹不是多了,而是少了。我希望将来能多出一些易中天和于丹式的人物。对于普及工作我认为不能过于苛刻。不错,于丹不是多年来完全致力于此的专家。语言文字学家往往会针对一句话、一个字,研究很长时间,最后得出自己的意见。比如,"学而优则仕",多年来被理解为"学好了就做官"。其实,孔夫子本意是学得优哉游哉有余力了再去做官。如果你还没有学好就不要做官。只有这样解释,下一句才能解通:"仕而优则学"。做官不必事必躬亲，因此就有时间来读书。这个"优"字，就需要考据。但于丹不是做这个的，能这样要求吗？再说，我们退休的人员、农民工有闲工夫听你说这个字在马王堆的书里面是什么样子，在敦煌帛书里面是什么样子，在宋本里是什么样子吗，在"十三经本"是什么样子吗？我们的国学，关于世界的知识，甚至关于当今世界动向的知识都需要一批专家用群众能理解的、喜闻乐见的方式传授给他们。有点错怕什么呢？从前，遍布城乡、考不中秀才的私塾老先生，讲的每句话都对吗？不是照样培养出了秀才、举人和进士？学生中了进士之后发现当初老师讲错了，并不耻笑，回到乡下见到老师还是三拜九叩。再说了，古人的考据就对吗？

所以，我要给于丹加油。当然，在她成长过程中，"师而优"则讲，"讲而优"还要归来，再沉静下来。对于批评，甚至责难，无论谁提出的，能吸纳的就吸纳，下一次讲就提高了。

我想于丹和易中天老师给人们普及传统文化起到了四个作用：

第一，唤起了民族的记忆。多少人听了于丹的讲话才知道，哎呀，从前只知道孔老二，原来他说了这么多挺好的话。这就是把失去的民族记忆唤醒了。

第二，促进了民族思绪的"回归"。回归并不是回到过去，而是我们的思路再回到"母亲"的怀里。别忘了，我们长这么大都是吃的母亲的乳汁啊。祖先的智慧有的比我们还高明啊。

第三，冲破了隔开专家和群众的樊篱，走出了书斋，在象牙塔上开了一扇窗。作为大学的学者，易中天和于丹走到群众当中去，不仅面对面讲授，还利用传媒广为传播，让群众觉得教授和他们的距离并不远。

第四，推动了读书。《于丹〈论语〉心得》发行了将近 300 万册，这说明至少有 300 万人在看书。我相信其中可能有很多人从来没有听过"论语"这两个字，现在他们知道了。这样的学者多了，讲的内容多了，人们读的书也就更多了。

在党中央号召弘扬中华传统文化和时代精神相结合来创造社会主义新文化的过程中，有的学者讲《聊斋》，有的学者讲《红楼梦》，都是可敬的。我们大家应该向他们敬礼。

《中国新闻出版报》2007 年 4 月 27 日

应该把全民阅读作为国家战略

朱永新

【朱永新(1958—),江苏大丰人。1988年4月参加民进,1976年5月参加工作,研究生学历,博士学位,苏州大学教授、博士生导师。新教育改革发起人。现为民进中央委员会副主席。】

"国家战略"一词的使用,最早出自美国,其定义是:"在平时和战时,在组织和使用一国武装力量的同时,组织使用该国政治、经济、心理上的力量,以实现国家目标的艺术和科学。"日本给国家战略下的定义是:"为了达成国家目标,特别是保证国家安全,平时和战时,综合发展并有效运用国家政治、军事、心理等方面力量的方策。"中国学术界对国家战略尚无统一认定,一般认为,它是指导国家各个领域的总方略。其任务是依据国际国内情况,综合运用政治、军事、经济、科技、文化等国家力量,筹划指导国家建设与发展,维护国家安全,达成国家目标。目前,我们先后提出过知识产权国家战略、能源问题国家战略等,但是一直没有把阅读,尤其是全民阅读作为国家战略。

其实,全民阅读是一个非常重要的问题。一个民族的思想基础和核心价值体系的建设离不开阅读,中华民族共同的精神家园建设更离不开阅读。我们处在一个伟大的时代,但是和几乎所有快速成长的时代一样,有很多问题。首先就是面临着共同价值崩溃的危险。当今的社会缺乏共同语言,而缺乏共同的语言,又怎么可能有共同的理想,共同的道德标准和共同的价值观呢?如果没有共同的道德标准和对于未来的共同的愿景,也就没有所谓的核心价值体系和思想基础。为此,我们需要了解我们自己的历史,以及世界文明经典,这些都只有通过阅读才能完成,除此之外,我们别无选择。

所以,从根本上来说,一个民族、一个国家的竞争力不是取决于它的物质力量,而是取决于它的精神力量;而一个国家、一个民族的精神力量,不是取决于这个民族的人口数量,而是取决于它的阅读的力量。国际阅读学会在总结阅读对于人类的最大的益处时,曾经在一份报告中指出,阅读能力的高低,直接影响到一个国家和民族的未来。因为阅读可以强化文化认同、凝聚国家民心、振奋民族精神,可以提高公民素质、淳化社会风气、建构核心价值。

因此,世界上很多国家都把阅读作为重要的国家战略,用尽各种办法推动全民阅读。亚洲四小龙中最具危机意识的新加坡,提出来 Thinking Schools, Learning Nation(思考型学校,学习型国家)的口号。从 2001 年 11 月开始,新加坡婴儿出生时,医院的护士叮嘱产妇的事项中,竟然有"如何读书给婴儿听"一项。这就是新加坡政府提出的"天生读书种,读书天伦乐"(Born to Read, Read to Bond)。

在美国,不管是克林顿时代的"美国阅读挑战"运动,还是布什的"阅读优先"方案,都大力提倡读书。1997 年末,美国政府掀起了一场"阅读挑战行动",当时克林顿总统亲自作了"美国阅读挑战行动报告",在《为美国的教育,行动起来!》的演说中,他提出了教育发展的三大目标和应遵循的十大原则,其中之一就是开展阅读运动。克林顿政府提出,应发起一场阅读运动,并建立一支由百万公民自愿组织的辅导队伍,确保美国学生在小学二年级结束前能够独立看书。布什政府在 2001 年初发布了《不让一个孩子落后》(No Child Left Behind Act)的教育改革议案,其中指出,美国存在两个民族:一个能阅读,另一个不能。该法案中关于阅读改革的力度之大令全球瞩目,仅仅 2001 年就为"阅读领先"行动投资了 9 亿美元。2009 年 2 月,刚上任不久的奥巴马总统与妻子米歇尔来到首都华盛顿一所小学,一起为孩子们朗读介绍美国登月宇航员阿姆斯特朗的儿童读物片断,与全班师生合影、握手、拥抱,还送上满满两个牛皮纸袋的书。

早在 1999 年 8 月,日本参众两院就通过决议把 2000 年定为"学生读书年"。2001 年 11 月,日本制定了《关于推进中小学生读书活动的法律》,规定了读书活动的理念,明确了国家、地区和公共团体在读书活动中的责任。为此,日本文部科学省制定了"日本中小学生读书活动计划",全方位指导读书活动的开展。

为了改变与欧盟其他国家相比国民接受教育程度低下的状况,2006 年 6

月,葡萄牙社会党政府推出一项"国家阅读计划"。

　　最近几年,在党和国家领导人亲自倡导下,我国全民阅读问题已经引起广泛重视。但是与发达国家相比,我们的差距仍然很大。我国每年出版的图书不下30万种,但是户均消费图书只有1.75本,作为世界上最大的图书生产国,我们却又是人均阅读量最少的国家之一。不仅仅是普通民众,大学生也没有阅读习惯。据复旦大学的一个调查,大学生阅读本专业经典著作的,只有15.2%;阅读人文社会科学经典著作的,仅有22.8%;阅读专业期刊的,只有9.3%;阅读外文文献的,只有5.2%。这是我们大学生阅读的一个普遍状态。而美国大学生平均每周的阅读量是500~800页各类书籍,如此悬殊的数字实在令人汗颜。

　　我认为,一个人的精神发育史就是他的阅读史;一个民族的精神境界取决于它的阅读水平。在强调提高国民素质、提高国家综合竞争力、促进社会走向和谐文明的今天,全民阅读显得尤为重要。应该把全民阅读作为国家战略来认真实施。

　　第一,应该建立国家阅读日或者国家阅读节。建议把每年的9月28日作为国家阅读日,因为这一天是中国儒家代表人物孔子的诞辰日。以此倡导孔子提出的"学而时习之"和"学而不厌"的精神,对推动全社会阅读有深厚的文化基础。同时,9月28日是新学期开学不久,倡导读书之风,有利于学校营造书香校园。

　　第二,各级领导人应该亲自倡导和推动全民阅读。建议国家领导人和各级主要领导每届任期内至少一次到校园与学生一起读书,以推动全民阅读。

　　第三,加强各级各类图书馆建设。图书馆建设是开展读书活动的基础工程,没有布局合理、藏书丰富的图书馆,很难想象会有学习型学校、社区和城镇。为此,建议制定学习型学校、社区和城镇的图书馆建设标准,对图书馆的建筑面积、环境设施、图书数量、服务质量等作出相应的规定。同时,倡导和鼓励各级各类教育、文化部门以及社会公益组织,特别是经济发达地区,积极扶持和帮助经济不发达的农村和地区建设图书馆、图书室等公共读书场所。

　　第四,做好优秀图书的推介工作。国家要做好优秀图书的推介工作,让全体国民尽快了解优秀图书的出版信息。注意推介工作的多样性(运用多种媒体)、层次性(不同读者群)、艺术性(吸引读者眼球),从而激发读者阅读的愿望与激情。要推进独立书评人制度,在全国主要媒体开设阅读的频道与栏目,为全社会推荐优秀书目。

　　第五,开展丰富多彩的读书活动。在阅读日期间,可开展读书沙龙、读书知识竞赛、读书演讲比赛或读书征文、中华经典阅读大赛等活动,营造良好的读书氛围,推动全民读书活动的可持续发展。特别是要在学校教育中开展读书活动、进行有效的阅读指导,培养学生从小养成良好的阅读习惯和阅读能力;同时将阅读作为学校办学业绩评估的一项内容。在社区,可招募"阅读辅导志愿者",为阅读的弱势群体提供无偿服务和方法指导。

第六,开展多种形式的评比活动。通过评比促进学习型学校、社区和城市的建设。可在全国范围内开展学习型城市创建活动,评选"全国阅读十佳"城市。在同一个城市可以评选书香家庭、书香社区、书香学校等,也可评选某个城市的"读书十佳"人物等。在此基础上,可以设立国家级的读书奖(可以"论文竞赛"形式出现)。在法国历史上,这样的论文竞赛,成就了不少大师级人物(如卢梭)。

(《光明日报》2009 年 6 月 27 日)

时代的阅读深度

张　炜

【张炜,(1956—　　),山东省龙口市人,原籍栖霞县。1975年开始发表诗歌,1980年开始发表小说。山东省作家协会主席、专业作家。发表作品一千余万字,被译成英、日、法、韩、德等多种文字。在国内及海外出版《张炜文集》等单行本二百余部。】

阅读的困境

一个写作者回忆自己的阅读史,会发现与写作史几乎是重叠的,也就是说,随着阅读的文字越来越多,写下的文字也就越来越多。可见一个好的写作者首先就是一个好的阅读者。

我们今天的阅读面临的危机在哪里? 主要是因为提供给我们的读物太多,似乎到处都是可以读的东西:报纸上有很多千奇百怪的故事,网络上电视上,都是这些东西。如果把这类东西细细阅读和倾听的话,我们每天的时间不是被填满,而是根本就不够用。那些想节省时间的慎重一点的读者,不过是要看一下出版社推荐的、报纸介绍的、名家力推的所谓杰作。但即使这样,时间仍旧远远不够用。

因为越是出版物多、出版垃圾多,"杰作"也就越多,不停地产生"大师",不停地诞生"杰作",实际上经过一段时间之后,往往都是一些糟粕。所以才要竭尽全力灌输给我们,要我们相信。这是商业主义在作祟。重商主义时代无法杜绝虚假信息,这本来就是它的一个组成部分。

就在这一次次的困惑面前,我们作为一个读者,对我们这个时代的文学创造力产生了疑惑。可能是环境污染的缘故,空气和水土改变了我们的生命质地。这真的是一个世界性的文学贫瘠的时代,国外有汉学家指责中国文学是"垃圾",可是从大量翻译过来的"大奖作品"来看,情况也差不多,甚至更加让人失望。原来这种失望不是来自某个族群,而是世界性的悲剧。

当代文学失去了创造力,我们在 19 世纪以前文学巨匠的映照之下,更加感到它们已经丧失了撼动人心的力量。这绝不是某一个民族的窘况。

一百年的坐标

冷静地想一下,这也许是很正常的现象。因为想到过去的文学,一个个文学恒星排列在空中,令我们满怀感动——只是扳指一算,这都是采用了几百年的尺度与坐标。而我们身处当代,二三十年已经是很长的时间了,所以目光所及都是当代活着的作家、刚刚逝去的作家,我们观照的历史太短,范围太小,视野太窄。实际上冷静想一下,无论是中国还是外国,一百年来产生的杰出作家也不会特别多。一百年来产生的杰出艺术家,比如画家、音乐家等,也不会太多。按这种概率算来,一个人口大国一年产生多少作品,它不停地滚动叠加,怎么会不让人沮丧。

我们的指标是不同的,参照物不同。以百年的标准衡度时下,当然会有问题。但是任何一个百年都是"当下"积累而成的,没有"当下"哪有百年?从这个意义上看,我们也许不必过分悲观。有人心气太高,也为了眼不见心不烦,就更多地去看古代的东西、19 世纪前后的东西。这可以理解,不过也会犯下另一个错误:当代不可忽略和替代的作品仍然存在,它极有可能积累进入那个百年之中,而我们却没有识别的眼力,与之擦肩而过。这才是阅读的大不幸。

伴随着每天的阅读失望,会觉得我们来到了一个令人沮丧的文学时代,实际上更有可能是我们没有使用历史的眼光。如果有了这样的眼光,确立了如此的信念,或许会发现自己有了重要的改变。一方面我们不再轻易阅读那些当代作品,更不再轻易相信那些当代宣告、强调和称号,而是要自主自为地寻找和判断;另一方面也要稍有信心地感受这个时代的馈赠,就是说,这个时代像以往一样,会提供给我们为数不多的诗人和作家,他们必定活在今天,和我们一样呼吸着,默默无察地走入未来那个百年之中。

严格来讲,"作家"这个概念不能随便使用,若是记忆没有错误的话,有数的人从来没有在文章或公开场合说过自己是一个"作家"。将这两个字作为职业称谓的,最早是从港台那边传过来的,一个人只要写作,就说是一个"作家"。其实这种事是很难知道的,那是未来得出的判断或来自他人的判断。如果一个打仗的人,人家问是干什么的,他自己能说"我是一个军事家"？一个当官的能说"我是一个政治家"？一个从事科学研究的人能说"我是一个科学家"？这是不可能的。我们从小就受一种思想影响,被告知不要受资产阶级观念的影响,不要有太重的成名成家的思想——可见这也是很难的事。当然,在成长的道路上,渴望成名成家是很自然的,问题在于有人觉得当一个科学家很难,当一个政治家更难,当一个军事家几乎不可能,于是就想当一个"作家",以为再没有比这个更容易的了。实际上当一个作家同样难,甚至更难。

看看词典上的词条,可见"作家"不是作为一个职业概念来确立的,那得有高超的技艺,广博的修养,杰出的成就。所以一个人动不动说自己是"作家",未免太不谦虚了。在文学职称评定中,没有"一级作家""二级作家"这样的提法,而是称为"创作员",这是对的。

随着年龄的增长,人会越来越明白一个问题,即把阅读的时间节省出来是非常重要的。对写作者而言,没有好的阅读就没有好的创作；对大众读者来说,没有好的阅读,也难得一份高品质的生活。我们没看到一个整天钻在垃圾读物中的人会有趣,会有较高的向往,会比较可信。

有的人在现实生活中,很重视对方阅读什么。有没有自己高质量的阅读生活,很说明问题。缺少了低俗的阅读,制造文字垃圾的人就无法沾沾自喜,整个的写作、宣传、出版所形成的垃圾食物链就会断掉。不然,我们的社会将陷入非常可怕的精神处境,这与普遍的沮丧心理息息相关。有时候真的觉得生活没有多少希望,看看报道,不少饭店都在偷偷使用"地沟油",连很高级的饭店也在使用。可是一些精神方面的"地沟油",同样也会被人津津有味地享用。

民族的伤痛

这些年交流渐多,东方和西方,南南北北,都有了观察的机会。比如说阅读：许多场合都能看到很多读书的人。机场、车站、地铁和飞机上,手不释卷的人太多了。可是在国内就不是这样,常常是一个很大的候车室里只有一两个人在读书,读的可能还是通俗读物。我们这儿更多的人在看电视,被一些低俗的娱乐逗得咧嘴大笑,越是趣味低下越是招人喜爱。有时来到大中学校,阅读情况也并没有根本的改变。令人忧虑的是,越来越多的人正在远离经典。

曾经遇到一个做中国古典文学研究的人,而且主要是研究清代小说的,居然没有读过《红楼梦》。他认为读原著根本不需要,有那么多研究这本书的人,电视上也讲它,"我已经知道得够多了"。多么可怕,一个学人荒唐到如此地步,简直让人无话可说。一个中文系大四学生坚持说英国诗人叶芝是个女的,诸如此类。

　　不知哪里出了毛病,而且病入膏肓。在一个群体素质如此之低的环境里生活,必然要被野蛮所包围,无论有多少物质财富,活得都不会有幸福感,不会有尊严。

　　这样可怕的环境并非是十年八年间突然形成的,它由来已久,是渐变而成的。本来我们是一个知书达理的民族,所谓的诗书之国,拥有诗经和诸子散文,有李杜诗篇万古传。而今到了什么地步,大家有目共睹。能把这样一个东方文明古国改造成今天的状态,也非有毁坏的天才不懈地接续施工才行。野蛮的行为和习惯一旦成了普遍现象、变为一种约定俗成,那么灾难也就不远了。

　　我们身边的优秀者非常之多,那么好的大学生,青春可爱的面孔,也有那么好的知识分子,淳朴的劳动者……可是当作为一个群体出现的时候,有时就会改变。一群吵吵嚷嚷的人,一群除了关心钱和权势不再关心其他的人。这群人没有信仰,不相信绝对真理,比较不愿意读书,很喜欢看电视和上网——陌生的人会这样概括我们的特征。这是我们的伤痛。

　　随便到某个国家,我们也会发现全家中心摆放一个大电视机的,往往就是中国人。这是他全家生活的中心,电视领导着全部。而当地人对电视远没有这样的尊重和依赖,难得给它那么显著的位置。他们对这种现代传播工具抱着一种稍稍疏离的态度,因为它太吵,它用特别的娱乐方式将人引入浮躁不安,不如书籍更让人安静,带来思索和想象的幸福。

　　有一次到一个汉学家去,吃过晚饭后两口子就在屋里忙活,像是在找什么东西——最后才明白他们在找电视机。原来他们不记得把它放在哪里了。后来终于找到了,一个很小的黑白电视。为什么要找?因为当天晚上要播放女主人在电视台做的一个朗诵节目,他们想看一下。节目开始了,太太穿一身黑色的套裙,边走边朗诵一本诗集。两口子看看客人,相视而笑。

　　十四年前到美国去,前不久又去,到了同一座小城。有一个惊讶的发现,就是这儿一点都没变,房子还是那样,街道还是那样。这里的景致没有变,人的面孔也没有变,空气还是那么好,天空还是那么蓝。这个小城叫康科德,里面住过两个有意思的作家,一个叫爱默生,一个叫梭罗。

这么漂亮的一座小城,就像童话里的场景差不多。今天我们一些城市、一些区域实在也算漂亮,湖水幽美开阔,有好多凉亭,草地树木茂盛,像梦想之地。但是冷静下来想一想,有些国家和地区这样的地方太多了,简直遍地都是,或者比这里的景致还要好。就是说,那里的草更绿,树更茂,水更清。我们可以在城市的某一处用力经营一片风景,可是全城的问题无法解决——天空很低,再加上烟雾,到处污染成这样,局部的美景也就大打折扣了。

我们常常惊叹自己置身之地的日新月异,惊叹我们的改造力和建设力。可是因此也会暴土飞扬。我们几乎安静不下来,人民没有了休养生息的时间。我们谈的最多的就是"社会转型",好像这有多么了不起,只是没有问一句,我们这一二百年里什么时候不在转型?不停地折腾,除了战乱就是其他运动和变革,人民无法安居乐业。从局部看,一条街区拆了建建了拆,好像从来不曾周密计划过。一条街道上,刚刚长成的树木就被拉电线的工人砍掉了,因为电业部门和绿化部门各负专责。

可是康科德,在外地人眼里,它十四年里没有一点变化。它仍然那么干净、浓绿,似乎很自豪地拥有着、持续着自己的历史。

永远的经典

像一座美好的城市一样,真正的经典也是长久不变的。一个地方的人钱多了,可是人的素质并没有比过去变得更好,而有可能变得更差。走到大街上即可以看到人的精神状态,因为这是不可藏匿的。文明的族群让人有一种安全感,有一种生活的温暖和幸福。人们之间即便不认识,相互见了都会微笑点头。几乎每一个人见了路人都像见了朋友和亲戚一样,这是普遍的爱和温情。可是如果换了另一个野蛮的地方,这样做就会被疑为精神病患者。野蛮之地人与人的关系,首先是厌恶、提防和敌视。

一个经济强大的国度,如果是由精神萎缩的个体组成,最后还将很快衰落。看一个民族的力量和前途,最终要看这个民族的个体素质,看精神面貌。几十万人口的城市竟然找不到一个能读诗的人,找不到一个热爱经典的人;虽然读了中文系,可是从未热爱过自己的专业,说白了只是权宜之计。这样的族群是多么可悲多么危险。在这里文学哪里仅仅是一门专业,它显现了人类对于真理的追求力、对于美的追求力。

所以我们不能、也没有权力让自己与经典隔绝。要把有限的时间用在阅读最好的作品上,当然这里不完全是文学。即便是一个比较倔强的人,也有可能在不知不觉间被风气熏染和改造。有人认为流行的精神用不着过分警惕,它不是毒药。然而对一个真正的创造者和思想者来说,当代流行的观念与思潮还是难以回避。他们面临的东西就像风一样,一夜之间吹遍大地,具有强大的摧毁力。我曾在一篇文章上加了一个标题:《风会试着摧毁你》。因为人要经受不自觉的吹拂,在八面来风之中,人要抵御非常困难。

让我们恢复到过去的那种感动里面去,这是一种巨大的享受。经典一旦再次将你吸引,这种幸福也就来临了。人到中年,读了那么多国外的、当代的、过去的所谓名著,充满了阅读体验,什么样的感动和失望都经历了,可是再读二十多岁时的一些名篇名著,竟然无法放得下,忘记了一切。那种感受没法交流,只能靠个人去体悟——比如说又一次进入了作家所描述的童年,那片草原,进入了他的乡村,他的天籁,他的故事。作为一个异族人,我们完全能够感受,感受那个在时间和空间上都相隔遥远的生命。那真是没法说出来的复杂感情。因为文字不能把一切规定好,要靠阅读中对文字的还原,它会在我们的经验世界里变得美不胜收,深不见底。

这种阅读唤起了我们强大的冲动:保护美好生命和美好自然的那种强烈愿望。原来精神是这样作用于生活的,艺术是这样作用于生命的。我们可以设想,一个人面对着破烂的山河,被烟雾遮罩的星空,实在是心灵变质的缘故。人的心地变坏,土地才变坏。而今再也没有躺在絮絮叨叨的外祖母身边的童年,没有河边白沙上的仰卧,没有故事和篝火,没有了一切的童话。这样美好的生存环境是怎样丧失的?追问中有一种愤怒,有一种恨,有一种为保护这样的环境去奋斗的单纯心冲动心。作为一个中年人,这不是很可贵吗?

我们再次发现,那些经典的美是经过千百年确立、筛选和检验的,它们恒久不变。大学课堂上,有人一直要求推荐中国的经典,于是就一次次说到了"屈李杜苏"和诸子百家,说到了鲁迅等。他们很失望,说原以为会推荐多么生僻的、让人眼前一亮的闻所未闻的作家作品。这怎么可能。经过漫长的时间筛选出来的那种经典作家,我们无法遗忘。这就像阅读外国经典,不可能略过英雄史诗,还要提到普希金、托尔斯泰、雨果和歌德他们一样。它们是在更大的时空坐标里确立的。我们无法与之隔离。我们如果整天埋在一些娱乐的文字垃圾里,生活就将变成垃圾。

相对寂寞的角落

文学经典来自积累,来自当代作家的不懈努力。这就好比说,所有的古代

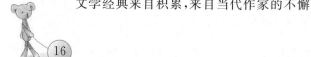

经典,都是从他们所经历的那个"当代"之中产生的。离开了那个鲜活的"当代",也就没有了创造的生命空间。从这个意义上看,抓住每一个"当代",也就抓住了一切。可困难的是,我们往往没有辨别当代杰作的能力。深奥的艺术离我们太近,我们或许无法鉴别。

所以我们判断的尺度只好放大和延长,以几十年和上百年来讨论。但与此同时,我们又要盯住当代,不可能也不必要把两眼闭上。这时候最需要的还是我们的敏锐判断,从中发现那些真正的优异者。就像任何时代都有低劣和平庸一样,卓尔不群的声音总是存在的。问题在于我们如何倾听、如何捕捉这些声音。一般来说他们会在相对寂寞的角落,而不会站在热闹的通衢大道上。当发现了你喜欢的作家,你的确喜欢,的确被他打动,被他的语言方式所打动,被他的内容、被他的精神力道所打动,那就跟踪阅读吧。

这种阅读其实就是一次相伴行走,说不定还是走向经典的一个过程。我们心目中的经典作家是生活在另一个时空里的,他与我们今天面对的许多问题有的相同,有的相差巨大。我们有许多当代感触、见解和分析,也只有从同一个时代的灵魂中去印证,这是特别有意义的事情。比如说一个作家今年五六十岁,和我们同时生活在一个所谓的"改革开放"的当下,他面临的全部欢乐和烦恼跟我们相似,那么他的精神面貌如何? 这对我们的参考力和求知心好奇心诱惑会大一些。时下的全部问题,他的答案是什么? 他焕发了怎样浪漫的想象? 他的评说、责难、感慨,所有的一切都构成了一次当代人性的抽样检查,这当然是有趣的。

事实上,一个十三亿人口的大国,的确会有不同凡响的灵魂。我们的仔细寻找不会空手而归,而必定要被强大的分析力、逻辑力量和求证心情所打动,为那种完美的想象和表达所折服。我们觉得能够和他们一起走在当代,毕竟还是有幸和自豪的。当然,这些杰出的人物也许不为大众所喜欢,但实在是不可多得。我们这儿角落太多,角色太多,其中就有需要我们挖掘和寻找的对象。这些人不会尖叫,不屑于表演,与时髦的媒体分处两厢,但的确是时代的智慧和良心。

茫茫人海,一个千寻不得的人物走到我们面前,我们却不认识他。梵高当年一幅画都卖不掉,吃饭都成问题,缺少朋友,也缺少爱情。这就是他,一个痛苦的生命,一个伟大艺术家的命运。一切都是因为时间的吝啬,它藏匿的隐秘不给予我们,让我们无从判断。对于艺术和思想的误解从来都是经常发生的。所以,对于这些方面,我们一定不可轻易相信大街上的话,不要相信那些流布在风中的嚷叫。我们要从小培育自己的倔强意识,训练一双执拗的慧眼,勇于怀疑,独自注视那些沉默的角落,从一些相对寂寞的角色身上发现什么。这是最困难也是最有意义的。

某一个人的文字把我们打动了,我们在心里给他留下了一个位置,那是我们隐秘的贮藏。某一天你遇到了这个人,或许非常失望:讷于言且不敏于行,相当平凡。进一步相处,又发现这个人性格不好喜怒无常。但你还是忍住了,因为只有你自己知道,某一年他的某一篇文字深深地拨动过你的心灵。你认为自己没有理由对这样的一个人过分挑剔。

是的,这样的经历太少了,我们需要珍惜。如果创造经典的某位今天活着该是多么好,让我们看看他、听听他的声音,向他倾诉这个时代的故事。可惜这只是一个梦想。我们愿意偏执地认为:某些文字的创造者要多完美有多完美,他们没有缺陷,他们的名字就是完美的代名词。

人生总有一些机会,它们似乎可以抓住。每一个年龄段对于美的领悟能力和热爱程度是不同的。有的人说我每天多忙,哪有时间阅读。有的人罗列了自己的一天,这其中唯独没有阅读的记录。那些在生活中挣扎、贫困甚至是处于饥饿中的人,当然不能奢望总是有一杯茶一本书。可是我们同时又知道,最美好感人的书籍,更多的时候并不属于那些生活非常优越的人,而是属于痛苦不安的、在生活中挣扎的人。所有的杰作、所有伟大的灵魂,都特别体恤弱小和不幸,与愤怒不平的心跳正好节拍相合。

(《光明日报》2011 年 11 月 28 日)

读书的传统与传统地读书

周远斌

【周远斌（1969— ），山东泗水县人。文学博士，教授，研究方向为先秦文学。现负责齐鲁文化研究基地基金项目《〈论语〉与春秋文化》。】

中国古代有读书的传统，而此传统的维系和发展多得力于古代的读书教育。以私塾为代表的传统教育，以读书为主。传统读书教育是成功的，方髫之年既饱学于身者，数不胜数。从近、现代之交的学者身上，还能看到这一点。被吴宓誉为"全中国最博学"的陈寅恪先生，是一个非常有代表性的童年饱学者。陈家像其他书香门第一样，重视对子孙的教育，陈三立不但开设家塾，而且还在家办学堂，并延请王伯沆、颜诒徵等名儒执教。十三岁时，陈寅恪随兄陈衡恪赴日本留学，而在这之前，十三经他已背过，并通读二十四史，另还博览地理、哲学等领域著作。倡导新文化运动的鲁迅和胡适，亦受惠于传统的读书教育，孩童之年在学识上也已有了很好的积累。鲁迅七岁入私塾读书，先在新台门里，后又进三味书屋，《百家姓》《神童诗》、四书五经等书即此时期读的。胡适四岁入私塾，期间读完了四书五经、《孝经》和《律诗六钞》、《资治通鉴》。

一个人读书怎么样，关键在读书习惯、读书能力和读书情趣的培养。孩童时期是一个人开发心智、引导情趣、培养习惯和技能的最佳年龄段，若能在这一年龄阶段培养出良好的读书习惯和嗜好，并在连篇累牍诵读的基础上有所储备并锻炼出一定的读书技能，这将会影响其终生。传统读书教育的成功，就在于此。钱锺书的父亲钱基博先生，一生"暇则读书，虽寝食不辍，怠以枕，餐以饴"，"穷年累月，不肯自暇逸"。钱基博先生"暇则读书,虽寝食不辍"之勤奋,与其方髫之年所受的传统读书教育有直接关系。读书习惯或嗜好的培养,并非易事,尤其是在幼年。钱基博先生在幼年并不如同胞弟弟钱基厚聪明,老爷子钱福炯特请了文理较好而又严厉非常的族兄来教他,他也不知挨了多少顿痛打,终于有一天给打得豁然开通了。虽然钱基博先生所受的读书教育,不乏强制,但最终读书内化为个人的嗜好和志趣。志在读书,而又"寝食不辍",钱基博先生一生读书之多可以想见也。他在《读清人集别录》中总结道:"读古今人诗文集最夥,何啻数千家,而写有提要者,且不下五百家,唐以前略尽。严可均《全上古三代秦汉三国六朝文》、丁福保《全汉三国晋南北朝诗》以及清修《全唐诗》、《全唐文》通读一过,人有论评。而于其人之刻有专集者,必取以校勘篇章,著录异同。"从钱基博先生的读书可以看出,读书的传统为传统的读书教育所传承,并在受教育者这里进一步发扬开来。陈寅恪、鲁迅等近、现代之交的著名学者,亦是读书传统的继承兼弘扬者,只是程度不同而已。

新中国成立后现代教育取替以私塾为主的古代教育,读书的传统随文化之断层也中断了。当今之世,虽也不乏读书者,甚至有的读书者读书甚勤,也确实读了不少的书,但终非传统意义上的读书了。

古代读书,重记诵,孩童时期读书,以记诵为主,待成人后,读书也特别强调记诵。只有记诵精熟,才能融会贯通,章学诚深知记诵之重要,把记诵比作"学问之舟车"。钱基博先生推崇章学诚的记诵观点,一生学而不厌,记诵不倦,"于车尘马足间,也总手执一卷。"张舜徽回忆说:"有时走进他的住房门口,便听到书声琅琅,知道他在背诵过去所读的经传子史,躺在睡椅上反复默诵如流,毫无阻滞。"王闿运(1832—1916)读书也是记诵不倦,"一生以抄书背书为日课"。从钱基博等近、现代之交的学人身上,还能看到重记诵的读书传统。曾国藩曾批评儿子曾纪泽读书不重记诵:"尔阅看书籍颇多,然成诵者太少,亦是一短。""成诵者太少",也是当今读书者之一短也。

古代读书,还重朗读。朱光潜先生曾说,朗读"是学文言文的长久传统,过去是行之有效的"。"五四"以后,朗读渐不为读书者所重。1935年钱基博先生曾批评过这一倾向,他说"近世文章道尽,士不悦学","于词章语言之妙,罕知吟会"。当代文学语言与古代文学语言相较,有精粗之别,语言粗糙乃至粗俗,在当代已成习惯,语言之妙更加"罕知吟会",朗读更为当代读书者所轻。

古代读书,更重学养。诵诗读书以养心缮性,为古代读书人之共识。钱基博先生继承了古代的读书精神,他说:"真读书人,正当化矜释躁,征其学养。"钱基博先生在生活中验其所学。1914年,钱先生舍弃月薪二百多元的幕僚生活,而任教于月薪只有二十元的无锡县立一小。1944 年,长沙、湘潭等相继失守,他所任教的国立师范学院由安化西迁溆浦,钱先生自请留守。当时钱先生在给吴忠匡的信中言:"我自念赴院未必能为学院有所尽力,不如留此以慰各方父老之意,非寇退危解,不赴院召,亦使人知学府中人尚有人站得起也。"陈寅恪先生也特别重视学养,曾言:"学德不如人,此实吾之大耻。"而在价值多元化的今天,像钱、陈两位先生那样高标读书人之学养者,并不多见了。

记诵乃积累之功,"积累数月,见道弥深"。朗读吟咏乃沉潜反复之功,只有"沉潜乎训义,反复乎句读","沉浸浓郁,含英咀华",才能探骊珠,开风气。读书正志,以"征其学养",善者为法,恶者为戒,如此读书才有进步,而不致误入邪径,或徒得读书之名。而此传统读书方法读书精神均已成过去,呜呼,痛哉!

(《作家报》2007 年 6 月 30 日)

现在书该怎么读

金克木

【金克木（1912—2000），安徽寿县人。字止默，笔名辛竹。著名的梵语文学家、语言学家、文学家、翻译家。和季羡林、张中行、邓广铭一起被称为"燕园四老"。历任湖南大学、武汉大学、北京大学教授，第三至第七届全国政协委员，九三学社中央参议委员等职。主要著作有《梵语文学史》、《印度古诗选》、《孔乙己外传》等。】

现在人读书有个问题：书越来越多，到底该怎么读？

汉朝人东方朔吹嘘他"三冬，文史足用"。唐朝人杜甫自说"读书破万卷"。宋朝以后的人就不大敢吹大气了。因为印刷术普及，谁也不敢说书读全了。于是分出"正经书"和"闲书"，"正经书"中又限制为经、史，甚至只有"九经、三史"要读，其他书可多可少了。

现在我们的读书负担更不得了。不但要读中国书，还要读外国书，还有杂志、报纸，即使请电子计算机代劳，恐怕也不行。总而言之是读不过来。光读基本书也不行：数量少了，质量高了，又难懂，读不快，而且只是打基础不行，还得盖楼房。怎么办？就说中国古书吧，等古籍整理出来不知何年何月，印出来的只怕会越多而不是越少，因为许多珍贵古籍和抄本都会印出来。而且古书要加上标点注释和序跋之类，原来很薄的一本书会变成一本厚书。古书整体并没有死亡，现在还在生长。好像数量有限度，其实不然。《易经》、《老子》从汉墓里挖出了不同本子。《红楼梦》从外国弄回来又一个抄本。难保不再出现殷墟、敦煌、吐鲁番之类。少数民族有许多古书还原封未动,或口头流传。古书现在是增的多减的少。也许理科的情况好些,都已经现代化进了新书里了;可是新书却多得惊人,只怕比文科的还生长得快。其实无论文理法工农医哪一行,读书都会觉得忙不过来吧?何况各学科的分解、交叉、渗透越来越不可捉摸,书也跟着生长。只管自己研究题目,其他书全不看,当然也可以,不过作为一个社会活动中的人若总是好像"套中人",不无遗憾吧?现在该怎么读书?看来对这问题感到迫切的是成年人。儿童和青少年自己未必有此感觉。老年人读书能力,至少是目力和记忆力也大不如前了。所以书读不过来的问题只怕主要是从二十几岁到五六十岁以知识为职业的人的烦恼。对这些人讲读基本典籍当然对不上口径。这也许是有人想提倡读基本书而未得到响应的原因之一吧?卖得多的书未必读的人多,手不释卷的人也许手中是武侠和侦探小说或则试题答案,嚷没工夫读书的人说不定并不是急于读书,不过闲谈几句读书似也无妨。

照我的想法,同是读书人,读同类的书,只讲数量,十八岁的不会比八十岁的读得多。所以刚上大学不必为不如老教授读书多而着急。应当问的是:自己究竟超过了那位八十岁的老人在十八岁时的情况没有?若是超过了或大致相等,就可放心;若是还不如,那就该着急了。读书还不能只比数量,还得比质量,读的什么书,读到了什么。我想,教书的人,特别是教大学的人,应当要求十八岁的学生超过十八岁的自己。我教过小学、中学、大学,我自己觉得有不如学生之处,也有胜过学生之处,要教的是后者,不是前者。也许这就是我多次教书都尚未被学生赶走之故吧?甚至还有两三次在讲完课后学生忽然鼓掌使我大吃一惊的事,其实那课上讲的并不是我有什么独到之处。由此我向学生学到了一点,读书可以把书当作教师,只要取其所长,不要责其所短。

话说回来,二三十岁的人如果想读自己研究以外的书,如何在书海之中航行呢?我的航行是迷了路的,不能充当罗盘。假如必须说点什么,也许只好说,我觉得最好学会给书"看相",最好还能兼有图书馆员和报馆编辑的本领。这当然都是说的老话。我深感当初若能学到旧社会中这三种人的本领,读起书来可能效率高一点。其实这三样也只是一种本领,用古话说就是"望气术"。古人常说"夜观天象",或则说望见什么地方有什么"剑气",什么人有什么"才气"之类,虽说是迷信,但也有个道理,就是一望而见其整体,发现整体的特点。用外国话说,也许可以算是 1890 年奥国哲学家艾伦费尔斯(Ehrenfels)首先提出来,后来又为一些心理学家接受并发展的"格式塔"(Gestalt 完形)吧?20世纪有不少哲学家和科学家探讨这个望其整体的问题。从本世纪初到现在世纪末,各门学术,又是分析,又是综合,又是推理,又是实验,现在仿佛有点殊途同归,而且越来越科学化、数学化、哲学化了。这和技术发展是同步前进的。说不定到 21 世纪会像 19 世纪那样出现新局面,使人类的眼光更远大而深刻,从而恢复自信,减少文化自杀和自寻毁灭。

从前"看相"的人常说人有一种"格局"。这和看"风水"类似。王充《论衡》有《骨相》篇,可见很古就有。这些迷信说法和人类学、地理学正像炼丹术和化学、占星术和天文学一样,有巫术和科学的根本区别,却又不是毫无联系,一无是处。不论是人还是地,确实有一种"格局"。

从前在图书馆工作的人没有电子计算机等工具,甚至书目还是书本式,没有变成一张张分立的卡片。书是放在架上,一眼望去可以看见很多书。因此不大不小的图书馆中的人能像藏书家那样会"望气",一见纸墨、版型、字体便知版本新旧。不但能望出书的形式,还能望出书的性质,一直能望到书的价值高低。这在从前是熟能生巧之故。编书目的,看守书库查找书的,管借书、还书的,都可能自己学得到,却不是每人都必然学得到。对书和对人有点相似,有人会认人,有人不会。书也有点像字画。

从前报馆里分工没有现在这么细,那时的编辑"管得宽",又要抢时间,要和别的报纸竞争,所以到了夜半,发稿截止时间将到而大量新闻稿件正在蜂拥而来之时,真是紧张万分。必须迅速判断而且要胸有全局。许多人练出了所谓"新闻眼"、"新闻嗅觉"、"编辑头脑"。

若能"望气"而知书的"格局",会看书的"相",又能见书即知在哪一类中、哪一架格上,还具有一望而能迅速判断其"新闻价值"的能力,那就可以有"略览群书"的本领。因而也就可以"博览群书"。据说诸葛亮读书是"但观大略",不知是不是这样。

其实以上说的这种"格式塔"知觉在婴儿时期就开始了。人人都有这种本领,不过很少人注意自己去锻炼并发展。要练这种"略览"又"博览"的"望气"功夫比学武术和气功还难。另外还有个补救办法是把人代替书,在人多的地方练习观察人。书和人是大有相似之处的。学学给人作新式"看相",比较比较,为的是把人当作书读。这对人无害,于己有益。"一法通,百法通"。

(《文汇读书周报》2008 年 4 月 18 日)

数字化时代的阅读

吴祚来

【吴祚来(1963—　　),安徽怀宁人。中国艺术研究院研究生院毕业,曾任中国艺术研究院科研处副主任、文艺理论与批评杂志社社长。现为中国艺术研究院文化战略发展研究中心研究员。主编《中国旅游文化大辞典》、《中国青少年年鉴1994》、《中国青少年年鉴1996》,2005年参与国家文化部"国家十一五艺术科学课题规划"调研,负责宏观文化理论研究部分撰稿工作。】

传统的民间社会里,人们对读书人有一种尊敬,因为知识与道德责任甚至智慧都在读书人那里,读书也是通往主流社会的唯一途径。

因为尊重知识与文化,所以民间社会里还有"敬惜字纸"的习俗,哪怕是一张废纸,只要上面写有文字,就不得随意丢弃。传统社会里,书籍是有限的,读书人是稀少的,作为一种文化资源与智力资源,受到尊重是必然的事情。

伴随着高新技术的迅猛发展,人类社会已经进入数字化信息时代。"读书"从形式到内容也因此发生了巨大的变化。面对这些巨大的变化,我们的教书人、读书人都适应了吗? 或者我们的心理与行为有没有跟上数字化时代的速度?

无书可读的时代,我们面对的是知识资源贫乏的困境,而今天,我们却面临另外一种困境:信息与知识泛滥造成的泛阅读困境。我们在家看电视,电视频道可能多达上百个,我们不得不泛泛浏览各频道的内容,也不得不接受无所不在的广告；我们出门在外，从坐公交到乘电梯，广告也无孔不入，这是市场经济带来的消费信息引导，书店里、图书馆里还有报摊上，图书杂志也是极尽丰富，为了选择适合自己阅读的内容，我们不得不长时间驻足遴选，最为丰富而及时的资讯应该来自互联网与手机短信，新生代的阅读与学习已离不开这样的新媒介。

读书人在泛知识之海里，有些失措与迷惘，知识变得极易获取，也变得更泡沫化，阅读再没有那份宁静感。在泛知识时代里，人们因知识与信息的泛滥而变得焦虑与缺少耐心。知识不再像传统社会里那样，具有神圣感与道德感，而更具功利性，更多的资讯也是一次性消费，阅读过的报刊我们不再收存，而是当成废品处理。读书人不再像传统社会里的读书人那样，受到尊重，知识的道德性大为减弱，人们看知识与读书人更看重其获取社会利益的多少。

知识界已经很难出现钱锺书与陈寅恪那样"知库"型的知识分子了，当然也没有必要出现这样的学者，因为网络知识库正在形成海量的知识资源，通过电脑与手机即时可以获得相关内容，过去时代的读书人皓首穷经、板凳一坐十年冷，系统学习、搜集前人的知识，而现在这一切已变得极易完成。社会更需要知识分子通过交流、研究、表达，向社会提供创造性成果，仅仅拥有大量的学科知识，不再令人艳羡与称道。

最近几则与读书相关的新闻广受社会关注，一是温家宝总理到北京一所中学听课，认为中国的基础教育不能适应时代的需要；二是一些高校认为现在大学生毕业论文"太水"，太多的内容是简单拼凑，甚至雇"枪手"替写，所以提出高校应该取消学生毕业论文写作；三是江西某市官员博客内容多是枯燥的讲话稿，没有个性化的表达。这些新闻背后，都与读书学习有关。如果学校教育还在沿用传统的灌输方式，学生们只是被动应付考试获取学分，那么学生素质就不可能适应时代的需要；而高校学生们更多的时间花在泛阅读、网络聊天与游戏中，没有课堂讨论与交流、没有更多的时间进行社会调研，论文的水货必然大量出现；至于官员写博客，既可以交流自己读书心得，也可以就工作发表意见，当官员仅仅习惯于上传下达文件，而没有时间学习与自己工作相关的专业书籍，其博客内容的贫乏是必然的。

读书应该体现责任，读书是有道德追求的，而这正是数字化时代人们最易忽视的价值内涵。传统社会里，经史子集更多的是道德内容，所以读书过程就是道德教化的过程，当代社会的泛阅读，人们习惯于读书消遣，或是通过读书获得切身的利益。读书要与道德及价值追求相维系，只有通过实践与表达，那些到乡村边远地区调研的学生与老师、那些通过网络传达关怀与知识的志愿者、那些通过博客与论坛表达对社会关注的网友,他们都是将知识变成责任,并实现个人价值。读书本质上是将公共知识私有化的过程,而表达与交流过程,则是将个人获得的知识与理解,反馈给社会。对个人有意义的知识,只是一种利益(利己),而对整个社会有意义的知识,则体现为价值。网络时代最大的特色是实现了知识共享,知识成为真正意义上的共同的社会财富或共享价值。

　　数字化时代,读书变成一个过程,一个交流互动的过程,一个通过无数网民共同积累、共同再创造的过程,人们通过网络积累知识如同蜜蜂共同营造蜂巢,无意识之中藏着共同的价值追求。如果我们不能利用网络并通过互动的方式实现数字化时代学习与表达,我们就会临渊而永远不知渔鱼之利。

《人民日报》2009 年 10 月 25 日)

读书，一个历史学家的真诚嘱咐

—— 白寿彝教授谈读书

瞿林东

【瞿林东(1937——)，安徽省肥东县人。现任北京师范大学史学理论与史学史研究中心主任，兼任中国史学会理事、中华炎黄文化研究会理事、中国史学会史学理论分会副会长、教育部普通高等学校人文社会科学咨询委员会委员等职。】

读书和功力

1981年，白寿彝先生写了一篇短文《要认真读点书》。此文开篇，作者作了这样的"自我反省"，他写道：

1980年11月，陈垣百年诞辰。12月，顾颉刚逝世。为了纪念这两位老先生，我读了他们的一些著作。这些著作使我深深地感动了的，是他们治学的功力，是他们认真读书的精神。在我们这一代，在治学的功力上，在读书的认真上，能赶上他们的，恐怕是不多了。就我和我同辈的一些朋友来说，我们很少认真读历史书，也很少认真读马列的书。多年以来，我们的研究成果不多，尽管有这样那样的原因，而读书不认真至少是一个很大的原因(《白寿彝史学论集》上册，北京师范大学出版社1994年版，第424页)。

这些话，不是谦词，也不是为了说说好听，而是真诚的自省。当时白寿彝先生72岁，能作这样真诚的自省，在那时也并不多见。我们不妨把这些话看作是对所有史学工作者的期待和激励。白先生常说，他"70岁才开始做学问"，也从一个方面反映了他的真诚的态度。当今人们由于"竞争激烈"，已经没有"认真读点书"的工夫了。可是，"创造性"的东西似乎比当年要多得多，这是一个值得认真思考和研究的问题。

认真读书和治学功力的关系，是人们都懂得的。治学功力，反映了一个学人的多方面修养，但多读书，善于读书，毕竟是一个重要的环节。白先生在这篇短文的结尾处写道："只要能认真读书，读一本就会得到一本的益处。读书不难，认真读书也不难，最难的是要长期坚持下去。只要能长期坚持下去，我们的史学工作是会逐渐改变面貌的。当然，读书不是治史的唯一大事。但在现在来说，这确实是第一件大事。"（同上书，第426页）二十多年前，白先生把学人的读书说成是"第一件大事"，我想这在很大程度上是针对十年"文革"无法读书而说的。现在历史条件变化了，社会发展了，科学技术进步了，查寻资料的手段多了，更快捷了，那么，学人的读书（这里指的是读纸本的书），又该是第几件大事呢？我不敢妄下结论，但是我想，"要认真读点书"，在今天还是非常重要的，因为这是"锻造"学人功力的基础。

关于"四史六通"和30部名著

20世纪80年代初，白先生写了一篇《说六通》的文章，文章提出："史学史工作者"应当以"四史"、"六通"作为基本的读物。他写道：

"三通"是大家熟知的重要的史书。"三通"是指杜佑的《通典》、郑樵的《通志》和马端临的《文献通考》。……我的意思认为，可以提出"六通"来，就是在"三通"以外，加上《资治通鉴》，再加上刘知幾的《史通》和章学诚的《文史通义》。这"六通"和《史记》、《汉书》、《后汉书》、《三国志》可合称为"四史六通"，这是我国中古时期历史著作中的代表作。在50年代，我曾把这个意思跟同志们谈过，现在觉得这个看法还符合事实。但"三通"和《通鉴》卷数多，《史通》的典故多，《文史通义》的创见多而文字简奥。这六种书读起来很不容易，需要下很大的工夫。对于史学史工作者来说，这样的工夫是少不了的（见《白寿彝史学论集》下册，北京师范大学出版社1994年版，第660页）。

文章中说到的《史记》、《汉书》、《后汉书》、《三国志》等"四史"，俗称"前四史"，是"二十四史"中的代表作，这是学术界的共识，故白先生的这篇文章重在讲述"六通"。而对于"六通"的特点，他根据自己的见解，一一作了概括性的阐述。他认为："从《史通》全书而论，主要讲作史的体裁和体例。""《史通》的'通'，可以说主要是史书体例的'通'，史书编写形式上的'通'。""杜佑《通典》

是一部关于典制的通史巨著。……全书的结构很有逻辑性,这也反映了他的政治思想体系的构成和对社会结构的看法。这书内容的丰富,是隋唐史书的顶点。""司马光说《通鉴》专取'关国家盛衰、系生民休戚,善可为法,恶可为戒者',在史料的保存、史料的取舍和一些议论上,《通鉴》都有所贡献,但指导思想是'资治'二字。""郑樵的《通志》和马端临的《文献通考》,主要是关于历史文献方面的汇辑工作。郑樵很重视'会通'。'会通'的意义从《通志》看来,大概是包括两点,一点是讲类例,又一点是讲'贯通'。他的《二十略》是得到好评的。""《文献通考》是继《通典》之后更大规模的关于典章制度的通史。……马端临的兴趣在知识性方面,是在历代典章制度的了解方面。这跟《通典》要'将施有政'是不同的。在书的体例上,《通考》基本上继承了《通典》,但在指导思想上这两部书走的不是一条路子。""章学诚的书取名《文史通义》,表明他研究的对象不是史事,而是文史之义。这就是说,他通过史文的研究而达到知义的目的。用现在的话来说,他的研究不在于历史的本身,而在于史学。从认识上说,他这部书比着《通典》等书,都要高一个层次。同《史通》可以说是在一个共同层次,而在这个层次中,《文史通义》比着《史通》,也还是要高一些的。""章学诚重视识别识心裁,重视通史,重视记注与撰述的区别,提出了关于方志和校雠的看法。对于这些问题……还可以再系统地研究下去。"(同上书,第660～666页)白先生用深入浅出的文字,表述了"六通"的特点,同时还论及了它们之间存在的联系和区别。他的这些见解,卓然自得,本身就是一种"通识"的反映。

从20世纪50年代到80年代初,关于"四史六通"的认识,证明这是数十年都在作者脑海中盘旋的问题。到了80年代中期,白先生又对中国史学史研究者提出了阅读30部名著的建议。1987年9月,他在北京师范大学史学研究所举办的"史学史助教进修班座谈会"上,对进修班的教师作了这样一番谈话,他说:

最后,讲讲读书的问题,研究史学史要认真读书。老师在堂上讲书要听,要讨论,要体会,这是间接的读书。但是更重要的是要自己认真读书、直接理解,光靠耳食不行。最近我们选了27部书,要求学习史学史的同志必须读。这27部书是:

《书》、《诗》、《易》、《周礼》、《仪礼》、《礼记》、《春秋》、《左传》、《公羊传》、《穀梁传》;《史记》、《汉书》、《后汉书》、《三国志》;《续汉书》的《志》、《五代史志》(即《隋书志》);《通典》、《通志》、《资治通鉴》、《文献通考》、《史通》、《文史通义》;《宋元学案》、《明儒学案》;《明夷待访录》、《日知录》、《读通鉴论》。此外,我又添上三部，凑成 30 部。这三部是《论语》、《孟子》、《读史方舆纪要》（见《白寿彝史学论集》上册，第 291～292 页）。

为了引导史学史研究者研读这些名著，80 年代中期，白先生在他主编的《史学史研究》学术季刊上专门开辟了"读书会"的栏目，每期评介一部名著，收到很好的效果，亦可见白先生在引导后学认真读书方面的良苦用心。

这里，白先生强调了"要自己认真读书，直接理解，光靠耳食不行"。正因为如此，他所开列的这个书单子，是"要求学习史学史的同志必须读"。这是一个要求，也是一个前提。那么，面对这么多名著，怎么去读呢？白先生作为一位史学前辈，一位史学名家，确能理解晚辈、后进的甘苦，于是他提出了首先阅读《史记》、《史通》、《文史通义》的建议。他指出：《史记》"在史学上、思想上、文学上，都是站在当时社会第一线的，就现在来说，还是光辉的。……《史记》是历史著作中最早、最完整、最有影响的一部书，一直到现在还有影响。自它以后的历史著作中的许多问题、记载以及写作方法，都是从这部书来的。"（同上书，第 292 页）就我的肤浅理解，这是指出《史记》是我们认识中国古代史学的一把"钥匙"。他还指出："《史通》主要讲历史著作体裁"，"《文史通义》讲道理讲得相当深"（同上书，第 292 页）。对于白先生的这些见解，史学史研究者可以把它们看作是引导自己走向中国古代史学理论与方法宝库的路标。

"奉送一点小小的礼物"

这句话，是白寿彝先生在 1984 年 6 月，会见连云港教育学院干部班的全体学员时所发表的讲话的结束语。白先生讲话的主题是"学习历史与当好干部"，这是针对这些学员都是做领导工作、政治工作而讲的。这是白先生把倡导认真读书从史学领域推向社会的谈话之一。

在这篇简短的讲话中，白先生首先说到"学历史是干什么用的"这个老问题。对于这个问题，他从人们应该认识历史发展规律讲起，他说：

学历史是干什么的？学历史就是让我们懂得历史发展的规律嘛！什么叫历史发展的规律呢？过去的社会发展，已经走过的必然的道路，这叫做历史发展的规律，科学历史发展规律的一部分。目前，我们的国家，全世界人类要走什么路？这也是历史发展规律。我们将来，包含我们国家，包含全人类要走什么路？也是历史规律。……要从过去长期历史的发展看今天的现实，当然结合今天的现实，而且要结合过去的历史，现在的历史，展望未来的历史。这是我们学历史的最重要的一条。不懂这一条，学历史就不得要领了（《学习历史与当好干部》,见《白寿彝史学论集》上册,第280～281页)。

白先生从认识过去、现在和未来的关系,用以说明历史发展规律,使人们听起来明白、易懂。

其次,他从历史学的角度,针对干部班学员本身的工作,讲了物质同精神的关系。他说:"学历史了更应懂得历史的主流、历史要向哪方面去,干部才干得好。我们不是搞具体的经济建设、物质生产,是搞思想工作。什么叫思想工作?现在咱们讲两种建设,一种是物质建设,一种是精神建设。平常讲,说是两个东西,是两个东西又不是两个东西。马克思主义是讲究经济条件的,没有一定的经济条件,精神建设是片面的,这是不错的。还有另外一面,没有一定的精神条件,物质建设也困难。"(同上书,282页)白先生进一步分析说:

我们懂得历史了,特别要在大的方面懂得历史了,真正懂得历史了,就可以拿历史的理解来武装我们的头脑,来武装我们的思想。……同志们想一想,如果我们脑子里老是有个想社会主义发展,想社会主义前途,为四个现代化强大社会主义祖国建设着想,把过去、现在、将来的历史一下子联系起来,那就应该产生巨大的力量。这就是马克思所说的,理论一旦掌握群众,就成为巨大的物质力量。不是一个人的事了,正确思想影响大家,变成共同的意志了,有利于推动历史前进(同上书,第283页)。

从这里可以看出,白先生是把学习历史看作社会主义建设的一部分,给史学工作以很高的地位。

第三,白先生深入浅出地讲到学历史,不能简单地用经济效益来衡量它的价值,而要从思想的层面来看待历史学的作用。他说:"有人说,人家搞技术的嘲笑我们搞历史的,'你们搞历史有什么经济效益呀?'我说,我们搞历史没什么经济效益,讲一堂课也换不了多少钞票,没这个作用。但是你把历史讲对了,那个经济效益不可估计。不能算那十张、一百张、一万、二万、百儿八十万,不能那么算,没法衡量,那个经济效益是其大无穷的。这个话,不是咱们在关着门吹大气,确切是如此。要想得深一些,想得远一些,自己的思想境界就高了,对自己要求也会高了,对我们进行思想教育工作的兴趣、信心也会强了,影响也会更好。"(同上书,第283～284页)这些话,是针对社会上一种流行的看法,也是针对人们对历史学社会价值的极大误解而发的。换一种说法,这正是人们是否真正认识到历史学价值的关键。

对于这次讲话,白先生结合自己的思想和认识过程,作了这样一个"小结":

刚才这些话是几十年想到的,慢慢积累的。我当过几十年系主任,每年新生入学，这系主任得先给同学讲巩固专业思想，就讲历史有什么用处。新中国成立前没这个问题，念书就念书吧！新中国成立后学苏联，一个课要讲目的性，就把目的性说说吧。好不容易说哩！每年得说，说罢自己又不满意，总觉得没有说服力。积累几十年了，觉得现在的看法比较符合事实，话虽然不多，也是几十年的心得。今天你们远道而来，奉送这么一点小小的礼物（同上书，第284页）。

在这篇讲话中，白先生尽管没有直接讲到读书的问题，但其核心思想是希望做政治工作的同志都能读一点历史书，而要真正认真读一点历史书，首先必须认识到学习历史、读历史书有什么用处。他在祝贺《光明日报·史学》创办40周年时，曾这样写道：

不少年来，不断有人问，学历史有什么用？这个"用"，如果指的是物质生产的直接需求，恐怕说不上有什么用，如果指的是对国家前途的观察，对国策的制定，对社会风气的改善，那就可能有或大或小的用处。历史不是简单的过去的事情，而是和现实息息相关的。历史是人类经验和智慧的宝库，正确地对待还是有好处的（《读点历史有好处——为〈光明日报〉史学版"四十大寿"祝福》，见《白寿彝史学论集》上册，第303～304页）。

重温白先生的这些见解，感到有两个突出的特点：一是有针对性；二是辩证地看待问题，如历史与现实的关系、物质与精神的关系、读书与工作的关系等。一个历史学家来讲这些辩证法的理论，自然赋予它以历史的内涵，这实际上是在讲为什么要读历史书以及如何读历史书的问题。认真体会起来，对我们这些研究历史和史学的专业工作者来说，同样是有深刻启示的。所谓"一点小小的礼物"，其实包含着这位史学家多年的思考，其分量原本是沉甸甸的。

最后，我想作这样一个简短的概括：读书，这里主要指读历史书，对史学工作者来说，这是同治学功力非常密切的一个问题，也可以说是治学功力的具体度量之一；而史学史研究者要有"看家"的书，那就是"四史"、"六通"；要有"必须"阅读的文献，即文中所提到的30种名著；同时，读好历史书，也是思想工作的一部分，读好了，认识提高了，精神会转化成巨大的物质力量，对推动历史前进是一个重要的动力。可见，认真读点历史书，不仅是史学工作者的事，也是全社会的事。

《中华读书报》2009年2月11日

珍惜读书做学问的大好时间

叶秀山

【叶秀山,(1935——),江苏扬中县人,祖籍江苏镇江。1952年考入北京大学哲学系本科,中国社会科学院学部委员,哲学研究所研究员,博士生导师;西方哲学学会理事。学术专长为西方哲学,兼及美学及中西哲学会通。】

我们这一代人,对于读书、做学问的"时间"观念,看得比较重,不是我们觉悟高,而是因为我们失去了许多宝贵的时间,所以我常说,我们这些人,"年龄不小","学龄却不长";而"时间"似乎有一个特点就是不能"倒流",只有争取"前面"尚"未来"的,不使其再有过多的浪费。

"温故知新",不妨算算"时间"的账

我上大学之前正是从抗战到解放这一阶段,社会动荡,国家多难,在学校读书甚少;及至到了大学,算是相当稳定了一些时日。我从1952年入北京大学哲学系,正是院系调整的一年,基本上一切按当时苏联的教学模式办,且不说它的内容,至少在形式上是正规的,学得好坏,要看自己努力程度。这种局面还没有维持到我们这一届毕业,1955年就有一次肃反运动。1956年被分到哲学所工作,读了一年的书,反右运动就大张旗鼓地展开了。从这以后,运动不断,只是在1961到1963年编写高等教材《美学概论》这一段时间,做了一点学术工作,向主编和同事们学到不少东西。从1964年下乡"四清",两次"四清"就接上文化大革命了。所以,我的"学龄——学术工作的年头",严格说来,应从改革开放算起,而我1980年去美国进修,已经是45岁的"中龄";如今67岁"高龄",才做了20年的学问,而就学术来说,要在一个学科里把自己的工作做好,一辈子的时间都是不够用的。

不是我推卸责任,我们那个时代,时间不是由我们自己支配的,当时我们被教导,有许多比学术更大、更重要的事情要我们参加来做,不得不放下学术。

实在说来,我们当时的生活是比较简单的,不用自己操多少心。

如此等等,岂不是集中精力做学问的大好时光?不然。后来我才慢慢体会出来,当时之所以让你在个人生活上少操点心,不是要你做学问的,"腾出"时间来,是要你"关心国家大事",积极参加各种政治运动的。且不说在运动中"整人的"或是"被整的"——大部分是兼而有之,就是像我这样的"逍遥派",作为"参加者",也做不成什么"学问"。

"文革"期间读点书是犯忌的,被发现了是要开会批判的;就这样也还有一些人"顶风作案",于是才有改革开放初期的一批著作问世。

从"时间"的角度来看,我们十分羡慕现在的学生和青年学者,完全不用担心再有什么十年八年的政治运动要你参加,你们读书做学问,会受到各个方面的表扬和鼓励,书读得好不好,学问做得好不好,基本上要看你们自己了。"身不由己"的人,也许可以从"怨天尤人"中求得内心平衡;"自由者"就得"自己"承担"后果"。

然而,正因为"时间"对现在的年轻人来说,就像"空气"那样平常,大家对它的珍惜程度也就降低了许多。"物以稀为贵",许多东西现在来得都比较容易了,也就不那样"可贵"了。

就做学问来说,我们那时有我们的问题,现在有现在的问题,当然问题的性质是绝对不同的。

说也奇怪,过去认为是"小事"的,或者是"坏事"的,现在成了"好事",甚至快成"大事"了。譬如"名"和"利",过去是很忌讳的,即使心里想,也不能公开流露出来,当然这是虚伪的,现在合理合法了,不虚伪了,而且不妨作为一种进步的动力,这很好;不过也不能变得"肆无忌惮",没有节制了。

世界是丰富多彩的,各行各业的情况也不同,"学问"这一行要求"慢工出细活",最忌"急功近利";可是做学问的还很容易犯这个毛病。

我们那个时候,"功"和"利"是政治性的,写文章要看政治"风向",于是学界有"风派"之说;如今学界似乎也有"风派",看的是"经济—市场"的"风向",像炒股票那样,美其名为"读者需要"。前几年"流行""画说"什么的,我很奇怪"哲学"怎么也能用"图画""画"出来,后来看到一些书,也还是通俗点的文字加上"插图",有的部分文字写得很不错,但那还是文字,不是"图画",我问编辑编辑说,卖得很好的。

就学术来说,通俗的学术著作是最难写的,要把艰深的学术问题通俗地写出来,没有相当的学养是写不好的。"通俗"不是开始,而是结果。很多年前,读过爱因斯坦和另一个人合作写的一本通俗介绍相对论的小书,是一个中文译本,我这个外行读了觉得清楚极了,可以说是把高深学问通俗化的一个范例,我一直把这本书放在案头,想做一篇说明只有"深入"才能"浅出"的文章,可惜后来因为搬动,书找不到了,文章当然也没有写成。

深入到什么程度才能浅出,这是一个具体问题,不好一概而论。譬如有些是很新的学问,研究不够,就不可能马上来一个"通俗化",勉强要做,也只能是介绍一些基本情况,知道一些门牌号码,内容上很难概括出来。最近常听到学界一些朋友说,有些谈西方哲学(新)思想、(新)学派的文章不好懂,我想大半是这个原因。

不但新思想、新学派不好做"通俗"文章,就是哲学史上一些比较熟知的学派和思想,也很难将其"通俗化"。譬如康德的哲学,学哲学的并不陌生,有些人觉得他的《纯粹理性批判》写得匆忙些,有些啰唆和重复,如果把它改写一下,就会更加清楚。多年前我在北京的旧书店里看到一个德国人的改写本,看来外国人也觉得它不够"通俗";但是这方面似乎并没有留下什么必须参考的书,只有那本英国人坎普·斯密司写的释义,逐章逐节解释,可算是一本必读的参考书。

我不是说不要做通俗的工作,而是说,通俗的工作不是那么容易做的,而以急功近利的心态来做这个工作,反倒可能写出一些谁也不懂的文章来。幸好还没有出现把康德的哲学用图画画出来的书。

同样在急功近利的思想笼罩下,表现形式可以有所不同。

最初可能觉得写"短平快"的文章容易,于是一阵子"学术随笔"大为走红。"学术随笔"当然很好,但是如果一定要提倡"学术""随笔化",就有点偏了。和"通俗化"一样,有些连作者都相当生疏的学术问题,不宜马上"随笔化",勉强作出来,也会有点不伦不类。我读过一篇不足千字的短文,竟然要谈论海德格尔关于"生"、"死"的思想,哪能谈论得清楚呢。

大概与此同时,又有相反的做法,就是编写大部头著作。定一个大得不得了的题目,集聚十几二十位学者,从开天辟地讲起,一编就是"世界"的,卷帙浩瀚,印刷精美,放在书架上气势恢宏;当然,编这样的书也颇费时日,作者们一定也是很费工夫,从编书中也可以带动一部分研究,也确实有写得好的部分;但是有些大部头是由"课题"适应"经济—市场"需要带动出来的,如果开出风气来,大概也只能是"天下文章一大抄"了。

"随笔"和"大部头"当然都是表现学术文化的一些形式,但是如果"化"了起来,成了"风气",就会产生偏向;"课题制"本是激励学术研究的一种机制,不过如果忽视学术的长期利益,"课题"就会跟着眼前需要转,出现"跟风",跟了"市场——经济的风","大部头"也会成急功近利的形式了。

问题不在形式,而在内容。随笔有大手笔,大部头有集一生学问之力作。而"跟风"之作,往往不是这种著作。

譬如过去跟"政治"之风,你也不能说学术就一定要脱离政治才算清高,只是学术必与大的社会、历史、时代(包括政治)气候相关切,而不是紧跟一年半载甚至十天半月的小气候。小气候跟乌纱帽有关,大气候则跟学养有关;学术也不一定就要完全脱离功利,或者"超功利",只是学术讲的是大功、大利,不是蝇头小利。明天的行情跟股票有关,而学者著书立说则与历史、民族、社会的长远利益息息相关。

我深感急功近利的"风派",无论政治的还是经济的,实在是学术的不良风气。它之所以不良,主要在于它浪费了相当一部分学者的时间,结果反倒"欲速则不达",使我们的学术积累放慢了脚步,也不容易培养出高层次的学术人才,严重时会出现学术的断层。

就我们哲学专业来看,就学问的基础说,我自己深感比我们的老师们和前辈学者相差甚远。当然,因为时代的不同,我们可能知道一些他们那时还没有出现的新学派、新词汇和新材料,我说的是学问的基础工夫。譬如哲学史上的基本的原著,我们下的工夫不够。我记得 80 年代初我在美国进修时收到贺(麟)先生的信,说他那一个时期跟休谟交上了朋友,我想,休谟的书贺先生一定念过多遍,还在反复念,于是想起向贺先生借来的书后面常常写着某年某月某日读完第几遍。前好多年,我一直想把哲学史上重要的古典著作,念过的和没有念过的,都要念它几遍,不过,一来是年龄不饶人,二来也是因为有些"风"要跟,力不从心了。

我们也曾年轻过,我的学友中不乏聪明才智之士,大部分也都是很有学问的学者,但比起前辈大家来,总还觉得差那么一点儿,而更少"大师"级人物,原因当然是多种的,但就量化来说,我们年轻时丢失的时间太多,则是共同的。丢掉那么多时间,除非特别的天才,就只能有这点学问,几乎可以算就了的。

这样,我就特别希望现在的年轻学者,要珍惜自己的大好时间,尽量多投入扎实的学术工作,不要急功近利,不要"跟风",注意区分"大风——大气候"和"小风——小气候",不要为眼前的"风向"所左右,为眼前利益所驱使,时间同样花掉了,固然得到一时的名利,于学问收效甚微。

也希望我们的学术机制,防止鼓励急功近利的做法,而要想出办法支持甘愿坐冷板凳的学者,在课题的选题方面,有所照顾,或者在课题之外另设鼓励办法。

在科研投入使用—实用或投入市场方面,人文学科有自身的特殊性,课题制不一定是最好的,更不是唯一的。当然,"课题制"的确是一种激励科研的方式;但是如果把课题定为二三十年,就失去课题的意义,而人文学科的有些题目,甚至不是一代学者的事业。

激励学术事业的机制,都不太可能十全十美,事在人为,还得看掌握的情形。无论采取何种措施,学者们自己都要有自己的自律精神,不为外在的各种诱惑所动,潜心做自己的学问,充分利用好社会为我们提供的宝贵时间。等时间流逝掉了,用多少钱也是买不回来的。

时间要比金钱重要得多

人情常以取得之难易分轻重,得之弥艰,爱之愈深。忆想当年干校,晚上统一熄灯之后,蚊帐里常是"灯火辉煌",原来是很多人打着手电筒偷偷看白天不准看的书,对于临睡前的那一点点"时间"也十分珍惜。

在物质资源和精神资源相当匮缺的年代,一切都是珍贵的,书籍也是很难得的。那时候我们的图书馆停止借阅,弄到一本专业的书,并非易事,每有所得,则手不释卷;借到一本碑帖,不临它个十遍八遍,不肯归还。如今这些资源,滚滚而来,相当一部分经典书籍,被束诸高阁。记得干校时一位同事,利用回京探亲度假之便,不知从哪里买到一部石印二十四史,回来含着眼泪跟我偷说这个盛举,如今我常对着我那部沉睡在书柜里的二十五史,想起当年那位现已作古的同事的音容,只有惭愧的份了。

我想,青年学者也要常常保持"居安思危"的警觉,这不是危言耸听,也不是要大家未老先衰,而是一种"提醒",也是一种"警告":就是资源(包括"时间")比较丰富,也要珍惜;正因为比较丰富,也就比较容易"浪费"。某种意义上,"浪费(包括'浪费时间')"是更坏的。"匮缺"让你珍惜资源,而"浪费"是连"珍惜"之情也使之"匮缺"。

(《中国教育报》2002 年 2 月 28 日)

读书的"风景"与"爱美的"学问

陈平原

【陈平原,(1954——　　),广东潮州人。文学博士,北京大学及香港中文大学双聘教授、北大中文系主任、教育部"长江学者"特聘教授、中国俗文学学会会长。先后出版《中国小说叙事模式的转变》、《千古文人侠客梦》、《中国现代学术之建立》、《中国散文小说史》、《触摸历史与进入五四》、《大学何为》、《北京记忆与记忆北京》、《左图右史与西学东渐》等著作 30 种。】

"读书"为何成为"风景"

先说"读书"是如何成为"风景"的。抗日战争中,在重庆,有一天国民党元老陈铭枢请学者熊十力吃饭。熊十力面对浩浩长江,大发感慨,而陈铭枢则背对长江,看着熊十力。熊觉得很奇怪,说这么好的风景你怎么不看?陈答曰:"你就是最好的风景。"熊十力听了很高兴,哈哈大笑。

在我看来,一部人类文明史,就是一部"阅读史",一部人类借助书籍的生产与阅读来获取知识、创造知识、传播知识的历史。加拿大学者阿尔维托·曼古埃尔写过一本书,叫《阅读史》。这书讲的是人类——从东方到西方、从古代到当代——是怎样读书的,以及读书又是如何成为整个知识生产的中心的。从"书籍史"到"阅读史",再到我今天着重讨论的,将"读书"这一社会行为作为审美对象。换句话说,我关注的不是图书的生产过程或阅读效果,而是"读书"是怎样成为"风景"的,这道"风景"又是如何被文人所描述、被画家所描摹、被大众所记忆的。

16世纪曾出版过一本叫《各种人工机械装置》的书,其中提到这么一个发明,可同时阅读多本书的转轮。这发明人肯定是书痴,读一本不够,还希望同时读好多本书!不仅广搜博览,还希望一目十书,这是多么疯狂的阅读梦想!18世纪法国版画"当众朗读",不只看书,还要讲书。之所以当众朗读,可能是为了传播知识,但也可能是炫耀自家的阅读能力。总之,"读书"是一个很美好的场景,你看,这是18世纪法国洛可可风格画家弗拉戈纳的绘画:阅读中的少女,场面静谧,光线柔和,举止优雅,引诱你再三凝视。跟这构图很接近的,是20世纪法国女作家科莱特在花园里读书的照片。搬一把椅子,在花园里坐下来,手捧一本书,请照相师给拍照,为什么? 就因为这场面感人。

不管是壁画、版画、油画、照片,将"读书"这一瞬间凝固下来,作为风景,悬挂在书房或卧室中,时刻提醒你,"读书",这是一件值得夸耀的好事。相比之下,下面这幅照片更让我震撼:1940年10月22日伦敦遭德军轰炸,很多房子倒塌了,这间西伦敦荷兰屋图书馆,墙壁也已倾颓,地上满是砖石,竟然有人不顾敌机刚刚离去,又在书架前翻检自己喜爱的图书。或许,越是这种艰难时刻,越需要书籍作为精神支撑。这照片录自我刚才提的《阅读史》。可惜这位加拿大学者对中国历史很不熟悉,整本书中,只用了一幅中国插图,那就是16世纪的木刻"秦始皇焚书"。作为一个文明古国,中国人更多的时候是写书、刻书、读书,而不会只是"焚书"。就好像今天,只要你愿意,随时可以发现身边无所不在的、让人感动不已的"阅读"场面。

"行旅"同样可以入画

与"读书"相似,"行旅"也可以入画。为什么? 因为旅行是一种重要的社会行为,对于风景的发现、知识的收获,以及阅历、美感等的形成,都是很重要的途径。若从文化史角度考察,你会发现,旅行需要凭借各种工具,乘车船,骑毛驴,坐飞机,不同时代旅行工具的变化,带来一系列感知及审美方式的差异,这同样值得关注。陆游的"此身合是诗人未? 细雨骑驴入剑门",不同于李白的"朝辞白帝彩云间,千里江陵一日还",更不同于你我的今日北京明日纽约。黄遵宪之所以写《今别离》,也是意识到交通工具的进步,影响了旅行者的心态,改变了旅行这一行为的社会意义。

那么,文人学者是如何看待"旅行"这一社会行为的? 就以三个现代中国作家为例,看"旅行"是如何成为热门话题的。北大英文系高材生梁遇春,英年早逝,著作不多。1935 年开明书店版散文集《泪与笑》中,有一则《途中》,大意是说,我们平时都很忙碌,只有在路上,在没有到达目的地之前,我们的步伐是悠然的。匆匆忙忙的一生里,只有在途中,才能真切体会人生的实况。在这个意义上,车中、船上、人行道,这是人生博览会的三张入场券。可惜很多人没有很好地利用它,把它当废纸扔掉,空走了一生的路。旅行不仅让我们了解人生、亲近自然,而且,旅行本身很有诗意,像雨雪霏霏,杨柳依依,都很浪漫。这种境界,只有有福的人才能享受。作者开列了一大堆中外书名,说明很多杰作都是以"旅行"为骨架的。跟爱情一样,旅行也是一个永恒的主题。

另一个著名散文家,也写《旅行》,可他把话倒过来,称"我们中国人是最怕旅行的一个民族"。我说的是梁实秋。这篇《旅行》就出自他 20 世纪 40 年代末刊行的《雅舍小品》。中国人之所以怕旅行,那是因为"真正理想的伴侣是不易得的"。朋友见面聊天,很容易相谈甚欢;可长途旅行就不一样了。太脏了不行,洁癖也不行;睡觉打呼噜不行,整天沉默也不行;油头滑脑不行,呆头呆脑也不行。"要有说有笑,有动有静,静时能一声不响地陪着你看行云,听夜雨,动时能在草地上打滚像一条活鱼!这样的伴侣那里去找?"换句话说,作者不是低估旅行的价值,而是希望旅行者调整心态——包括对旅伴的要求。

说到旅行者的心态,我推荐冯至的《山村的墓碣》。这位北大德语系毕业、后曾留学海德堡大学的"中国最优秀的抒情诗人",20 世纪 40 年代出版散文集《山水》,中间就收录了这篇《山村的墓碣》。文章很短,说的是德国和瑞士交界处,到处是山谷和密林,林径中有一墓碣:"一个过路人,不知为什么,走到这里就死了,一切过路人,从这里经过,请给他作个祈祷。"蜿蜒的林间小路,静静地躺着一块墓碑,记录着一个生命的消逝,一段旅程的终止。那人是谁?因何死去?不知道,也没必要知道。这就是人生,或万里无云,或波涛汹涌,最终都将消失在旅途中。这既是写实,也是象征,乃诗人对于"在路上"这一人生境况的体会与思索。

读书人足不出户,单靠冥思苦想,是很难成就大学问的。这一点,古人很清楚,所谓"读万卷书,行万里路"是也。古今中外的读书人,都曾借助"上路"来求学问,交朋友,并传播自己的名声。可是,"行路"不一定非跟"读书"结盟不可。某种意义上,"旅行"作为一种生活方式,一种审美过程,一种生命境界,本身就有独立价值。不说诗文,就说绘画吧。在中国,山水之所以入画,很大程度是因为旅人。先有"旅人",后才有"景观"。不妨欣赏宋人范宽《溪山行旅图》、五代关仝《关山行旅图》,以及明人戴进的《关山行旅图》,表现的对象是山水,题名却都是"行旅",就因为旅人的眼光赋予了山水审美的意义。旅人不是一般的动物,景观也并非简单的地貌,二者相逢,互相对峙与对视,方才有所谓的"风景"。重峦叠嶂,山路蜿蜒,中间有一赶路人。别看这小人在画面上很不起眼,却是点睛之笔。好山好水,好树好屋,可观可赏,可居可游,这是中国山水画的特点。

暮春者,春服既成

还记得 20 世纪 80 年代初,汪曾祺先生写过一篇小文,题为《我是一个中国人——散步随想》。文章有一节讲的是中国人的"生活趣味":"我不是从道理上,而是从感情上接受儒家思想的。我认为儒家是讲人情的,是一种富于人情味的思想。《论语》中的孔夫子是一个活人。他可以骂人,可以生气着急,赌咒发誓。"汪先生的自我概括很有趣:"我大概是一个中国式的抒情的人道主义者。"

"中国式的抒情的人道主义者",这说法不是很准确,但有味道。记得 20 世纪 90 年代初,有一回在北京郊区给文学青年上课,他讲小说创作,我讲文学评论。晚上,汪先生喝了点酒,随意捡起一根破毛笔,给我写了幅中堂,是抄他的旧作。诗好,字好,更好的是那种洒脱的精神状态。不端架子,不讲纸笔,不避重复,不假思索,写完了,还自己欣赏了好一阵子,问我:怎么样,还不错吧?此情此景,如在眼前。一直想写点怀念汪先生的文字,只是苦于不得其门而入。忽然想起刚才提的汪先生那篇自述,其中提及:"我很喜欢《论语·子路曾皙冉有公西华侍坐章》。'暮春者,春服既成,冠者五六人,童子六七人,浴乎沂,风乎舞雩,咏而归。'我以为这是一种很美的生活态度。"文章还引述孟子的"大人者,不失其赤子之心"、陶渊明的"暖暖远人树,依依墟里烟"、宋儒的"万物静观皆自得,四时佳兴与人同"等,都是一些充满生气与诗趣的"人境"。

说到这里,岔开去,讲点文人逸事。据说诗人陈梦家当年在西南联大教书,每回讲《论语》,朗读到"暮春者,春服既成"时,便挥动双臂,长袍宽袖,飘飘欲仙,很有魅力。有调皮的学生故意请教:孔门弟子七十二贤人,有几人结了婚?几人没结婚?这问题本来无解,没想到陈梦家信口回复:"冠者五六人,五六得三十,故三十个贤人结了婚;童子六七人,六七得四十二,四十二个没结婚,三十加四十二,正好七十二贤人。"此番对答,虽是歪解,却一时传为佳话。

又到了"暮春三月",想起了丰子恺一幅彩色漫画《春日游,杏花吹满头》。画题借用韦庄的《思帝乡》,画面上桃红柳绿,扶老携幼,踏青去也。为什么要踏青?硬要说是为了"多识鸟兽草木之名",实在多余;不为什么,就是喜欢。

正是在其乐融融的春游中,我们对外发现了自然的美,对内发现了自己的深情。

专深很好,博雅更佳

读书、行旅、踏青,有何意义?硬要辩解,都可说是为了获取知识。但在我看来,比"知识"更重要的,是"趣味"与"心情"。这就回到了教育的主要目标:到底是培养专家,还是养成人格。

目前中外大学授予的最高学位是博士。所谓"博士",在我看来,最名不副实,不是指博大精深、博古通今、博闻强记、博物君子,而是指"术业有专攻"。按我的语感,在学士、硕士、博士三级学位中,最好听的是"学士"。因为,汉语的"硕士"二字,除了是第二级学位,还有就是品节高尚、学问渊博之士。至于"博士"和"学士",在古代都曾经是官名。明清两代,讲官衔,"学士"比"博士"大多了。

周氏兄弟,可以说是近现代中国最为博学深思的"读书人"。我把"读书人"看得比"专门家"还高,除了学问,还有趣味。周作人《我的杂学》分20节,总结自己一生所学,从《诗经》、陶诗到中国旧小说,从希腊神话到文化人类学,从生物学到性心理学,从医学、宗教学到妇女学,从日本俗曲到佛经文本,几乎每个领域周作人都有论述。周作人说自己"国文粗通,常识略具",这样的"常识",可不容易具备呀。至于鲁迅的读书趣味及知识结构,可看许寿裳的《亡友鲁迅印象记》以及周启明的《鲁迅的青年时代》。不仅周氏兄弟,清末民初很多读书人,在古今中西之间挣扎、奋斗、求索,大都眼界开阔,趣味广泛,志向高远,很值得今人追怀。

这个时候谈"博览",当然是别有幽怀,主要针对正变得日益机械化的学术生产机制。为自己,也为别人;为学问,也为文章;为研究业绩,也为生活趣味,请大家关注那些有专业能力而又趣味广泛的真正意义上的"读书人"。

为什么说"晋人不可学"

我写过《现代中国的魏晋风度与六朝散文》,为什么会说"晋人不可学"?

其实,可学与不可学,有时是价值评判,有时是工作策略。所谓"不可学",可能那东西不好,怕你学坏了;还有另外一种可能,那东西太好,你学不来。有的东西事关天赋,强求不得。谈诗词,讲书法,常有"可学"与"不可学"之分;大体说来,法度技艺可学,才情韵致难以承传,故不可学。

清人钱泳《履园丛话》中的《书学》,力贬宋人书法,其"宋四家书"条云:"总之,宋四家皆不可学,学之辄有病,苏、黄、米三家尤不可学,学之不可医也。"苏东坡天分绝高,随手写去,修短合度,是其不可及处。可那东西不可学,一学就"毛疵百出"。至于米书过于纵,蔡书过于拘,都不可学。当然,这只是一家之言,可不予置评。我只是说,钱泳所理解的"不可学",属于价值判断。

可还有另外一种"不可学",不是不好,而是境界太高,浑然天成,常人达不到,故只好退而求其次,选择"有格"、"规矩"、"正道"作为模仿对象。比如王国维《人间词话》就说:"近人祖南宋而祧北宋,以南宋之词可学,北宋不可学也。学南宋者,不祖白石,则祖梦窗,以白石、梦窗可学,幼安不可学也。"辛弃疾(字幼安)的词为什么不可学,就因其佳处在有性情、有境界,而模仿者往往只得其粗犷滑稽。

诗词书画,为什么有的可学,有的不可学,明人董其昌《画眼》说得很明确:"画家六法,一曰气韵生动。气韵不可学,此生而知之,自然天授。"这是从宋人郭若虚的《图画见闻志》那边套过来的。换句话说,有些东西,跟天赋、才情、境界有关,不能靠"巧密"和"岁月"而习得。就像中国画的最高境界"气韵生动",只可意会,难以言传,靠的是天资神悟,而不是学习与积累。

记得十几年前读明人笔记《假庵杂著》,对其中一句话印象很深,那就是"宁为宋人毋为晋人"。由此,我才推导出宋人可学,晋人不可学——后者之旷远、放达、率真,天成,很好,永远值得追怀,但常人学不到,一学就歪。也就是说,在我看来,文人学者中,有积累型的,也有天才型的,二者所走的路大不一样。

明清史专家谢国桢在上海古籍出版社编印《瓜蒂庵藏明清掌故丛刊》,已刊明黄宗会《缩斋文集》和明归昌世《假庵杂著》等22种。谢先生为后者作跋:"读归文休先生之《假庵杂著》,如读张山来《幽梦影》;而其谓为人当有偏至,而不可为中庸,尤有见地。"归昌世字文休,号假庵,乃著名古文家归有光的孙子。据说十岁能诗,弃举业,发奋为古文,主要以书法印篆著称于世,至今各博物馆里仍藏有其《风竹图》、《竹石图》、《墨竹图》等。《假庵杂著》中《纪季父遗事遗言》有云:"张元长尝贻书于余,有'宁为宋人毋为晋人'之语,季父颇然之,谓'趣味'二字宜辨。"这里所说的张元长,即号寒山子的散文家张大复,著有《梅花草堂笔谈》等。记得钱锺书与周作人就张大复文章,有过小小的争议,参见前者的《中国新文学的源流》及后者的《〈梅花草堂笔谈〉等》)。我倾向于周作人的意见,就文章而言,张大复不及傅山、金圣叹、李渔,只能跟张潮并列,属于典型的晚明山人小品。谈世态人情、修身养性、风花雪月、山水园林等,有价值,但不宜过分推崇。在我看来,晚明山人所撰小品,是一种抽掉了筋骨、充满娱乐精神的"清谈"——没有了背后的幽愤与抗争,只留下优雅的举措和言辞。

魏晋文人不一样,他们的清谈以玄学为根基,有生命体验及幽愤做底,并不轻松。有兴趣的朋友,不妨读读章太炎、刘师培、鲁迅、陈寅恪、宗白华、王瑶等关于魏晋文人及文章的论述。我特别推荐鲁迅的《魏晋风度及文章与药及酒之关系》,还有就是宗白华的《论〈世说新语〉与晋人的美》。宗先生称:"汉末魏晋六朝是中国政治上最混乱、社会上最苦痛的时代,然而却是精神史上极自由、极解放,最富于智慧、最浓于热情的一个时代。因此也就是最富有艺术精神的一个时代。"从王羲之的字、顾恺之的画、戴逵的雕塑、嵇康的琴曲,到曹植、阮籍、陶潜、谢灵运、鲍照等诗文,还有云冈、龙门壮伟的造像,洛阳和南朝闳丽的寺院,无不光芒万丈。就这么个"强烈、矛盾、热情、浓于生命彩色"的时代,最能代表晋人风神潇洒的,是书法中的行草。在宗先生看来,"魏晋的玄学使晋人得到空前绝后的精神解放,晋人的书法是这自由的精神人格最具体最适当的艺术表现。"关于晋人的精神世界、艺术造诣以及人格魅力的阐发,没有比宗文更简明扼要且切中肯綮的。我谈春游之"向外发现了自然,向内发现了自己的深情",也是从此文中偷来的。说到书法,宗先生认为:苏、黄、米、蔡等人的书法力追晋人萧散的风致,但总嫌做作夸张,不及晋人的自然。这里说的是"书法",其实也包括"做人"——我相信很多人是这么理解晋人与宋人的差别的。

宋人之文采风流

与宗白华明显偏袒晋人不同,冯友兰则是兼容并包。在 1944 年刊《哲学评论》九卷三期的《论风流》中,冯先生论证真风流者必须有玄心、洞见、妙赏、深情。具体展开时,所举的例子,大都取自《世说新语》,就因为,这书是中国人的"风流宝鉴"。差别在于,冯先生由晋人而及宋儒,称颂其"于名教中求乐地"。比如,引述《论语》中"暮春者,春服既成"这一段,再就是朱熹的注;接下来再引理学家程明道的诗,作为"风流人豪"的例证。宋儒不仅有常被误解的"天理人欲"之辨,还有冯友兰所说的"风流人豪"——包括传统士大夫的"威武不能屈,富贵不能淫",也包括程朱理学家的"云淡风轻"与"四时佳兴"。其实,归文休的文章,表达的也正是这个意思。

我欣赏的是,宋代文人的魅力基本上靠积累,但又不显得匠气。无论诗文书画、为学为人，都是如此。期望好收获，没有好种子不行；可再好的种子，撒在青石板上，不管用。必须有沃土、阳光和水分，然后再谈辛勤劳作。说实话，所谓"传道授业解惑"，是在这个层次上展开的。其他条件不具备，根本学不好，至于"天才"，教不教都无所谓。

宋代欧阳修，文章乃"唐宋八大家"之一，诗词也很好；至于《六一诗话》，在中国文学批评史上有开创之功；而《新五代史》和《集古录》在史学、金石学方面的贡献，更是广为学界赞誉。除此之外，他还有一部笔记《归田录》，著于致仕后居颍州时。此书记朝廷旧闻和士大夫琐事，大多亲见亲闻，翔实可靠，且文字清新，我很喜欢。那种"录之以备闲居之览"的写作策略，对后世著述影响甚大。

我的直觉是，同是风流，宋人显得从容不迫，晋人则包含悲情与愤懑。这当然是各自生活环境大不相同造成的。说白了，晋人的风流是有很大代价的。乱世中人，其生命感觉一如曹植的诗句——"惊风飘白日"。读建安七子或竹林七贤的诗文及人生轨迹，很容易明白其"雅好慷慨"、不拘礼法、生性放达，以及追求酣畅淋漓的生活及表达方式，其共同的背景是"世积乱离，风衰俗怨"。

跟开疆辟土的大唐确实不同，宋朝（尤其是北宋）军事上老打败仗，这是事实；可另外同样真实的是，有宋一代文化昌明，特别值得夸耀。1943年，战火纷飞中，陈寅恪撰《邓广铭〈宋史职官志考证〉序》："华夏民族之文化，历数千载之演进，造极于赵宋之世。后渐衰微，终必复振。"至于李约瑟说宋代是中国"自然科学的黄金时代"，诸如此类的好话，还能找出一大堆。

在宋代，读书人不管入相还是居乡，都比较受尊重，得礼遇。而这跟宋代文化昌明有直接的关系。宋人的文学兼修，气定神闲，很令人羡慕。钱锺书《宋诗选注》谈及欧阳修："他是当时公认的文坛领袖，有宋以来第一个在散文、诗、词各方面都成就卓著的作家。"这里就举欧阳修的《读书》诗为例，以见其性情，同时说明宋人的修养是靠持之以恒的读书慢慢积累起来的。我说的是作为整体的宋代文人，而不是作为个体的诗人或理学家。此乃长诗，诸位有空慢慢品读，这里仅引其开篇："吾生本寒儒，老尚把书卷。眼力虽已疲，心志殊未倦。"学问与诗情不同，需要时间，需要心境，需要阅历，急切中弄不来；但另一方面，学问又是有规矩，可模仿，慢慢积累，便有可能逐渐达到那个境界。我想说的是，宋人靠修养，晋人凭天赋；修养可学，天赋不可学——无此才情而硬要假冒"风流"的，很容易出洋相。

这里所说的"爱美的",乃英文 Amateur 的音译,意为"业余的"。1921 年4 月,戏剧家陈大悲在北京的《晨报》上连载论文《爱美的戏剧》,参考美国小剧场的经验,提倡与职业化、商业化演出相对立的"爱美剧"。我关注"爱美的"这个词,就因为它与传统中国的博雅传统不无相通之处。比如,喜欢艺术,但不想拿它混饭吃。有文化,有境界,有灵气,即便技巧上不够娴熟,也可取——起码避免了专业院校学生容易养成的"匠气"。

过度的专业化,导致不少学者"身在曹营心在汉",整天"为赋新诗强说愁",制造无数只在填表时才有用的文化垃圾。如此"生产强迫症",对人对己,都是一种戕害。某种意义上,我欣赏"爱美的"人文学者,就因其完全沉湎其中,更有可能兼及思想性、趣味性与批判性。

《光明日报》2009 年 8 月 20 日）

好读书与读好书

周国平

【周国平（1945—　），上海人。中国当代著名学者，哲学家，散文家，作家。著有学术专著《尼采：在世纪的转折点上》《尼采与形而上学》，以及《周国平人生哲思录》《周国平人文讲演录》等，译有《尼采美学文选》《尼采诗集》《偶像的黄昏》等。】

围绕读书，各地常举办热闹的活动。我担心是，当这热闹沉寂下去了，那些不爱读书的人一如既往地不爱读书。当然，那些爱读书的人也一如既往地爱读书。我发表这些论读书的文字，意图是和后者交流。

好读书

人的癖好五花八门，读书是其中之一。但凡人有了一种癖好，也就有了看世界的一种特别眼光，甚至有了一个属于他的特别的世界。不过，和别的癖好相比，读书的癖好能够使人获得一种更为开阔的眼光，一个更加丰富多彩的世界。

一个人怎样才算养成了读书的癖好呢？我觉得倒不在于读书破万卷，一头扎进书堆，成为一个书呆子。重要的是一种感觉，即读书已经成为生活的基本需要，不读书就会感到欠缺和不安。宋朝诗人黄山谷有一句名言："三日不读书，便觉语言无味，面目可憎。"如果你三日不读书，就感到自惭形秽，羞于对人说话，觉得没脸见人，则你必定是一个有读书癖的人了。

读者是一个美好的身份。历史上有许多伟大人物,在他们众所周知的声誉背后,往往有一个人所不知的身份,便是终身读者,即一辈子爱读书的人。

在很大程度上,人类精神文明的成果是以书籍的形式保存的,而读书就是享用这些成果并把它们据为己有的过程。质言之,做一个读者,就是加入到人类精神文明的传统中去,做一个文明人。相反,对于不是读者的人来说,凝聚在书籍中的人类精神财富等于不存在,他们不去享用和占有这笔宝贵的财富,一个人唯有在成了读者以后才会知道,这是多么巨大的损失。

读书唯求愉快,这是一种很高的境界。关于这种境界,陶渊明做了最好的表述:"好读书,不求甚解。每有会意,便欣然忘食。"

以愉快为基本标准,这也是在读书上的一种诚实的态度。无论什么书,只有你读时感到了愉快,使你发生了共鸣和获得了享受,你才应该承认它对于你是一本好书。哪怕是专家们同声赞扬的名著,如果你不感兴趣,便与你无干。不感兴趣而硬读,其结果只能是不懂装懂,人云亦云。据我所见,凡是真正把读书当作享受的人,必有自己鲜明的好恶,而且对此心中坦荡,不屑讳言。

对今天青年人的一句忠告:多读书,少上网。你可以是一个网民,但你首先应该是一个读者。如果你不读书,只上网,你就真成一条网虫了。称网虫是名副其实的,整天挂在网上,看八卦,聊天,玩游戏,精神营养极度不良,长成了一条虫。

互联网是一个好工具,然而,要把它当工具使用,前提是你精神上足够强健。否则,结果只能是它把你当工具使用,诱使你消费,它赚了钱,你却被毁了。

书籍是人类经典文化的主要载体。一个不读书的人是没有根的,他对人类文化传统一无所知,本质上是贫乏和空虚的。

对我们影响最大的书往往是我们年轻时读的某一本书,它的力量多半不缘于它自身,而缘于它介入我们生活的那个时机。那是一个最容易受影响的年龄,我们好歹要崇拜一个什么人,如果没有,就崇拜一本什么书。后来重读这本书,我们很可能会对它失望,并且诧异当初它何以使自己如此心醉神迷。但我们不必惭愧,事实上那是我们的精神初恋,而初恋对象不过是把我们引入精神世界的一个诱因罢了。当然,同时它也是一个征兆,我们早期着迷的书的性质大致显示了我们的精神类型,预示了我们后来精神生活的走向。

世人不计其数,知己者数人而已,书籍汪洋大海,投机者数本而已。我们既然不为只结识总人口中一小部分而遗憾,那么也就不必为只读过全部书籍中一小部分而遗憾了。

读好书

费尔巴哈说:人就是他所吃的东西。至少就精神食物而言,这句话是对的。从一个人的读物大致可以判断他的精神品级。一个在阅读和沉思中与古今哲人文豪倾心交谈的人,与一个只读明星逸闻和凶杀故事的人,当然有着完全不同的内心世界。我甚至要说,他们也是生活在完全不同的外部世界上,因为世界本无定相,它对于不同的人呈现不同的面貌。

严格地说,好读书和读好书是一回事,在读什么书上没有品位的人是谈不上好读书的。所谓品位,就是能够通过阅读而过一种心智生活,使你对世界和人生的思索始终处在活泼的状态。世上真正的好书,都应该能够发生这样的作用,而不只是向你提供信息或者消遣。

有人问一位登山运动员为何要攀登珠穆朗玛峰,得到的回答是:"因为它在那里。"别的山峰不存在吗? 在他眼里,它们的确不存在,他只看见那座最高的山。爱书者也应该有这样的信念:非最好的书不读。让我们去读最好的书吧,因为它在那里。

攀登大自然的高峰,我们才能俯视大千,一览众山小。阅读好书的效果与此相似,伟大的灵魂引领我们登上精神的高峰,超越凡俗生活,领略人生天地的辽阔。

世上书籍如汪洋大海,再热衷的书迷也不可能穷尽,只能尝其一瓢,区别在于尝哪一瓢。读书是一件非常私人的事情,喜欢读什么书,不论范围是宽是窄,都应该有自己的选择,体现了自己的个性和兴趣。其实,形成个人趣味与养成读书癖好是不可分的,正因为找到了和预感到了书中知己,才会锲而不舍,欲罢不能。没有自己的趣味,仅凭道听途说东瞧瞧,西翻翻,连兴趣也谈不上,遑论癖好。

优秀的书籍组成了一个伟大宝库,它就在那里,属于一切人而又不属于任何人。你必须走进去,自己去占有适合于你的那一份宝藏,而阅读就是占有的唯一方式。对于没有养成阅读习惯的人来说,它等于不存在。人们孜孜于享用人类的物质财富,却自动放弃了享用人类精神财富的权利,竟不知道自己蒙受了多么大的损失。

人类历史上产生了那样一些著作,它们直接关注和思考人类精神生活的重大问题,因而是人文性质的,同时其影响得到了许多世代的公认,已成为全人类共同的财富,因而又是经典性质的。我们把这些著作称作人文经典。在人类精神探索的道路上,人文经典构成了一种伟大的传统,任何一个走在这条路上的人都无法忽视其存在。

人文经典是一座圣殿,它就在我们身边,一切时代的思想者正在那里聚会,我们只要走进去,就能聆听到他们的嘉言隽语。就最深层的精神生活而言,时代的区别并不重要,无论是两千年前的先贤,还是近百年来的今贤,都同样古老,也都同样年轻。

古往今来,书籍无数,没有人能够单凭一己之力从中筛选出最好的作品来。幸亏我们有时间这位批评家,虽然它也未必绝对智慧和公正,但很可能是一切批评家中最智慧和最公正的一位,多么独立思考的读者也不妨听一听它的建议。所谓经典,就是时间这位批评家向我们提供的建议。

经典虽然属于每一个人,但永远不属于大众。每一个人只能作为有灵魂的个人,而不是作为无个性的大众,才能走到经典中去。如果有一天你也陶醉于阅读经典这种美妙的消遣,你就会发现,你已经距离一切大众娱乐性质的消遣多么遥远。

在我看来,真正重要的倒不在于你读了多少名著,古今中外的名著是否读全了,而在于要有一个信念,便是非最好的书不读。有了这个信念,即使你读了许多并非最好的书,你仍然会逐渐找到那些真正属于你的最好的书,并且成为它们的知音。事实上,对于每个具有独特个性和追求的人来说,他的必读书的书单决非照抄别人的,而是在他自己阅读的过程中形成的,这个书单本身也体现出了他的个性。

我要庆幸世上毕竟有真正的好书,它们真实地记录了那些优秀灵魂的内在生活。不,不只是记录,当我读它们的时候,我鲜明地感觉到,作者在写它们的同时就是在过一种真正的灵魂生活。这些书多半是沉默的,可是我知道它们存在着,等着我去把它们一本本打开,无论打开哪一本,都必定会是一次新的难忘的经历。读了这些书,我仿佛结识了一个个不同的朝圣者,他们走在各自的朝圣路上。

智力活跃的青年并不天然地拥有心智生活,他的活跃的智力需要得到鼓励,而正是通过读那些使他品尝到了智力快乐和心灵愉悦的好书,他被引导进入了作为一个整体的人类心智生活之中。

读那些永恒的书,做一个纯粹的人。

有的人生活在时间中,与古今哲人贤士相晤谈。有的人生活在空间中,与周围邻人俗士相往还。

不同的书有不同的含金量。世上许多书只有很低的含金量,甚至完全是废矿,可怜那些没有鉴别力的读者辛苦地去开凿,结果一无所获。

含金量高的书,第一言之有物,传达了独特的思想或感受,第二文字凝练,赋予了这些思想或感受以最简洁的形式。这样的书自有一种深入人心的力量,使人过目难忘。

我的体会是,读原著绝对比读相关的研究著作有趣,在后者中,一种思想的原创力量和鲜活生命往往被消解了,只剩下了一付骨架,躯体某些局部的解剖标本,以及对于这些标本的博学而冗长的说明。

大师绝对比追随者可爱无比也更加平易近人,直接读原著是通往智慧的捷径。这就像在现实生活中,真正的伟人总是比那些包围着他们的秘书和仆役更容易接近,困难恰恰在于怎样冲破这些小人物的阻碍。可是,在阅读中不存在这样的阻碍,经典名著就在那里,任何人想要翻开都不会遭到拒绝。

书太多了,我决定清理掉一些。有一些书,不读一下就扔似乎可惜,我决定在扔以前粗读一遍。我想,这样也许就对得起它们了。可是,属于这个范围的书也非常多,结果必然是把时间都耗在这些较差的书上,而总也不能开始读较好的书了。

所以,正确的做法是,在所有的书中,从最好的书开始读起。一直去读那些最好的书,最后当然就没有时间去读较差的书了,不过这就对了。

在一切事情上都应该如此。世上可做可不做的事是做不完的,永远要去做那些最值得做的事。

也许没有一个时代拥有像今天这样多的出版物,然而,很可能今天的人们比以往任何时候都阅读得少。在这样的时代,一个人尤其必须懂得拒绝和排除,才能够进入真正的阅读。

(《政策》2012 年第 1 期)

养成阅读习惯是一门科学

邬书林

【邬书林(1954——　)，江苏镇江人。1976 年 11 月加入中国共产党。1971—1978 年，江苏焦化厂工人、调度；1978—1982 年，南京大学经济学系读大学；1982—2001 年，中宣部出版局干事、副处长、处长、副局长、局长；1986—1989 年，中央党校青年干部班研究生毕业（中央党校培训部）；2001—2004 年，中宣部副秘书长兼改革办主任；2004 年 10 月至今，新闻出版总署党组成员、副署长。】

图书是人类智慧的结晶。阅读习惯的养成，于己是个人修身益智的终生大事；对于一个国家、一个民族，则是关系国家前途、民族命运的国家大事。良好的阅读习惯，不是顺其自然就可形成的，必须作为一门科学来培育。

阅读在古今中外都受尊重

古今中外，凡是经济发展、社会文明的国家和民族，往往都有崇尚读书的优良传统。

中华民族之所以成为礼仪之邦、文明古国，一个重要的原因在于我们是一个热爱学习、勤奋读书的民族。中国历来有"盛世修典"的传统，不仅有专门刻书、卖书的书坊、书肆，更有专门讲书、读书的书院，"洛阳纸贵"生动记载了西晋好书畅销的盛况。在中国，"读书人"从来都是受人尊敬的,过去中国人把有学问的读书人称为"先生"。中国人民在几千年的文明追求中积累了很多读书格言,留下很多刻苦读书的故事,如"读万卷书,行万里路"、"囊萤映雪"、"凿壁偷光"、"韦编三绝"等。正是这些读书格言、读书故事,激励着一代又一代中国人以读书为荣,以读书为乐。

曾经饱受苦难的犹太民族,之所以今天能够崛起于沙漠之上、屹立于世界民族之林,同样与其民族优秀的阅读传统不无关系。据统计,1901—1995 年,在 645 位诺贝尔奖获得者中,犹太人有 121 位,获奖人数高居世界各民族之首。马克思、弗洛伊德、爱因斯坦、门德尔松、萨缪尔森等,更是人们耳熟能详的犹太裔思想家、科学家、艺术家和经济学家。究其原因,酷爱读书是其不可忽视的因素。据联合国教科文组织调查,以色列人均拥有图书馆的数量居世界之首,平均每 4500 人就拥有一所图书馆。另有统计,犹太人人均占有的图书量、每年读书的时间和数量,都超过世界上其他国家。德国同样是一个酷爱读书的国家。德国一户普通家庭每月用于购书的支出达到 50 欧元以上,占业余爱好总支出的 10%上下。德国有句谚语说:"一个家庭没有书籍,就等于一间房子没有窗户。"

阅读是事关个人和社会的大事

阅读可以丰富一个人的有限人生,阅读可以涵养一个民族的精神气质,阅读可以铸就一个国家的文化根基。

欧阳修说:"立身以立学为先,立学以读书为本。"人的一生是有限的,直接向别人学习的经验也是有限的,但是通过读书间接向别人学习则是趋于无穷的。读古人之书好比与先贤对话,读今人之书好比与智者交谈。阅读一本书,可以打开一个崭新的世界,可以深入一个人的内心,可以站在世界的制高点。读书给了我们观察世界的高度,让我们视野开阔;读书给了我们认识社会的深度,让我们思想深刻;读书给了我们改造世界的利器,让我们丰富人生。生活中因为读了一本书,而使人的思想观念乃至前途命运发生根本改变的故事比比皆是。一些影响深远的名著往往成为改变社会甚至影响历史进程的思想先导。"腹有诗书气自华",唯有读书可以让我们从容应对快速变化时代的挑战,增进人类的智慧,焕发创造的活力,实现人生的价值。

高尔基说:"书籍是人类进步的阶梯。"尽管阅读是一项非常个性化的体验,但是一旦无数个性化的体验集合成为一个民族的内涵,这个民族就会因此而拥有深厚的文化底蕴。一个人如果从小养成良好的阅读习惯,一生都会受用无穷；一个民族养成阅读的习惯，这个民族就会充满智慧和希望。国民素质的提高必须倡导读书，科学知识的普及必须倡导读书，文明理念的传播必须倡导读书，人们内心的和谐必须倡导读书，真理的追求更离不开读书。国民阅读能力和阅读水平的高低，在很大程度上反映着国民素质的高低，决定着一个民族的基本素质、创造能力和发展潜力，直接关系到国家软实力和综合国力的强弱。一个国家的国民阅读水平，往往标志着一个国家社会发展的文明程度。

养成阅读习惯是一门科学

知识既不能遗传，也不能赠送，更不能复制和购买，只能靠自己一点点努力去学习、去读书。作为一种伴随深入思考的文化活动，阅读习惯并不是自然而然就能养成，需要有意识的培育才能实现。

养成阅读习惯是一门科学，需要国家、社会团体、家庭和个人共同努力，形成合力。根据近年来对国外全民阅读情况的考察和研究，至少有三个方面的经验值得借鉴。

首先，阅读习惯的养成，依赖于热爱阅读的社会氛围。为了培养孩子读书的习惯，犹太人的家庭长期流传着这样的传统：当小孩稍微懂事时，母亲就会翻开《圣经》，滴一点蜂蜜在上面，让小孩去舔带着蜂蜜的图书。其用意不言自明，让孩子从小就知道读书是一件甜蜜的事情。西班牙之所以首倡设立"世界读书日"，不仅仅是因为这天是作家塞万提斯的辞世纪念日，更重要的是当地居民多年来在这天有赠送玫瑰和图书给亲友的习俗。

在北欧国家挪威，为了让广大青少年在 12～15 岁期间依然保持对图书的兴趣，顺利度过青春期，政府官员和社会名人经常深入到学校，组织中学生举行隆重的阅读仪式。同样具有阅读传统的匈牙利，有个不成文的规定，公共汽车经过隧道等黑暗的地方时，一定要打开车内的灯，以方便乘客读书。

其次，阅读习惯的养成，必须制定推动全民阅读的政策措施。美国为了激起国民阅读的更大热情，近年来陆续推出一系列阅读计划。1997 年克林顿政府提出"美国阅读挑战计划"，2001 年布什政府提出"不让一个孩子落后"法案，布什总统在 2001 年"9·11"事件发生当天正在佛罗里达州的一所小学给小学生读《我的宠物山羊》。2006 年 11 月，在时任总统普京的支持下，俄罗斯出版与大众传媒署与俄罗斯图书联盟共同制定并发布《国家支持与发展阅读纲要》。2008 年 1 月，英国首相布朗会同部分儿童作家，共同启动"2008 全国读书年"活动，并投入 3700 万英镑用于全年的阅读推广活动。在德国，共有

200多个促进阅读的社团组织,其中成立于1988年的德国促进阅读基金会,其历任名誉主席都由德国总统担任。东欧国家保加利亚,近百年前就形成立法,规定每30户居民的村子都要建立"人民阅读室"。在埃及,1991年开始推出"全民阅读计划",并成立了以穆巴拉克夫人为主席的全民阅读计划最高委员会,1994年又开始实施"家庭图书馆"大型文化工程。

第三,阅读习惯的养成,必须从孩子抓起。德国的一项研究表明,一个人在13岁最迟15岁前如果养不成阅读的习惯和对书的感情,那么他今后的一生中,将很难再从阅读中找到乐趣,阅读的大门可能会永远对他关闭。德国促进阅读基金会理事长海因里希·克雷比施说:"给孩子读书和讲故事,是最不复杂、也是最合算的对未来的投资。"德国出版商适应不同年龄阶段的"阅读阶梯",出版了形式各样的图书,有的书与儿童的玩具并无区别,使孩子从小就培养对图书的亲近和兴趣。2006年6月24日,作为庆祝英国女王伊丽莎白二世80岁生日的活动之一,白金汉宫邀请了2000多名儿童举办了一次阅读聚会,儿童们和他们最喜爱的故事里的角色们共同参加了一个特别的茶话会。

努力科学培育我国新一代公民的阅读习惯

在中国经济快速发展的今天,在建设创新型国家和学习型社会的新形势下,现在比以往任何时候都更需要我们推动全民阅读。弘扬中华民族热爱读书的优良传统,培育我国新一代公民的阅读习惯,已经摆到十分紧迫、十分重要的地位。

首先,要在全社会营造"读书好、好读书、读好书"的良好社会氛围。2009年4月23日"世界读书日",温家宝总理专程到商务印书馆和国家图书馆,与编辑和读者交流读书心得,并提倡读书好、好读书、读好书,推动全民族养成读书的良好习惯。温总理说:"我非常希望提倡全民读书。我愿意看到人们在坐地铁的时候能够手里拿上一本书。"这是一个大国总理发自内心的声音,也是一个具有悠久阅读传统民族迎接伟大复兴的深切期盼。要通过社会各界的共同努力,使全民阅读的理念深入人心,使热爱读书的习惯蔚然成风。新闻出版等有关部门应切实履行改善全民阅读条件、引导全民阅读风尚的职责,积极协调社会方方面面把全民阅读工程引向深入。各类群团组织和非政府组织,可充分发挥联系面广的优势,积极开展丰富多彩的阅读活动。出版发行单位和图书馆,应积极参与到全民阅读活动中来,多出好书,多卖好书,多借好书,组织推荐优秀图书,积极捐赠优秀图书,为全民阅读提供优秀图书。城市、社区和乡村应把全民阅读活动作为先进文化建设的重要方面,作为基层群众文化活动的重要内容,创造方便群众阅读的设施条件,积极开展读书比赛、读书演讲等活动。学校和家庭要发挥青少年阅读指导者的作用,积极开展健康有益的课外活动,家长要有意识地培养孩子养成读书的习惯,并带头读书,为孩子树立榜样。科研学术机构要把阅读学作为一门科学提上日程,深入研究全民阅读的特点和规律,为全民阅读活动提供决策依据和科学指导。各类传媒要大力宣传全民阅读的意义和内容,广泛交流各地开展全民阅读活动的有益经验,为全民阅读活动营造浓厚的社会氛围。

其次,出版界要多出好书,为全民阅读提供精品力作。现在,我国年出书品种已达 20 多万种,图书质量也有了很大的提高。但是出版界盲目跟风炒作、低水平重复、粗制滥造的现象还很严重,特别是我国原创优秀图书还不够多,提高原创出版水平的任务还很艰巨。要从人文社科、少儿文艺、科学技术三个方面,切实提高我国原创出版的水平,努力改善出版物的市场结构,为全民阅读提供思想性、艺术性、科学性俱佳的作品,引导广大公众不断提高阅读的深度和品位。

第三,要为基层公众特别是广大农民创造必要的阅读条件。为了解决 8亿多农民读书难的问题,自去年开始,我国政府开始建设一项庞大的公共阅读设施——农家书屋工程。该项目计划在全国 64 万个行政村,每个村都建立一个农家书屋,每个农家书屋至少藏书 1500 种、报刊 30 种、音像制品 100 种,计划 10 年内做到村村有书屋。经过一年多的努力,全国已经建立起 6 万多个农家书屋,受到广大农民的欢迎。与此同时,社区书屋、职工书屋等面向基层公众的公共阅读场所,也在快速地兴建。现在,农家书屋工程正式写入政府工作报告,进一步凸显了正在全国范围内实施农家书屋工程的政府责任。要把农家书屋建设作为农村公共文化服务体系建设的重要组成部分,切实抓好工程项目、进度、责任三落实,及时开展监督检查,把农家书屋工程建设与创建文明村镇、文明家庭等基层文化建设的活动有机结合起来,形成健全的长效机制,使广大农民和农村青少年有条件更好地借到书、读到书。

第四,要开展丰富多彩的阅读推广活动。中国出版科学研究所今年开展的第六次全国国民阅读调查显示,成年人图书阅读率在去年止跌回升 0.1 个百分点的基础上,今年又继续回升了 0.5 个百分点,达到 49.3%。阅读率的回暖,反映出近年来有关部门连续几年大力推进全民阅读工程,加快农家书屋建设,以及社会各界倡导读书等方面的合力效果开始显现出来。近年来,新闻出版总署等部门以"向青少年推荐 100 本好书"等方式积极引导青少年阅读,受到广大青少年的欢迎。中央电视台"百家讲坛"栏目,不仅推出《于丹〈论语〉心得》、易中天《品三国》等几百万册的畅销书,更是开创了电视与图书互动的新模式,激发了国民的阅读热情。要进一步整合促进全民阅读活动的社会动员机制,特别是发挥各种民间团体和基层组织的积极作用,把全民阅读活动作为一项重要的工作,广泛开展读书征文比赛、优秀图书推荐、作品朗读会、图书捐赠等生动活泼的读书活动,使全民阅读工作开展得更加有声有色、卓有成效。

第五,要分层次为广大公众提供阅读指导。婴幼儿是奠定阅读习惯的基础阶段。要真正从娃娃抓起,像关心孩子身体成长一样关心孩子的精神发育,多让孩子接触图书,多陪孩子朗读图书。青少年是养成阅读习惯的关键时期。要让青少年切实从繁琐的各种考试中解脱出来,多读经典,多读自己喜爱的图书,使读书成为生活、学习中的重要组成部分。广大公众是全民阅读的最广泛基础。要使广大公众明白"活到老,学到老",多读与本行业密切相关的书,多读培育个人高尚情趣的书,并在家庭中带头读书,形成浓厚的家庭阅读氛围。领导干部要做全民阅读的表率。领导干部在人民群众心目中树立良好的口碑,凭借的不是权力,也不仅仅是业绩,而是工作业绩背后展现出来的思想内涵和良好修养。思想和修养的取得,要靠读书才能得来。要从具体事务和各种应酬中抽出时间多读书,多读反映世界大势的最新图书,多读提高思想境界的优秀图书,多读有益于提高工作能力的专业图书。

第六,要认真研究并积极推广数字阅读等新型阅读方式。目前,手机阅读、手持阅读器阅读、在线阅读等各种方式的数字阅读迅速发展,并受到社会各界特别是青少年的青睐。数字阅读不是对传统阅读方式的否定,而是对传统阅读方式的有益补充。要紧跟各种数字阅读的新趋势,研究新情况,迎接新挑战,在坚持不懈扩大纸质图书阅读的同时,促进数字阅读健康发展。

阅读是一个人最基本的文化权利。在全社会的共同努力和科学引导下,愿阅读成为每个人的习惯。

《光明日报》2009 年 6 月 8 日

经典阅读的当下意义

汪涌豪

【汪涌豪(1962—　)浙江镇海人,生于上海。1989年毕业于复旦大学中文系,获文学博士学位。现为该系教授,文艺学专业博士生导师。2001年任中文系副主任,中国古代文学理论研究会副秘书长,上海作家协会会员,复旦大学中国古代文学研究中心兼职教授。】

读图、读网与"浅阅读"危机

如果问人为什么不读书,回答常常是没时间、没精力。但另一方面,日常生活类图书之外,成人读盗墓、穿越,孩子读图文、漫画却越来越多。去年图书零售市场的报告,虚构类书籍销售的前五名全为郭敬明与韩寒包揽,许多大学图书馆的名著出借率被排在百位之外。以图代书,做在线阅读,甚或以上脸书(Facebook)、刷微博代替阅读的也不在少数。雅斯贝尔斯曾感叹人们草草阅读,只知追求简短的、能快速获知又迅速遗忘的讯息,而不是能引起反思的东西,今天的情形就是如此。这种"浅阅读"风气的存在,凸显了整个社会浮躁肤浅的荒败景观。

我们无意否认知识可以通过多种途径获取,更不愿被误解为是一个拒绝接受科技变革的"勒德分子"(Luddite),而只是想提请注意,媒介的变化已然掩夺了阅读的本意,但大多数人对这种变化太不以为意了。尽管生活中,他们不认为开车可以完全代替走路,赏览风景,尤其僻远的美景,更是非走路不可。但一回到阅读,认知就发生了偏差,对读图、读网不能代替读书的认识，并不像自己以为的那么清楚。相反，忘记由文字构成的书籍，因符号抽象，常呈现为一开放的结构，在引发人书对话过程中，能唤起人往复思考，是最锻炼人脑的活动。其中经典阅读，尤能使人在人书互动中形成紧张的思维对待，助成理性对感知的超越，人性对历史的体贴。

而音画构成的具象，多刺激感官，不触及心灵。耽溺日久，很容易使人产生惰性，形成按给定预设被动接受的知觉依赖，进而造成迟钝自闭，沟通不良。严重的，连生存都会发生问题。至于网络，因常提供即刻性与碎片化的资讯，在使读网带上时尚化的"轻阅读"特性同时，也会不同程度地损害阅读的品质，造成人智力的降级与思想的衰退。对此，前年出版的尼古拉斯·卡尔（Nicholas Carr）的《浅薄：互联网如何毒化了我们的大脑》有很详尽的讨论。它指出因网络对人"神经线路"与"记忆程序"的重新编布，使人的阅读常流于字表滑行，而无法做深入的思考，由此，他会觉得《战争与和平》太长，《追忆似水年华》又太晦涩，并将爱读经典视为前人少环境刺激、无处可去养成的老嗜好，而将其毫无顾惜地抛弃。可事实是，尽管现实世界无限广阔，虚拟空间更丰富多彩，但如果人们对它的贪恋是以牺牲自身与客体世界的区别为代价，就太不值了。因为众所周知，人与包括机器在内的客体世界的分离能力与分离程度，恰恰是人所具有的本质力量的表征。它不但构成了文化的基本定义，也是一切经典创造的终极要旨。有鉴于此，我们实在不能相信，一味的读图和读网有补人的精神，相反，它在提供便捷的同时容忍偷惰，因此毋宁说是弱智的，甚至有害的。

看看周遭，已有人不再思考问题，只想着去哪里找现成的答案，甚至哪里有上网点，全不知批判式思维的形成，更依赖人的"原始硬盘"——人经由经典阅读养成的智慧头脑，以及由其分析整理过的知识记忆。至于因分析能力与实际享有信息数量不对称，造成的一些年轻人的价值观倾圮，就更触目惊心。这让人不禁想起两个世纪前托克维尔著名的发问：为什么当文明扩展时，杰出的个体反而减少了；为什么当知识变得每个人都能获得时，天才反而再难见到；为什么当不存在较低等级时，较高等级也不复存在了。原因固然与物质、技术有关，但更在人避却思考、耽溺安乐的自甘平庸与自我放失，在不能善自利用物质技术造成的心智的慵懒与偷惰。在这种慵懒偷惰中，那种对深邃思想的卓越追索，对人类整体性精神出路的关切渐渐消退和淡忘，甚至被嘲笑和放逐。而这些，恰恰经典里最多，甚至就是经典最显著的徽标。

何谓经典：从艺术到人文

经典的定义也无须再做论证。套用库切《何谓经典》中说的话，那些"历经最糟糕的野蛮攻击而得以劫后余生的作品就是经典"。当然，撇开其讲演的特殊语境，那些历经后人最诚挚的颂扬而光景常新的作品，无疑也在其列。这是我们要说的第一点。因其意甚明，不再展开。要强调的是第二点，就是越出惯常的理解，不能仅将经典局限在古今中外的文学名著上，从《论语》到《日知录》，从《理想国》到《存在与时间》，许多人文社科类著作，包括一部分自然科学著作，因对人的处境有真切的关心，对人生在这个世界上的命运有深刻周彻的肯认，对人内心经验有感同身受的体谅，并精骛八极，鞭辟入里，也都是经典，都应成为我们阅读的重点。

简言之，从西方语言逻辑层面的"立真理"，到东方中国精神人格层面上的"立人"，传统人文社科类经典大多着力于揭示人与世界的终极奥旨，字里行间，洋溢着个人与人类及宇宙深切的同体感。那种既重视个体世间安顿，又时时仰望精神天空，不懈追索两者相携相成的执著与热忱，还有让一己放心落下的同时，努力让人类全体身心和谐的高上追求，是人自身全部尊严的最好注释。其中，作为"知识之王"的哲学经典，尤其具有范式意义，尤应认真阅读和了解。一方面，它强调主体的自由出场和自我证明，故在根本处与文学艺术相近。好的艺术经典以形象诠释人生，好的哲学经典（有时包括宗教经典）则以抽象演绎人生。它们探讨的虽是"宇宙秩序"，但归结在"生活秩序"，并以此与文学艺术一起，面对同一个世界，回答同一个问题，所以可相资相益，相互参证。这也是许多时候，一个哲学家同时又是一个诗人的原因。另一方面，又不能不认识到，这个出场和证明有其更决绝的姿态和更犀利的表达。它不以叙述性的描写渲染为满足，而重在反思与究问，并且在本原性的究问方面有时还远胜于科学，故更能体现主体思考的问道特性。对科学来说，主要是答案；对哲学来说，主要是问题。它提出和究原这些问题，并让你在这种追究中做成一个真正的"知识分子"，以自己的自由意志来裁量事理，度衡一切，有解构的冲动和批判的本能，是为"君子不器"。这与那种懂得一切，但不能发覆的"知道分子"是完全不同的。

做以上有重点的强调，是想让各位明白，艺术经典与人文经典虽都指向世界的本质和人性的根底，但前者的达成端赖后者的积养。你或许觉得，文学有故事，重抒情，更能体贴个体生命，但真所谓人生到处无往而非问题，后现代的世界图景更是如此，当卡夫卡将巴尔扎克"我摧毁了每一个障碍"，置换成"每一个障碍都摧毁了我"，你是否体会其间的变迁，是仅用文学解释不清楚的。这个时候，以这样的视野，你所习知的文学，其实已远不仅仅是故事和抒情了，它背后有更深广的哲学。并且，因为这种哲学，这个小说也不再仅仅是作者个人的代言，它关涉多多，指向悠远。所以，如何养成在两者交互中理解和体悟经典的意义，在今天显得特别重要，阅读收益的大小，也端赖这种交互的贯彻是否彻底和有效。

以此标准，我们来看上述"浅阅读"，常常只有故事甚至奇谭，只重抒情甚至滥情，让人看时如同中蛊，事后思量，什么都记不起，似乎哪一部都差不多，吸收的尽是缺乏基本维生素和蛋白质的"空热量"。空就空吧，它还产生干扰素，不断向大脑输送继续摄入的错误信号，让人久而久之，有上瘾般的依赖，这就需要我们深自戒惕了。

经典阅读的意义与价值

经典阅读有全然不同于"浅阅读"的特点。它有对普遍性和本原特征的热切关注，能助人了解世界，观照自我，因此提供给人的是切切实实的精神养料。

所谓了解世界，是说借由经典提供的经验，人们能找到世界的原始图景，从而认清未来发展无穷。相信每个人都有这样的体会，也发过类似的感慨——这个世界是如此之美，但人看到的是如此之少。仅仅是因为没时间、没精力吗？其实，主要是因为个体常受种种困扰的限制，未能获得了解世界的能力与方法。而经典阅读能让自感处处受限的我们在身心解放中拓展视野，所以，这个活动会被称为"心灵的探险"与"灵魂的壮游"。或以为，生活是最好的导师，这话自然不错，但对于经典阅读，我们想说的是，生活并不必然就比虚构具有更多的真实，世界也并不必然就比人的心智创造更能象征存在的本质，而由媒体构建出的生活世界，有时更只是表象，它的肤泛和破碎，根本不足以映像真实的世界。如果没有经典思想的烛照与指引，它们完全有可能被表现得毫无真实感，更遑论深邃。由此，透过现象，直抵本质，在不出离历史细节和人性真实的同时，认识和把握世界的任务也就无从完成。

所谓观照自我，是说人生有限，决定了人有使命要完成，不但对自己和家人，还有对国家和社会。而要做到这些，了解自己非常重要。但实际情形是，人恰恰最难自知，故"自知者明"与"认识你自己"，会成为横亘在东西方所有人面前的千古难题。而经典阅读在很大程度上恰恰能助人了解自己，因为它致力于一切假真和伪善的剔析,对集天使魔鬼于一身的人性原态更有深刻的追索,这些都能让人从中发现一个真实的自己,从而疏浚心源,检点小我,唤出自觉意识,养成反省习惯,然后从心底生出广大的社会关怀,乃至以天下为己任的高上的担当。正是从这个意义上,罗曼·罗兰说,"从来没有人为读书而读书,只有在书中读自己,在书中发现自己或检查自己",普鲁斯特所谓"阅读过程是一交流的过程,是一次与不在场或已死去的当事人的心灵对话",也是强调通过人书对话真正认识自己。

而"浅阅读"显然不能达成这个目的。即使"浅阅读"中的"励志阅读",意义看似很正面,但集矢于职场小说或名人传记,眼下从成人到孩子,纷纷追捧这类书为经典,注意的多是外在的物质成功,譬如事业(主要表现为金钱的获取)、婚姻(主要表现为金童玉女式的梦幻结合),而非内在的精神成长;且主角多是位尊而多金的工商巨子、明星大腕,这样的情感太廉价通俗了。它只让人看浪漫的童话,而忽视在汗水中欢呼收割的普通人的成功才更具说服力,更忽视意志品德与抗挫折力的养成对人性成长才最有意义,必不能像埃及作家阿巴斯·阿卡德说的那样,给人"比一个人的生命更多的生命",或"从生命的深处增加生命",相反,与叔本华说的"滥读"倒眉目相似。为防止"滥读"而造致的杰出头脑离开思想,叔本华要人不论何时何地,都不要贸然去读那些正在爆红的大众书,不管是政治、宗教的小册子,还是诗集和小说,用他峻刻的话说,"凡为傻瓜写作的人,总会有一大群读者。请不要浪费时间去读这些东西"。他呼吁人把时间花在阅读"具有伟大心灵的作者的作品上",他的意思是,"那些作者超越众人,他们的声音值得你去倾听"。

在此,我愿再举意大利作家卡尔维诺《为什么要读经典》中恳切的告诫:"经典作品是这样一些书,它们对读过并喜爱它的人构成一种宝贵的经验","每一次重读经典,就像初次阅读一般,是一次发现的航行。经典是这样一种东西,它很容易将时下的兴趣所在,降格为背景噪音"。而斯特劳斯说得更加平实:"今人已无法与古人直接交谈,因而不能通过聆听循循善诱的言说,来接受其教诲和点拨;同时人们也不知道,在这个喧嚣浮躁的时代,是否还能产生他所说的'最伟大的心灵',即使能产生,又有几人能幸运地与之在课堂或现实中相遇。好在'最伟大的心灵'的言说是向今人敞开的,人们可以也只能与那些心灵在其智慧的结晶——'伟大的书'中相遇"。经典就是这种"伟大的书"。

阅读观念的树立

当然,要真正走进经典,首先须在观念上祛除功利的考校。因所具有的无与伦比的精深与博大,经典可助人涵养精神,拓展心胸,甚至成己成物,获得包括职场上的成功。牛津大学社会学家经过 20 年的调查研究,确认阅读对人职业水平的影响要远超过电影、音乐或社交。但它同时指出,这种益处的获得有一前提,就是你必须出于爱好而读。他们的观点,这种爱好能促使人体释放更多产生满足感的多巴胺,从而使人更自觉地投身其中。相比这种精细的科学化指证,中国经典的教诲显得更简切可感,那就是"知之者不如好之者,好之者不如乐之者"。

但遗憾的是,这类教诲并未为人记取。因"古之学者为己,今之学者为人"。"为己"者常能听从心的指令,譬如在儒道先哲的训教中,体认到道德的庄肃与自由的快乐,然后对照古罗马奥勒留《沉思录》的告诫,知道人应该过理性的生活,既服务社会,又涵养个性,然后在对宇宙与人生、自我与他人的观照中,保持内心的安宁。"为人"者只会想着用它做工具,邀名射利,求田问舍。当然,经典阅读在今天已不能带给人多少实际的利益,但看看眼下《文学名著精缩》这类快餐式读本充斥书市,找中心找主题的全预制模式垄断课堂,就可以明白,这种"功利阅读"的痼疾仍在,上个世纪朱自清在《经典常谈》中强调的"经典训练的价值不在实用而在文化"的道理,仍未被人了解。由此,成人的阅读会每每忽视细节与气氛的寻绎,并放弃对过程的体验;孩子则多不知,有时无中心就是中心,正如古人的《无题》诗,无题就是它的主题,而有的作品思想颓废,恰恰是对健康的另一种向往,譬如《麦田守望者》,还有那本被称为"现代少年启示录"的《永远讲不完的故事》。

我们的意思,不要说有些书读了没用,这个世界有许多书本来就与实用无关,而只为情趣存在。也不要说有些书离现实太远,换个角度,其实它离你的理想很近。至于还有些书对你现在帮助不大,但可能对你的终身都会有影响。陀斯妥耶夫斯基的小说与蒸汽机同时,今天蒸汽机早已被淘汰,但陀翁的小说仍在。从这个意义上说,人可以带着目的读书,但不能太有目的,正如可以带着目的与人交往,又不能总带着目的,否则会很可怕。

其次,须在过程中克服求快的心理。经典阅读是一个沉静与沉思的过程,在这种沉静沉思中,我们不仅使书中文字活起来,充实我们,还使它因我们的理解得到延展与增值。所以经典的价值可以理解为,它坚持要我们放弃通常的做法,放慢速度,沉浸其中,然后去获得原本不属于我们的宝贵经验,还有我们平凡人生所永远不能遭遇的崭新体验。公元 397 年,圣奥古斯丁写了《忏悔录》,在书中他详细描绘了自己精神世界的剧变,戴维·乌林(Daivid Ulin)告诉我们,如果不静下心来,细细咀嚼,你根本无法体会其中切肤的渴求。至于《罪与罚》这样的经典,大段的心理描写,与通俗小说有一明确主题和显豁线索全然不同的"复调"写法,更需人细细寻绎才有所悟。

所以,现在人们开始提倡"慢阅读"(Slow Reading),主张不仅在时间上,更在心态上保持清静与闲适,然后走进经典。其实,这原是早先读书人的常态。中国古人自来就多闲来读经,虽南面王不易的雅谈;在西方,从波德莱尔、本雅明到阿伦特,也都有过惟闲者才是智者的高论。当阿伦特在《黑暗时代的人们》中说:"现实世界熙熙攘攘,纷繁复杂,一切在我们眼前飞逝而过,只有无所事事的闲逛的游手好闲者接受到了它的信息",她其实是在告诉人,只有悠闲自得同时越然功利之上的人,才能真正读取这个世界最杳渺的真谛,并保持阅读最高上的品质。故经典必须慢读,也值得人这样慢读。有此慢读,你才能体会米兰·昆德拉所说的那种"久已失传的乐趣"。

在此过程中,不要怕读不完,阅读是一辈子的事情,经典阅读尤其如此。设定一个合理目标,如美国人费迪曼所开列的,从 18 岁到 80 岁的《一生的读书计划》,人是可以大致读完经典的核心部分的。重要的是,经由经典阅读,你学会了举一反三,见迩知远,实际上就获得了费氏所说的"超越时空"的能力。还有,不要怕读不懂,相较于人很容易毁于自己喜欢的浅近的东西,那种不能一目了然的东西反而能让人经久不忘。只有困难,才够挑战,才能精进,然后才如理查德·罗蒂《文学经典的启示意义》所说的,在不失去"浪漫主义的原素"和"启示价值"的同时,既"产生知识",更"产生希望"。

最后我想说,全球化时代,相同的原因,使得世界范围内,阅读的风气在沦丧,但经典的魅力从未因此而消退。所以,各位一定要多读书,读好书,这样就能体会到"修身莫如养性,至乐莫过读书"。这句话不是哪个学问家说的,是戚继光说的。还有,现代社会,带着阿诺德所说的"令人作呕的匆忙",又让人产生如吉朋所说的"群居无伴"的孤独,而读书一如"串门儿",不用打招呼,也不怕讨扰,就可以与伟人交往,多好的事。这个浅切的比喻,各位能信任的,是杨绛老人说的。要之,悠长的光阴,你读什么书,能决定你将成为什么人。当然,如果你什么也不读,或者囫囵吞枣什么都读,我也不好意思说你不是人,你只是一个太过粗鄙的原人。

《文汇报》2012 年 4 月 23 日

读书的意义

赵启正

【赵启正(1940—)，河北遵化人。中共十六届中央委员、国务院新闻办公室原主任。大学学历，核工业专家，研究员级高级工程师。】

为什么要推动全民读书，理由也许有一百个，但是"让"全民有读书的习惯并不容易。没有主动的文化自觉，人们难以养成读书习惯。我们需要"养成教育"，从幼儿园开始进行养成读书好习惯的教育。

我曾在几个大学说过："30岁的人如果具有40岁的智慧，他的一生很可能是成功的；如果他只有20岁的智慧，则可能是失败的；但是多数30岁的人具有30岁的智慧。"学生问，何以具有超前年龄的智慧？我答：多与睿智的长者交流；多读好书。

与睿智的长者交，是忘年交，可遇，未必可得，全在缘分。睿智的长者是一座图书馆，并且与他面对面的交往可以充分地请教，是双向的对话。此时，我想起两年前的5月9日，当代大文艺批评家王元化逝世了。我相信凡是与他有所交往的人，毫无例外地都承认从他那获得过智慧的力量。周恩来总理曾经说过："与肝胆人共事，无字句处读书。"与元化先生交往即是一例。

而多读好书，不需缘分，全在自己。读书是投入产出比最大的进步捷径，一本好书是作者多年研究的结晶，或是作者多年、甚至一生的体验，你用几天或几周去分享，去吸收其精华，是多么愉快的事情！

为什么要读书？关于读书的名人名言不可胜数，知道这些名言也未必就能受到感动，就去读书。我们深想一想这些名言成立的最基础的原理是什么? 我们不妨从人类的进化与动物进化的比较来看看。人类有了语言,特别是有了文字之后的历史进程大变,这是因为人类每一代不必再从零开始,而是后代有了前辈的文化遗产。最重要的文化遗产是以文字之书为载体的。而动物只能按达尔文的规则慢慢进化,人类有文字以后的进化或进步则突飞猛进。

哪个民族重视教育,重视读书,就能有利于充分继承先辈的文化高度而更善于生活,更善于创新。

民族或国家的阅读是由个人的阅读构成的。当前我们的国民年平均读书量太低,每年每人仅 4.5 本,一年中连一本书都不读的超过 50%,阅读在很多人心目中不是一件要紧的事,绝非生活之必需;有人统计,我国国民中有读书习惯的人大概只占到 5%左右,这真令人堪忧! 相比较,犹太人每人每年读书64 本,法国人每人每年读书 11 本。犹太人有 1300 万,仅占世界人口的0.22%,而迄今获诺奖却占总数的 20%,获物理诺奖的占 45%。法国迄今获32 个诺奖。获诺奖多的原因很多,读书多总是可能的原因之一吧!

读书通常有多种目的:应付考试、学习专业知识、为了就业等;或为了消遣,为了修养。这都不错,但也都不是完全的和能终其一生的动力。例如,中国一向还有"万般皆下品,唯有读书高"的价值观。单独理解这句话,也许还可勉强正面解释,但是把前一句"天子重英豪,文章教尔曹"连起来,就是"学而优则仕"了。如今在多元化社会中,追求仕途不是唯一的。十年寒窗苦的动力不足了,但是上大学,读博士,追求高级职业的动力上升了。这些都是有功利因素的,一旦达到目标,读书动力便骤然下降。有的学生一旦考上大学,就不用功读书了,即为此种表现之一。

读书增加知识、开阔眼界、提高个人品位和修养,其潜移默化的作用毋庸置疑。人们的阅读之所以成为习惯,主要还是认定了阅读对于培育人的全面素质的意义,认定了阅读与水、空气和粮食一样是人类生活的必需品。当一个人不再问自己为什么要读书,就如同不问自己为什么要喝水、要吃饭、要呼吸的时候,就表明他读书就已经成了习惯,已经成为了他的自然而然的事情。孙中山先生说过:"我一生的嗜好,除了革命外,只有好读书,我一天不读书,便不能生活。"

由于"增加知识、开阔眼界"和"消遣娱乐"的功能并不是图书所独有的,在今后,各种新媒体将以各自的优势进一步分散人们的精力,分割人们有限的时间,人们如果仍然没有建立起有效的读书的推动力,我国国民的读书率可能会进一步降低。

　　读书节是每年一次的提醒人们读书的兴奋时刻,办读书节是推动全民读书的一件大事。最近,温家宝总理在不同的场合谈读书,令人深思。总理说:"书籍本身不可能改变世界,但是读书可以改变人生,人可以改变世界。读书关系到一个人的思想境界和修养,关系到一个民族的素质,关系到一个国家的兴旺发达。一个不读书的人是没有前途的,一个不读书的民族也是没有前途的。"

　　推动全民读书应当是国家战略,还应当有许多的战术配合。比如,如何经常地向不同类型的读者推介好书,中国的图书评论力量还显得太弱。又如,在提高本国阅读率的同时,如何进一步加强中国图书对外推广,也是必须同时进行的。当我们说起中国文化的博大精深,不再只知道分享祖先的光荣,也不再为自己而感到惭愧时,那就是我们文化事业(不仅是读书)的兴旺之日。

《社会科学报》2010 年 5 月 20 日

阅读的重量

铁 凝

【铁凝(1957—),出生于北京,祖籍河北赵县。
当代作家,现为中国作家协会主席,河北省作家协会主
席。主要著作有:《玫瑰门》、《无雨之城》、《大浴女》、
《麦秸垛》、《哦,香雪》、《孕妇和牛》以及散文、电影文学
剧本等百余篇。散文集《女人的白夜》获中国首届鲁迅
文学奖,中篇小说《永远有多远》获第二届鲁迅文学奖。
根据小说改编的电影《哦,香雪》获第 41 届柏林国际电
影节青春片最高奖;电影《红衣少女》获 1985 年中国电
影"金鸡奖""百花奖"优秀故事片奖。部分作品译成
英、法、德、日、俄、丹麦、西班牙等文字。】

一般来说,阅读是和文字相关联的。虽然,人们有时也会把欣赏一幅
好画说成"读画"。用在这里的"读",强调的是欣赏的深度了,就此也微妙
地点出了看画与读画间的差异。但是,在网络时代,在网页挤占书页、读
"屏"多于读书、纸和笔逊位于光和电、机器的规则代替着汉字的规范、数
字的操作颠覆了铅字的权威、"输入"代替着书写的潮流中,在"拇指文化"
无限深入人群的今天,在消费的欲望热烈拥抱大众的背景下,"读"和"看"
的界限似乎日渐模糊起来。入"网"者众,正如有位诗人的著名短诗:"生
活——网。"技术的战车把新媒介——数码技术送进人间,使昔日"纸面"
凝聚的诸多艺术的神性不断被"界面"的感觉颠覆和碾轧。看图被称为
"读图",而这里的"读"已不再意味着欣赏的深度。眼睛在网上快速、便捷
的"暴走"替代着以往细嚼慢咽似的传统阅读,这应该说是阅读的革命之

一种。

不过我今天要谈的阅读,仅限定在纸面书籍的阅读。因为,虽然网络阅读的分量在今日人们的生活中已不可小视,私下里却总觉得"符码"代替了"物质"的阅读损失的是时间的纵深和历史的厚重。人在获得大面积爆炸性信息的同时,也会有某种难言的失重感。在我纯属个人的体验中,阅读其实是一种有重量的精神运动。不同的年代,阅读在人的生活中也表现出不同的重量。

70年代阅读带给我重量级冲动

21世纪初年,有媒体问了我一个问题:让我举出青少年时期对自己影响最深的两本书,只举两本,一本中国的,一本外国的。这提问有点苛刻,尤其对于写作的人。这是一个谁都怕说自己不深刻的时代,如果我讲实话,很可能不够深刻;如果我讲假话,列举两本深奥的书,可那些深奥的书在当时并没有影响我——或者说没有机会影响我。最后我还是决定说实话。我出生在一个知识分子家庭,上世纪70年代初是我的少年时代,正值中国的"文化大革命",那是一个限制阅读的文化贫瘠的时代。我自幼喜欢写日记,在那个年代也还坚持写,只是那时的日记都是"忏悔体"了。我每天都在日记里检讨自己所犯的错误,期盼自己能够成为一个"纯粹的人"。实在没有错误,甚至会编造一点写下来。就是在这样的日子里,我偷偷读到一本书,是法国作家罗曼·罗兰的《约翰·克利斯朵夫》。记得扉页的题记上是这样两句话:"真正的光明决不是永没有黑暗的时间,只是永不被黑暗所淹没罢了;真正的英雄决不是永没有卑下的情操,只是永不被卑下的情操所屈服罢了。"这两句话使我受到深深地感动,一时间我觉得这么伟大的作家都说连英雄也可以有卑下的情操,更何况我这样一个普通人呢。更重要的是后面一句:"永不被卑下的情操所屈服罢了。"这两句话震撼了我,让我很想肯定自己,让我生出一种从不自知的既鬼祟又昂扬的豪情,一种冲动,想要去为这个世界做点什么。所以我说,《约翰·克利斯朵夫》在文学史上或许不是一流的经典,但在那个特殊年代,她对我的精神产生了重要影响,我初次领略到阅读的重量,这重量击碎了我精神上的某个死结,同时给了我身心的沉稳和力气。另一本中国的书,我选了《聊斋志异》。在那个沉默、呆板和压抑的时代读《聊斋》,觉得书中的那些狐狸,她们那么活泼、聪慧、率真,勇敢而又娇憨,那么反常规,作者蒲松龄有那么神异、飞扬的想象力,为我当时有限的灰色生活开启了一个秘密的有趣味的空间。

我的一位亲人,在同样的时代背景下,在从城市到乡村接受再教育的岁月里,劳动之余,倚靠着田野上的草垛通读了马克思的《资本论》和《列宁全集》,那些大书陪伴他渡过了沉闷的青春期。问他当时为什么读它们,他只说是因为喜欢。

今天想来,类似上述的阅读实在是一种无功利心的自发性之举,因其自发性,所以也没有预设的阅读期待,那不期而至的阅读收获便格外宝贵和难忘。难忘的还有一种沉入心底的重量,这重量打击你,既甜蜜又酣畅。

群体性的阅读兴奋在 80 年代

上世纪 70 年代末到 80 年代末,随着改革和开放,中国大陆曾经呈现过一种集体性的阅读大潮。文学首当其冲,率先为压抑太久的国人搭建了一条宣泄情感、寄托热望的通道。

曾经出现过千百万人奔走相告,争读一篇小说的时光。也曾经有人在图书馆把喜爱的、又十分抢手的一部几万字的小说手抄下来,为的是可以反复阅读。让人想起"文化大革命"中在民间流传的那些手抄本小说:《第二次握手》、《一双绣花鞋》,甚至大仲马的《基督山恩仇记》……那时你走在街上,看到排队的人最多的地方一定是新华书店。用如饥似渴来形容当时中国人对阅读的热望实在是不过分的。这是一种集体狂欢式的阅读运动,山河依旧,百废待兴,人们的精神世界愈加活泼,阅读的领域也快速扩大。除了文学,人们还迫切需要用各种新知识充实自己,武装自己,获得机会,改变命运。正所谓开卷有益。中国自古便有崇尚读书的传统,"头悬梁,锥刺股"的典故在 80 年代亦有重演。我认识的一位记者当年是煤矿工人,他就是在挖煤的间隙,在阴潮、黑暗的坑道里,借着安全帽上的矿灯,苦读了上百本中外名著。也还有不计其数的大学生,因为珍惜来之不易的学习环境,夜夜超负荷阅读,有的造成终身眼疾。

我不曾对那时的新华书店作过销售调查,但我相信那时积压在货架上卖不动的书一定和今天不成比例。我常常怀念 80 年代,并非因为那特殊的历史背景给了中国作家一种空前的却并不牢靠的特殊地位,我怀念的是整个社会对待阅读的那份诚恳和郑重以及带有几分纯真的激情。有学者曾经这样说:一个民族对文学的亲近程度,决定着这个民族整体素质的高低。这里我想说,一个民族对阅读的亲近程度,决定着这个民族整体素质的高低。

群体兴奋的 80 年代阅读,在中国人的生活中占有相当的比重,它不再是70 年代被限制的阅读贫困,却更多自觉进攻的色彩,它所包含的重量也和 70年代不同,它显得有设计,也有预期。它光明正大,来势猛烈,因此这重量甚至是有声音的,它喤喤作响,使中国 80 年代的文化品质有了某种异乎寻常的嘹亮音色。

阅读的无用之用

如前所说,阅读是有重量的,这重量让我们对阅读的重要毫不怀疑。阅读对人的功用也是显而易见的,所谓"读书破万卷,下笔如有神",只道出了读书对写作者的要紧。但当我们凝神于阅读那"重"的一面时,其实也不该忽略阅读的"轻"。这里我想起季羡林先生的一段话。前不久一位领导人看望季老,问起他正在研究什么?他说研究东方文学。这位领导人问:您这样大年纪,研究东方文学有什么用呢?季老回答说,世上有很多的学问,不一定是立刻有用的。但是对有些人来说,知道也很重要。有些学问是你应该知道的。我以为季羡林先生的话其实是很深奥的,由此想到阅读重量里那"轻"的成分。

新世纪的今天,我们的阅读和 70 年代、80 年代相比,已经有了诸多变化。市场销售最好的书往往更靠近生活的实用:农业科技、家庭医学、足球、赛车、房地产、保健、养生、美容、时装、烹饪、武术、花卉、商战、证券、股票、英语……书海已经茫茫。这样的阅读,各取所需的阅读看上去已不再承载精神的重负,但却更加直奔主题,要的是立竿见影。这与我所说的"轻"仿佛还有差别。我所说的"轻"包含了阅读那"无用"的一面,也许是真正意义上的阅读心境的解放。萨达姆在他最后的时刻,在他那个两平方米的小牢房里,他的枕边放的是陀思妥耶夫斯基的《罪与罚》。我想一个人在那样的时刻,当他想到自己灵魂的时候,恐怕不会放一个钱包在枕边,对着一个钱包来解决灵魂的问题。虽然阅读《罪与罚》也无助于对他生命的挽救。也还听说过这样的事:西班牙总统前不久发布了一道命令,政府免费赠送西班牙公民每人一本《堂吉诃德》。秘鲁有一个小城市,那里的警察性情特别暴烈,市民很有意见。市长没有给那些警察任何处罚,他用了一个软弱而无用的办法:给他们放了 3 天假,同时赠给每人 3 部文学作品,希望他们在假期里读完。警察们读了这些书以后,性情竟有了改变,对市民的粗暴态度亦有所缓解。我并不知道他们读的是什么作品,也许在不经意的阅读中他们想到了他人的存在,还看到了生活的美好、温暖以及自身的价值……这便是阅读的无用之用吧,它内在的文化含量并没有因表面的"无用"而打折扣。这里的"无用"本身便是作用了。

我不想用上述小事夸大文学的力量,而且阅读文学作品似乎又是所有阅读品种里最无用的一种,尤其在今天内地仅长篇小说就达到年产 1000 余部。

在今天,重要的已不是无书可读,而是选择什么样的书来读。正像有人说的:选书好比选朋友。但我始终相信,若说这样的阅读是一种文化现象,这种文化现象最大的效益就是对人心的滋养。如果经济是酒,那文化也许是茶,或者是水。文化给人的力量正像"无用"的阅读给人的力量那样,它不是打击型的嵌入,更多的是缓慢、绵密、恒久的渗透,而酒是让人亢奋的。97岁的文怀沙老曾经谈到茶的好处,说是古往今来,只听说过酗酒闹事,还没听说过饮茶杀人。因此他说茶能促进社会和谐。

阅读的重量有时在于它的"重",有时却在于它的"轻"。这"轻",不是轻浮,这"轻"的滋味如同徐志摩诗中的几句:"悄悄的我走了,正如我悄悄的来。我挥一挥衣袖,不带走一片云彩。"……然而一切都有痕迹,我们沉重的肉身会因某些时刻"无用"的阅读而获得心灵的轻盈和洁净。这样的阅读不是生存甚至生计的必须,但它何尝不是一种更高的境界呢?这种自然存在的阅读状态,可能比故意的强迫阅读或者故意的淡漠阅读都更能体现人生的精神价值吧。

作为一个写作的人,似乎也就在阅读所呈现的不同重量里找到了自己相对永恒的信心——当然,这已经是另外的一个话题。

(《中国新闻出版报》2007 年 7 月 27 日)

阅读与人生

莫 言

【莫言（1955—　），山东高密人。原名管谟业。中国当代著名作家，香港公开大学荣誉文学博士，青岛科技大学客座教授。2011年8月，其创作的长篇小说《蛙》获第八届茅盾文学奖。】

我童年最大的痛苦就是没有书读，而现在最大的痛苦就是书太多读不过来。我总结出一条经验：当书越多的时候，实际上人读书的热情就越淡薄；当书越少或者找不到书读的时候，人渴望读书的热情就会越高。

在阅读中快乐地成长

我是1955年出生于山东的一个农村，十几岁的时候正赶上"文化大革命"，辍学回家。但我已经具备了很强的阅读能力与对读书的渴望。当时农村的物质生活非常艰苦，再加上"文化大革命"对文化的摧残，能够找到的可读的书籍屈指可数。为了读到一本书，我常常要付出沉重的劳动来进行交换。记得我邻村同学家里有一本绘图版的《封神演义》，为了读到这本书，经常要去那个同学家中替他推磨。后来我认识了一个小学老师，他收藏了十几本革命小说，比如《苦菜花》《林海雪原》《青春之歌》等。这些书被我借到之后，都是用最快的时间读完。当时我们家养了两只羊，放羊的任务就落在我的肩上，但借到书后，我往往钻到草垛里以最快的速度把这两本书看完。书读完了，天也黑了，羊饿得"咩咩"直叫，回到家难免要受到家长的惩罚，即便这样心里也不后悔。现在回忆起来，像我刚才提到的红色经典小说，它们的主要情节、主要人物甚至主要人物讲过的一句非常重要的话，至今记忆犹新。这说明童年确实是一个读书的黄金时期，这个时期记忆力特别强，读书的热情特别高，读过了也能够记得住。当然还有一个重要的原因，那就是得来一本书确实不易，因此对得来的机会格外珍惜。

让我收益最大的是 20 世纪 60 年代，我大哥家中留下很多中学语文教材，每逢雨天无法下地，我便躲到磨房里去读这些课本。当时的语文课本分为汉语和文学两种教材，汉语教材主要讲逻辑、语法、文言文；文学教材主要选录了古今中外名著的片段，比如《林家铺子》《骆驼祥子》《说岳全传》《渔夫和金鱼的故事》等等。这些教材虽然很薄，但它们打开了农村少年的眼界。茅盾的《林家铺子》使我知道了民族资本家和民族资本走过的艰难道路，《雷雨》让我知道了话剧的艺术表现形式，老舍的《骆驼祥子》让我知道了北京车夫的艰苦生活以及生动活泼的北京方言。《骆驼祥子》中有个细节讲到，车夫祥子饱喝了一顿凉水之后，肚子里发出的声音就像刚饮了水的骡马一样。这让我产生了非常深刻的感受。我们当时在农村非常累了之后饱喝一顿凉水，活动之后肚子就会发出"咣当咣当"的响声。这种描写非常生动、准确、独特，这对我后来走向文学道路进行人物描写产生了很大的榜样作用。我童年读过的书不多，但是非常广，而且都是精读，因为读物非常少。所以，对中学语文教材的阅读还是让我受益终生。

后来我到了部队。当时我们一个战友的未婚妻在县城当图书管理员，每个星期我都会从她那里借古今中外的小说，比如《战争与和平》《安娜卡列尼娜》《约翰克里斯朵夫》等等。很多外国的经典名著是在部队站岗的三年间读的，这三年的阅读使我的眼界更加开阔，也了解了更多世界文学知识。

1979 年，我被调到河北保定的一所解放军军校。学校里有个小图书馆，许多人不愿意担任图书管理员，我主动要求当图书管理员。这三年期间，我利用当图书管理员的便利还是读了不少书。后来学校让我当政治教员，教大学里的《政治经济学》《哲学》《科学社会主义》。这些内容都是我第一次接触。当时判断一个政治教员水平的高低就是看能否脱稿讲课，如果能够脱离书本，滔滔不绝地讲完一堂课的话，大家就认为这个人水平非常高。我当时很年轻，几乎可以把当天要讲的课背下来，所以来听课的首长还有观摩的教员，都感觉我很有理论水平。这种背诵对我后来的创作还是有很大帮助，因为我不能完全照本宣科，需要从别的著作里抽出一些内容来丰富自己的讲座，为此我读了一些德国古典哲学的著作。1984 年考到解放军艺术学院，这个时候我开始写小说，这都归功于在保定几年打下的基础。简单回顾了一下我这几十年读书的过程,阅读对我人生的发展起到了不可替代的作用。

现在我每天都会收到一大堆的刊物。虽然我从事的是小说创作,但我的阅读范围反而更广,有一些小说之外的好读物也能给我带来极大的阅读快感,让我燃烧起当年有过的阅读乐趣。对于一个学生而言,如果确实有创作的才能,不妨让他写写诗歌、小说,鼓励他成为一个作家;但是如果没有这方面的兴趣,也没有必要强制所有的学生都写小说。一个人是可以既写出很好的小说,又能够成为屈指可数的优秀学者的,比如钱锺书先生。他一方面写出了《围城》这样优秀的小说,一方面他又是博通古今的大学者。像我这样的作家,没有上过中学、大学,最终还是成为一个被人认可的作家。假如让我重新走一遍我的人生道路,如果能有一个像大多数孩子一样进入中学、大学学习的过程,我宁愿不要作家这个头衔,因为通过自学成为作家的过程太艰苦,而且这种作家的知识结构是不完整、不系统的,尤其在外语方面,几乎等于空白。假如我们能够打开另一种语言的窗口,用外文去阅读,我相信我们的写作会有很大的改观。语言也需要比较,只有几种语言在参照比较之中,你才能真正体会到母语的奥妙。

在阅读中进行创作

1984 年考到解放军艺术学院的时候已经改革开放了,这时候思想界、文艺界、美术界等各个领域都在创新,也都在大胆地向西方借鉴学习。20 世纪80 年代初期,大量外国文学作品被翻译到中国,我们的作家眼界大开,看到了拉美的魔幻现实主义、法国的新小说派等。虽然这些都是国外 20 世纪 60 年代的作品,但它让我们认识到小说可以这样写,我们恪守的传统浪漫主义和现实主义选题和创作原则让外国作家感到非常惊讶。这时候一方面是大量阅读,一方面是积极模仿和创作。很多人都认为我的创作受了拉丁美洲马尔克斯的《百年孤独》的影响,对此我也坦然承认。不过直到 2007 年 10 月份,我才把马尔克斯的《百年孤独》读完。当时读不完是因为刚翻开书看了几行,就有了创作的冲动。小说里的人拿着磁铁在大街上行走,把每家每户的铁盘、铁钉子都吸出来跟磁铁走。这么夸张的细节,我们生活中太多了。这种魔幻主义创作把我在农村这些年的积累给激活了,因此没等把这本书读完就放下来写小说。

对于年轻人而言,最好的老师就是阅读。年轻人的阅读应该分为几种类型。一是精读;一是泛读。人类的阅读物浩如烟海,就算从刚具备阅读能力开始一直到白发苍苍,也读不到其中的万分之一,在这种情况下把阅读分为精读和泛读就非常重要。对那些已经被确认为经典的读物,我们应该认真读;对于现在的网络作品,一目十行地浏览一下,大概知道在讲什么就可以了。有了精读和泛读的基础,要想进行小说创作的话就从模仿开始。当然模仿对一个成熟作家来讲是一件不光彩的事情,但对初学写作的人来说,模仿不是耻辱,而是捷径。鲁迅早期的作品也都有模仿的痕迹,他的《狂人日记》就是模仿果戈里,但这并不妨碍鲁迅成为伟大的文学家,慢慢他就超越了模仿阶段,形成了自己独特的文风。模仿是培养我们语感的最重要的方法。一个人的语言风格是跟个人对语言的感受相关的。初中阶段对培养一个人的语感至关重要。如果在初中阶段没有培养起一个人对语言的感受,那么后来的努力可能会事倍功半。掌握了一种很好的语感,就好像一个从事音乐的人很好地掌握了一种乐感一样。

我的创作也分为几个阶段。20世纪70年代末期,我在部队里开始学习创作,一开始也是模仿,而且模仿得很拙劣。到了20世纪80年代初期开始发表作品,这时还停留在模仿阶段,比如《春夜雨霏霏》,这是模仿了茨威格的《一个陌生女人的来信》。这段时间我一直在模仿,但还是发表了,因为里面已经出现了自己的东西。第一,里面表现的都是中国内容;第二,语言有自己的特色。真正摆脱模仿状态形成自己文风是在1984年我到解放军艺术学院之后。我想我的成名小说应该是《透明的红萝卜》这部作品。这部小说所描写的内容跟我的经验有很大的关系。我曾经在一个桥梁工地上为一个铁匠师傅做过小工,所以我对打铁非常熟悉。当我描写深更半夜,在一个秋风萧瑟的桥洞里边,一个铁匠炉边,一个赤着上身、只穿一条短裤的孩子,拉着风箱,看着熊熊燃烧的炉火的时候,我们能想象那种很奇妙的感受。所以,一个成熟作家最重要的标志就是形成自己的文风,只有他的风格在丰富语言上作出了巨大贡献的时候,我们可以说他已经超出了一个小说家或小说匠的阶段,可以说得上是一个文学家。文学家与小说家是有区别的,小说家成群结队,文学家寥寥无几。在艰苦的岁月里面,尽管前途渺茫,我们还是要努力奋斗。

在阅读与创作中享受人生——答同学提问

学生:现在的语文教学似乎越来越走向一种语言化,更多的真情实感被忽略了,所以出现了越来越多抄袭的文章,您是怎么看待这个问题的?

莫言:很多文章是抄袭的,这说明我们同学在作文过程中都很雷同。为什么在创作过程中会出现这雷同的现象？可能由于每个同学的生活都基本差不多,每个同学的想象力还没有被充分地调动出来。就是说,每个同学还是在按照考试的范文进行写作,没有充分调动自己在生活当中瞬间的体验。但这不能勉为其难,因为今天大家的生活方式基本相同,都是从幼儿园到小学,再到中学、大学,这期间受的教育,阅读到的书籍基本都是一样的,即便家庭生活也都是大同小异。在这样的前提之下,文章写得雷同也是可以理解的。随着你们逐渐成长,个人体验会越来越丰富,阅读面也会越来越宽阔,我相信这种文章的雷同化、千人一面的现象会逐步得到解决。在当前阶段,我们还是可以做一些补救的工作,就是在课外时间多读一些好的范文,再就是要尽量挖掘一些自己的真情实感,尽量写一些生活当中感受最深刻的东西。要避免一个想法:这篇文章写出来是给老师看的,有时可以试一下像写日记一样写作文。

学生:您的小说《四十一炮》的线索是什么,这部小说主要反映了什么样的写作意图?

莫言:这部小说实际上是一部象征化的小说。这部小说有两条线索,一条线索是描写了一个特别爱肉而且非常能吃肉,对肉特别有感情的一个很坏的孩子;另外一条线索就是描写了一个大和尚,经历许许多多放荡的生活,到了晚年皈依佛门,实际上是一种另类的花和尚的形象。这部小说的现实意义于反映当今社会欲望横流的现象,对这种欲望至上、欲望横流的现象进行批判。尽管孔子讲"食色性",也就是说人的基本欲望是人延续的保证,但我认为当今社会许多欲望值已经超出了延续人类的要求,已经变成一种病态的发展。所以,我想《四十一炮》这部小说是对这种病态发展、畸形发展的人类欲望一种批判和冷静分析。

学生:在您塑造的无数人物中,最能打动您或者感动您的是哪几个角色?

莫言:在写作的20多年里,我写了100多部小说,塑造了几百个形象,我印象最深的有三个人物。一个是《透明的红萝卜》里面的小黑孩的形象。这个小黑孩有我童年的影子在里面,这个阶段我更多的是写我的亲身经验。另外一个形象就是在《红高粱》里出现的像我爷爷这样的敢说敢做的男子汉的形象。他们一方面有很多的缺陷,另一方面他们确实能够干出惊天动地伟大的事情来。我的小说里也描写了数十个女性形象,也有一些研究生在研究我小说中的女性形象,他们把这些女性形象分成了几个类型,但在女性形象里面最光彩照人的一类形象还是《红高粱》里我奶奶的形象,她们一般都身躯高大,敢说敢做,敢为自己做主,富有浪漫精神,敢于同封建礼教抗衡,是一种女强人的形象,当然她们也具备柔情似水的母性情怀。

学生：我们现在看的都是"80后"的作品，您写的都是些有力量的内容，您如何看待这些由价值观引起的差异，您对"80后"的作者有什么看法？

莫言：我也是"80后"热情的读者，因为"80后"一出来有很多不同的看法。有很多人忧心忡忡地对他们的创作提出了很多的批评。我认为每个时代都有每个时代的读者，因此每个时代都有每个时代的作家。当然经典作品可以长盛不衰，大部分作品还是要被时代的洪流慢慢淘汰掉的。我认为"80后"早期的作品是留不下来的，尽管如此，我还是对他们的创作表示极大的关怀，因为我们没有理由要求他们的作品跟我们的一样。我们个人对价值的判断只能代表我们自己，不能代表，"80后"的作家，也不能代表喜欢"80后"的一批读者。随着时间的发展，随着"80后"自身的发展，他们会对自己过去的作品进行总结。"80后"的作者通过网络成名就是新时期的现象，网络的快捷对写作而言功不可没，但同时也造成了一种大众化、低俗化、雷同化的现象。总而言之，我们应该宽容一点，社会是分为很多层次的，读者是各种各样的，因此作家也可以是分成许多类型的，我们不能强求每个人都来阅读我们心中的经典，更不能把读者强行拉到身边读我们这一类人的作品。我们要想赢得作者，只能靠作品的质量，另外要靠时间慢慢地淘汰。"80后"的知识结构跟我们的不太一样，他们想象的基础跟我们不一样。我这样的作家是农村出身，经历过很多社会动乱，我们的想象基础都是很具体的，都是物质的，可以感触的。而"80后"的孩子，他们的想象基础跟我们大不一样，我们这些可以触摸的想象基础他们没有，他们有的更多的是现代的一些物质的和半物质的东西。所谓半物质，即动画、漫画。这些作品本身是别人想象的产物，他们是在别人想象基础上的进一步延伸。因此他们作品里出现的那些玄幻的因素，出现的动漫的现象就是非常必然的事情。决定一代作家特点的还是他们的生活经验。"80后"最大的问题就是要克服掉他们之间的共同性，必须要充分调动、挖掘或创造自己的个性，创造属于他们个人的生活，然后在这个基础上，写出具有自己个性的小说，这才是他们的发展之路。

《中国德育》2008 年第 10 期

思想的张力

何怀宏

【何怀宏(1954—)，江西樟树人。哲学博士，曾任中国青年政治学院副教授，中国文化研究所研究员，现为北京大学哲学系教授，伦理学教研室主任，博士生导师，主要从事伦理学、人生哲学、社会史等领域的研究。】

我们为什么读经典

我今天在这里谈读书，谈经典，但我们首先要追问的是，什么是经典？为什么读经典以及怎么样读经典？我们不妨以意大利文学家卡尔维诺(Calvino)在《为什么读经典》中所提出的十四条为例来加以说明。

第一条：卡尔维诺说，经典就是那些你经常听人家说"我正在重读"而不仅仅是"我正在读"的那些书；经典在某种程度上就是大家都知道但是常常不去读它，或者买了放在书架里想着我哪一天要去读、但可能最后还是没有读的那些书。但真正的经典，特属于你自己找到的、你读了一次以后往往会重读的那些书。

第二条：经典对读过和喜爱它们的人构成一种宝贵的经验，而对保留这个机会的人，等到享受它的最佳状态来临时才来读经典仍是一种丰富的经验。这是什么意思呢？就是读经典有它的季节，并不是说你什么时候都合适进入任何经典，有些书适合早读，有些书可能会比较晚才会去读它，才会喜欢它。我们中国过去有句话叫做"少不读水浒，老不读三国"。

这既可能是从外在的效果出发,也可能是从内在的精神能力的成长、接受能力等方面来说的。心灵也会有它的季节,所以有些经典你不喜欢也不要着急,可能哪一天就会喜欢它;还有些经典你永远不喜欢也没什么关系,因为某些经典确实可能只适合某一部分人,但是我们要努力去寻找到适合自己的经典。

第三条:经典是一些产生特殊影响的书。它们要么以自己一贯的方式给我们打下印记,要么以个人或集体的无意识隐藏在深层的记忆之中。也就是说,经典和知识性的教科书不太一样,每个人吸收的方式不太一样,重要的是它对你的生活潜移默化地发生作用。

第四条:经典的每一次重读都好像是初读,总有新的发现。也就是说经典都是复杂和丰富的,你很难穷尽一本经典,每一次重读都可能有新的发现。

第五条:而经典的初读又好像是重温。第一次读它,你就会觉得它唤起了你一种熟悉的经验,似乎它并不陌生,而是像个老朋友般呵护着你。这两种感觉是相辅相成的:初读如逢故友,重读似遇新人。

第六条:经典是一种从不会穷尽一切读者的书。针对不同的读者经典呈现出不同的面貌。有些人只看到外面的包装,有些人进入到盒子里面,有些人进入到最深层,这是不一样的,这就要看你的悟性你的努力如何。经典不是那么轻易能够一览无遗的,对于每个人,经典都是不一样的。

第七条:经典带着对从前的一种解释的特殊气氛或长长的文化遗迹走向我们,也就是说,经典已不仅仅是一本书。比如说《论语》,虽然只有几万字,但它不是简单的一本书。《论语》已经两千多年了,解释《论语》的经典成千上万,争议也成千上万,它带着长长的影子走向我们,熟悉的或者陌生的。

第八条:经典不断让周围制造一团批评话语的尘雾,又总是把那些微粒抖掉。经典是不安分的,甚至是很偏激的,比如柏拉图,比如尼采。它会引起很多争议,甚至让人恨不得烧掉它。但只要是经典,只要在里面表现了一种思想的力量,它总还是会巍然屹立。

第九条:经典是这样的书,我们越是道听途说以为我们懂了,当我们实际读它们的时候我们就越是觉得它们独特、意想不到和新颖。这个跟前边说的有类似之处,阅读经典总是可能有新的发现,同时也就要付出代价。

第十条:经典可能是一本与古代护身符不相上下的书,就是说它像你的护身符一样。你有时候会觉得一些书很没味道,但你总会在经典中发现你所珍爱的书,那是你真正的案头书,甚至在临死的时候也愿意有它相陪。

第十一条:你的经典是这样一件东西,它使你无法对它不闻不问。它帮助你在你与它的交流、甚至反对过程中确立你自己。

第十二条：一部经典是早于其他经典的作品，但是那些也读过其他作品的人很快就能确定它在众多经典作品中的位置。也就是说经典往往能帮助你在它和你读过的经典中建立二者之间的联系，确立一种位置。比如我读了《史记》，后来又读了《资治通鉴》，它能帮助你建立二者之间的联系，确立一种位置。

第十三条：经典把现在的噪音调整成一种背景的轻音，而这种背景音是经典的存在不可或缺的。我们经常会受到来自工作或生活等各方面的压力，但是经典能帮助你把身边的声音(当然常常是噪音)调教成背景的轻音。所以会有这样的人，他生活在现在的社会中，他的心灵世界却是在古希腊，是古典的，他在那里面得到最大的满足。

第十四条：经典让人无法忽视。也就是说，你读了和没读还是不一样，有时候经典会使你突然反省你的整个生活，到底过得怎么样，意义如何等等。

最后一条是我加的，跟今天的主题有关：经典，尤其是西方的人文经典，它向人展现出一种特别的思想的张力，展现出一种具体而复杂的思想过程。

西方经典的思想特性

虽然在智慧的高度上没有高下优劣之分，但我们还是得承认，在思想的张力方面，在对概念的分析以及成体系的构造方面，西方还是具有相当优势的。我想具体联系《理想国》来讲这样一个问题。

《理想国》有十卷，翻译成中文大概有 30 万字。它是以一种对话的形式来写的，你可以看到里面出现了非常多的概念，非常多翻来覆去的辩难，这确实是我们的经典无法相比的。比如在《礼记》里面虽然也有一些类似于论证的文字，但那是相当形象化的，甚至是专断的。而在柏拉图的对话集里面，他的论证一方面是坚定的、结论明确的，如《论语》说的"朝闻道，夕死可矣"；但另一方面又表现出犹豫不决、紧张以及困惑。比如对"民主"，他不断地在敲打、不断地反省批判，从中你可以发现一种思想的张力，也就是说，思想的空间是十分大的：《理想国》从最现实的问题出发，归结到最超越的问题，就像一部戏剧一样，情节丰富多彩，甚至紧张曲折。

故事大约发生在伯罗奔尼撒战争期间，当然也有可能是在这场战争的短暂休战期间。在从海港回来的路上，苏格拉底被人截住，因为他名声在外，人们知道他爱探讨那些人间事务。于是，他和一对父子，一对兄弟，还有一个名叫塞拉修马霍斯的异邦的智者展开了对话。对话是通宵达旦的。他和那对异邦来的父子首先讨论的是一种常识性的正义,也就是欠债还钱,有话实说,不能坑蒙拐骗,也就是最通俗的正义、公民的正义,甚至有可能是弱者的正义。但是紧接着,塞拉修马霍斯提出了一个反面的定义:正义其实就是强权,或者反过来说强权即公理。之后柏拉图的兄弟格劳孔来了一个合题:他说正义是强者和弱者缔结的契约,因为强者(除非是超人,神)也不可能做到永远强大,任何强者都可能被弱者的联合、或者次强者的联合打败,他们之间就在不断的博弈中最后慢慢明白,与其两败俱伤,甚至同归于尽,不如订立契约。这就出现了法律,国家政府也由此而生。

这就给苏格拉底提出了一个问题:究竟什么叫正义?尤其是格劳孔提出了这样一个挑战:所有人都是可以被腐蚀的,所有人都不是金刚不坏之身。他提出一个假设:假如你是隐身人,你做了坏事,别人发现不了,绝对发现不了,也就惩罚不了。那么你会不会(哪怕你开始是一个好人)做一些不好的事情,最后变成一个坏人?他的这个假设用休谟的话来说就是一种"无赖假设":即我们要假设所有掌权者都是无赖,都要加以防范,因为任何人都是可以被不受制约的权力腐蚀的。尽管事实上并不是所有政治家都是无赖,但是你要把他们看成无赖,要在这样的基础上设计你的制度。这对政治制度来说是一个很大的挑战。

苏格拉底试图回答这个挑战。他坚信人、尤其是个人在道德上是会修身向善的,但这里困难的是从制度上、政治上考虑。苏格拉底说:如果我们不能很清楚地说明什么样的人才是正义的人,我们至少可以讨论什么样的城邦是正义的,以小见大。于是他从"猪的城邦"、"健康的城邦"、"奢侈的城邦"一直谈到"理想国"。在他的心目中,"理想国"才是一个美的城邦。他的基本思路是:各行各业都需要专业化。因为人是有差别的,比如有些人适合做鞋匠,有些人适合做农夫,有的是商人,都不一样,因此应当各得其所,各尽所能。既然各行各业都有差别,需要技艺和天赋,而治国又是最重要的一种技艺,难道不需要一种更专门化的、更特殊的天赋和更特殊的训练吗?难道对这种最重要的和每个人都息息相关、严重相关的权力上不需要走一条专家治国、精英治国的路线吗?因此他认为权力应该和智慧结合,由最有智慧者来实行统治,掌握最大的权力。这就是哲学家为王了。

这样的观点显然是违背民主、是触犯众怒的。就是现在的很多学派也认为柏拉图想证明的哲学家为王是此路不通,哲学是哲学,政治是政治,两者不可能结合。对于这个问题可以有不同理解。关键是从中我们可以看到很多思想的紧张,可以作不同的解释,甚至是游离不定,犹豫不决。

西方人文经典巡礼

前面我以《理想国》为例简单介绍了一下西方经典的思想特性。下面不妨提几本书，让大家了解西方的人文经典大概是什么性质的。

第一本是《荷马史诗》。荷马的两部史诗，《伊利亚特》和《奥德赛》，一个主题是战争，一个是归家，说出了人的生命的两个基本的处境：一个是斗争，生命力的高扬；另一个是回家，克服一切诱惑和困难回家。

第二本，西方的史书，除了最早的希罗多德的《历史》，我想推荐修昔底德的《伯罗奔尼撒战争史》，它应该比希罗多德的"历史"更个人化，也更集中，集中在雅典和斯巴达的战争上，而且里面收集了很多演说词，包括伯利克里在雅典阵亡将士仪式上的讲话，非常鲜明生动地阐述了雅典人的精神观念和生活方式；还有一些辩论词，比如雅典人讨论一个叛变的城邦又回来后要不要惩罚他们，甚至是屠城，这里有很精彩的论辩，甚至当代的国际政治也可以从中得到许多启发。

接着是柏拉图的著作，他的对话集其实还有很多精彩的篇幅，除了《理想国》，比如《饮宴篇》、《费德罗》，还有苏格拉底的诉讼、在法庭上的申辩、狱中的情景等，都是非常精彩的。

第四是亚里士多德，他虽然是柏拉图的学生，但是他说过"吾爱吾师，吾更爱真理"，建立了一套和柏拉图不一样的体系。他的《形而上学》可能深奥些，但他的《政治学》、《尼各马可伦理学》及《修辞学》，这几本书都是比较好读的，也非常值得一读。还有像奥古斯丁的《忏悔录》，也很值得一读，这里我就不多说了。

近代以来的西方经典，像马基雅维利的《君主论》，还有《论李维》，都很有特点。比如《君主论》，它就完全不考虑道德问题，君王为了维持自己的统治完全可以不择手段，这就是说人类经过漫长的中世纪的等待上帝，又重新开始一种世俗的生命力的高扬，开始考虑世俗的生活、世俗的权利、世俗的繁荣、世俗的强大，马基雅维利就采取了一种非道德主义的进路，在这个意义上人们把他当作当代政治哲学的先驱是有道理的。还有霍布斯的《利维坦》，尤其他对自然状态的描写，很值得深思。我后来看路翎的小说《财主底儿女们》，其中有一节写南京陷落之后，国民党军队在溃退的路上经过一些村庄，军队完全散掉了，为了生存，又抢劫，又互相防范。这些内容是霍布斯关于自然状态下的"丛林规则"的形象写照。当纪律失去效力，在无政府状态下人会怎样、如何生存？

我觉得霍布斯的《利维坦》中关于"自然状态"的描写是最有力的。

还有像帕斯卡尔的《思想录》,他既是一个科学家(最早的计算器发明者),同时又是个圣徒,他有三次皈依,一次比一次更彻底。这怎样调和?他39岁就死了。大家可能知道他有很多名言,比如说"人是一棵思想的芦苇"。他揭示了现代人的处境和感受。

还有法国的卢梭,他写了《忏悔录》、《漫步遐想录》、《社会契约论》。比较好进入的当然是《忏悔录》,但是我强调不如读他的《漫步遐想录》,很薄,很有特点。他是一个比较敏感、比较多疑的人,休谟形容他,说他的皮肤的神经都是露在外面的。他最后比较孤独。从一个孤独者的漫步遐想,可以看出他的思想风格。

康德的书比较难读,像他的"三大批判",需要沉下心来读。

黑格尔其实也很有意思,有人说他的《法哲学原理》是很保守的,比如"一切现实的都是合理的,一切合理的都是现实的",其实不然。我们很容易低估他。

另外,法国的像托克维尔的《旧制度与大革命》和《论美国的民主》,反省法国大革命和描写新兴的美国民主,都是很有特色的。托克维尔二十多岁时曾经去美国呆过短短一年多,回来就写了两巨册的《论美国的民主》,成为美国以外的人解释美国最好的经典,我认为这是很了不起的。

说到美国的民主,我建议去读一读《联邦党人文集》或者更进一步读《制宪会议记录》,麦迪逊等人记下了美国制定宪法的那几个月每天发生的事情、发言,这些记录很有意思。

讲完了美国,还有俄罗斯。对俄罗斯我是情有独钟的,尤其19世纪俄罗斯文学,从普希金开始,中间经过莱蒙托夫,一直到屠格涅夫,到最高峰的托尔斯泰,陀思妥耶夫斯基,然后到契诃夫。俄罗斯的思想多是通过文学来表现的,它的纯粹哲学不是很发达,但在文学中倾注了大量的思想,很值得一读。

这是文学,当然还有其他学科。像经济学的亚当·斯密,他写过《国富论》,被视为现代经济学的起点,但是他自己更看重的是《道德情操论》。事实上我们说这两部书正好启动了两个不同的领域,一方面他注意到人性的"恶"的方面,但是这个"恶"是中性的,如果制度设计得当,一只"看不见的手"会使追求物质的个人欲望也造福于社会。另一方面他注意到人的道德情感,尤其是同情心的意义和作用,这两方面其实不存在鸿沟和断裂,恰恰是在人性中都有。同情心,尤其是看到别人不幸的那种怜悯心完全是非功利的,还有另外一种功利心,比如说希望自己发达、繁荣、成功、赚钱等等。当然有时候后者会过度,需要保持在恰当的范围内。

还有休谟,无论在哲学上还是其他方面,我都很佩服他那种很清明的智慧。休谟在西方哲学界的地位是很高的,尤其是在英美,他的《人性论》、《人类理解研究》是非常谨慎的、踏实的,有一种分析哲学的东西在里面。到了19世纪中叶以后,有边沁的功利主义,密尔的《论自由》以及他的自传,在《论自由》里边,他特别重视"如何保护少数(有创造性的甚至是有点异类的少数)",进行过很多的阐发。

19世纪我们还漏掉了一个尼采。他的《查拉图斯特拉如是说》、《论道德的谱系》、《善恶的彼岸》等为20世纪做了一个预告。他1889年就精神失常了,但一直到1900年才死,好像预示了他的思想将在20世纪大行其道。他是很现代的,通过一种反现代而现代,就像卡夫卡那样,卡夫卡用小说表现了人的处境,尼采用思想发出一种先声,一种对现在社会的抗议,他最后是希望回到一种超人状态。人类有两种不一样的追求,一种追求平等,一种追求优秀、卓越。尼采认为不能以追求人的平等而牺牲追求优秀和卓越,这其实是他想说的最关键的一句话。但是追求优秀和卓越,不择手段的话,可能会走向法西斯主义之类。

20世纪的比如柏格森的《道德与宗教的两个起源》,尼布尔的《道德的人与不道德的社会》,还有像法国的存在主义。我的学术研究就是从存在主义开始起步的,开始是萨特,其实我最喜欢加缪,后来再追溯到帕斯卡尔,我个人觉得,我还是更喜欢加缪、阿隆这种清明的理性,中和的智慧,有一种平衡。像加缪所说的"地中海的精神",地中海周围南面有非洲,东面、北面有不同的文明,它其实也表现一种兼容并包。另外一方面英美分析哲学的传统在20世纪也很发达,像罗尔斯,我翻译过罗尔斯的《正义论》,还有像诺齐克的《无政府、国家和乌托邦》,这样一种英美的政治哲学反映了经受过分析哲学的训练和熏陶之后的思想成果,应该说特别有意思,尤其是在运用政治制度方面比尼采、比福柯这样一些思想家更具有现实意义和启发。

我前面说的这些只是一个比较简单的对西方人文经典的走马观花,主要还是集中在政治哲学和道德哲学方面,其他的很多东西没有谈及。总的一个感觉是西书不可不读,就看我们如何去读它、去吸收它。书是读不完的,我们不得不有所选择,用最有限的时间尽量读最好的书。

(《文汇报》2008年3月23日)

阅读的未来

胡　泳

【胡泳，北京大学新闻与传播学院副教授，政治学博士。中国传播学会常务理事，中国网络传播学会常务理事。著作包括《网络为王》《众声喧哗：网络时代的个人表达与公共讨论》等，译作包括《数字化生存》、《2.0版：数字化时代的生活设计》《未来是湿的：无组织的组织力量》等。】

从"敬惜字纸"谈起

"读写能力"（literacy）是传播史中经常会被讨论的一个话题。一个有读写能力的人，顾名思义，就是必须能读会写，或者像人们在语言教学中常说的，要做到听、说、读、写"四会"。读书写字这种行为也不像看上去那么简单；识字，在现代的语境下，意味着一个人有沟通能力，或是能够在一个有文化的社会中理解和交流意见和看法，从而参与到这个社会之中。

联合国教科文组织对于"读写能力"是这么定义的："读写能力意味着能够识别、理解、解释、创造、交流、计算和使用与不同情形相关的印刷或手写材料的能力。读写能力包含了一个连续性的学习过程，这种学习使得个人可以实现自己的目标，发展自己的知识和潜力，充分参与到一个更广泛的社会当中。"由此可见，文盲率在现代社会中是被当作社会问题来解决的，解决之道不是别的，正是教育。

因为我们是在很小的时候开始学习阅读和写作的，所以我们常常忘记,阅读和写作其实需要相当复杂的技巧,需要多年学习和背诵。即使在文化和文明程度最高的社会中,有文化的成人比例也从未达到过100%。2000年中国第五次人口普查发现文盲率为6.72%,意味着有8500多万人是文盲。另据统计,至少有2300万,或者多达7200万美国成年人是"功能性文盲",即不能阅读招聘启事,不理解汽车时刻表,不能填写工作申请表,或者写出所要寄出信的目的地。即使在有文化的人当中,也只有很少一部分人能具有最高水平的阅读和写作技能。

读书写字既然这样难,毫不奇怪,在人类的历史长河之中,文字曾经长期是一种特权。有关这种特权,一个有趣的例子是中国悠久的"敬惜字纸"的传统。

鲁迅先生在《门外文谈》中写到:"因为文字是特权者的东西,所以就有了尊严性,并且有了神秘性。中国的字,到现在还很尊严,我们在墙壁上就常看见挂着'敬惜字纸'的篓子。"在这里,鲁迅说的是一个相沿既久,流传甚广的习俗。

著名画家黄永玉在《太阳下的风景》中,这样描写他的家乡凤凰古城:

我那个小城,在湘西靠贵州省的山洼里。城一半在起伏的小山坡上,有一些峡谷,一些古老的森林和草地,用一道精致的石头城墙上上下下地绣起一个圈来圈往。圈外头仍然那么好看,有一座大桥,桥上层叠着二十四间住家的房子,晴天里晾着红红绿绿的衣服,桥中间是一条有瓦顶棚的小街,卖着奇奇怪怪的东西。桥下游的河流拐了一个弯,有学问的设计师在拐弯的地方使尽了本事,盖了一座万寿宫,宫外左侧还点缀着一座小白塔。于是,成天就能在桥上欣赏好看的倒影。

沈从文在《边城》的开头和结尾都写到过一座白塔。白塔在《边城》这部小说里充满了神秘的象征意味。塔,原指为安置佛陀舍利等物而以砖石等建造成的建筑物。沱江边的白塔,却没有经书、佛陀舍利,没有定光宝珠,没有大和尚降妖伏魔的传说,白塔的其中一面题有"敬惜字纸"四个字。白塔叫万名塔,始建于清嘉庆年间,原为古时的"字纸炉"。虽然边城的故事发生在离凤凰几里远的茶峒,但谁又能说作者在描写《边城》里的那座白塔时,眼前没有浮现沱江边这座从小就熟悉的万名塔。

"字纸炉",又有称"惜字亭"、"化字炉"、"圣迹亭"、"敬字亭"、"敬圣亭"、"文笔亭"的,名称各不相同。除出现在街头坊里外,各地的书院、文庙或较重要的庙宇中也可见它的踪迹。它的型式、大小尽各不同,有的高及数丈,有的不及五尺。但不管如何都会题有"敬惜字纸"四个字。

这些专为焚烧字纸而建的亭子，不少都祀有仓颉的神位（传说中的仓颉，是中国字的创造者，惜字之余自然要敬圣）。"仓圣"创造中国文字，是中国文化史上的一件大事。造字是一件太伟大、太奇妙、太崇高的神圣工作，在初民的社会引起巨大震动。《淮南子·本经训》曰："昔者仓颉作书，而天雨粟，鬼夜哭。"所谓惊天地而泣鬼神者也。张彦远的《历代名画记·叙画之源流》中解释说："颉有四目，仰观天象。因俪乌龟之迹，遂定书字之形。造化不能藏其秘，故天雨粟；灵怪不能遁其形，故鬼夜哭。"知识既可以带来财富，也可以带来灾祸。人们用这种想象的情景，表达自己对仓颉巨大功绩的称颂、感激与崇拜。

汉字，并非仓颉一人创造，在他之前与同时，已有别人创造的零星的简单的图形笔画，他予以收集、整理、加工、提高，加上自己的创造，集大成为众多的汉字。《荀子·解蔽》中说："故好书者众矣，而仓颉独传者，壹也。"仓颉创造整理出大批汉字，这是划时代的创举。

华夏民族一直把"仓圣"造字引为自豪。如余光中所说："杏花。春雨。江南。六个方块字，或许那片土就在那里面。而无论赤县也好神州也好中国也好，变来变去，只要仓颉的灵感不灭美丽的中文不老，那形象，那磁石一般的向心力当必然长在。因为一个方块字是一个天地。太初有字，于是汉族的心灵他祖先的回忆和希望便有了寄托。"（《听听那冷雨》）

正是为了这种回忆和希望，中华大地到处有字纸炉的踪迹。以台湾为例，台湾客家人至今仍保有浓厚的"敬惜字纸"的传统旧习，他们称"字纸炉"为"圣迹亭"。桃园龙潭圣迹亭是现存的此类建筑中较具规模而保存较为完善的。

龙潭圣迹亭创建于清光绪元年（1875），是台湾现存敬字亭中规模最大的，包括了建筑群和完整的"圣人形"对称空间的庭园，还有中轴线贯穿"三进"庭园的"朝圣之路"，是属于世界级的文字崇祀古迹。

古时圣迹亭每年在仓颉公、文昌帝君生日，或是农历正月初九"天公生"之日（玉皇大帝的诞辰），举行仓颉纪念恩典。当天，秀才以上之人着衣冠，童生着新的衣服，读书人准备牲礼、果品，举行所谓"祭圣人"的仪式，显扬并感谢制字先师仓颉的功绩。之后再将敬字亭内焚烧字纸后留下的灰烬清出，倒入被称为"香亭"的木盒子内，随着沿路鼓乐吹奏，由文人抬至溪河边，行恭送纸灰入海仪式，称为"行圣迹"或"恭送圣迹"。由此可看出，古人对于字纸、文化的敬惜观念，远超过现代人之想象。在儒家倡导的教育体制熏陶下，鸿学大儒与目不识丁的贩夫走卒都知敬惜字纸，"敬字亭"就是这种观念的具体表现。

在"万般皆下品，唯有读书高"的社会里，教育不普及，广大人民对那些少如凤毛麟角能识文断字的读书人衷心敬重，而对文字则更是无限敬仰得近乎神化了。据《燕京旧俗志》载:"污践字纸,即系污蔑孔圣,罪恶极重,倘敢不惜字纸,几乎与不敬神佛,不孝父母同科罪。"清朝时,社会上有大量的《惜字律》被看作是文昌帝君制定的天条圣律而流传,今天我们仍然可以看到《惜字律》、《惜字征验录》、《文昌帝君惜字律》、《文昌惜字功过律》等文本。《惜字征验录》中有许多如乞儿拾字纸转世富贵,穷书生惜字科甲连绵,乃至瞽者转明,愚者转智等等的感应事实,不胜枚举。

第一场伟大的传播革命

百岁老人周有光在《世界文字发展史》中说:"语言使人类别于禽兽,文字使文明别于野蛮,教育使先进别于落后。"

语言与人类相伴而生——在几百万年前就有了语言。《圣经·约翰福音》开头即说:"太初有道,道与神同在,道就是神。"这里的"道",英文是"word",就是"言",天主教圣经译为"圣言"。其实,在赞颂圣言的时候,《圣经》也在礼赞书写。这是因为,将语言用象征的写印方式记录下来的能力并不像说话那样出于遗传,写作是一种技术,一种人类的发明物。

周有光说:"语言可能开始于 300 万年前的早期'直立人',成熟于 30 万年前的早期'智人'。文字萌芽于一万年前'农业化'(畜牧和耕种)开始之后,世界许多地方遗留下来新石器时期的刻符和岩画。文字成熟于 5500 年前农业和手工业的初步上升时期,最早的文化摇篮(两河流域和埃及)这时候有了能够按照语词次序书写语言的文字。"

这两种代表人类早期文化的重要文字,在公元初期先后消亡了。在公元前 1500 年,世界上最早的字母出现在迦南的闪米特人中。《旧约全书》就是用这种字母表的一个版本书写的。它是世界上所有字母的祖先。腓尼基人把闪米特字母传到希腊,遇到了使用上的困难,因为希腊人说话富于元音,而腓尼基字母缺乏元音字母。聪明的希腊人在公元前 9 世纪补充了元音字母。从此,拼音技术就发展成熟了。(公元前 1300 年以前,中国黄河流域的殷商帝国创造了甲骨文,这是汉字的祖先。)

距离希腊字母发明没有多久,世界见证了一种新鲜事物:读写能力开始在一些群体当中得到普及。古典学者埃里克·A. 哈夫洛克认为,希腊字母的简易性对希腊书写文化的大发展起了至关重要的作用。哈夫洛克的学说首次出现在他发表于 1963 年的《柏拉图导言》中,后来在《古代希腊关于公正的概念》一书和论文专辑《希腊的书写变革及其文化成果》中得到进一步阐扬,最后在《缪斯学会书写》一书中获得简明扼要的总结。哈夫洛克在其有生之年从未转变其基本立场,他一直秉持着这样的主张:字母书写对古代希腊启蒙有着重要的甚至是唯一的作用,因而字母书写也奠定了西方文明的基石。按此论见,是古代希腊字母书写(而且唯有这种书写)的发明方使读写能力的广泛普及成为可能,因而也使得人类意识迅速地、永久性地出现了转型。字母书写能够使思维超越荷马所代表的"口头心智"的局限性,形成逻辑、哲学和科学,柏拉图即是这种转型的第一个伟大的、典型的产物。

哈夫洛克还认为,大概就在柏拉图出生的那个年代,甚或稍早一点,古代希腊文化就已经出现了"大分野"。这种"大分野"表现为口承社会与书写社会相隔离,口承社会主要依赖于韵律的、复诵(叙述)的文学来满足其文化知识的需求;而后来的书写社会则依赖于散文,并将散文视为传达严肃反思、研究和记录的载体;柏拉图的散文是开始放弃口头规则的一个重要表征,由此思维方式出现了决定的转折。后来,印刷术的发明,书写一方面成为扩大哲学、科学反思的一种工具,另一方面促进了欧洲社会的民主化进程,并对其他社会产生了日益增长的影响。

哈夫洛克认为,柏拉图的书,应该放进希腊文化的转折时期去读;那时的希腊正在从一个垂死的口头世界转向新生的书面世界。柏拉图生活在这场书写革命的关键阶段,他在对话录中讲了一个有关埃及神祇 Theuth 的故事,这个神祇也叫 Thoth(透特)。

在埃及神话中,透特是最有智慧的神。他多才多艺,有时以圣鹮(古埃及人心目中的圣鸟)的面目出现,有时又化作一只狒狒。他也是在天际划过的月亮。最初,透特是司创造的神,后来变成教化人民的神,他教给埃及人文明与宗教礼仪、书写、医药、音乐以及魔术。在《斐德罗》篇中,柏拉图写道:"透特最先发明了数字和算术,几何学和天文学,还有赌博和国际跳棋。但他最特别和最重要的发明是书写。"

可以说,很少有人像柏拉图那样因书写所致的世人心智的变化而获益。书写将他从对以往神话和谚语的鹦鹉学舌般的记诵和传承中解放出来,得以创造那些充满了新观念的新"对话"——这些观念是高度抽象的,离开了书写根本没有可能形成。正是因为这些对话被写下来了,它们才会流传 2400 年之久。

即便如此,柏拉图对书写并不领情。根据苏格拉底的讲述,对透特的各项发明的裁定权属于国王塔慕斯——日神的代表。当透特大肆宣讲书写的好处时,塔慕斯却不为所动。他对书写提出了两条批评意见:"这样的发明会给那些学会它的人的灵魂造成遗忘"。国王首先说:"他们不再需要锻炼他们的记忆,因为他们会依赖于书写。"第二种批评是,因为书写的文字"免除了教师的传授",所以只会带来一种"智慧的表象",既非"真理",也非"真正的判断"。

苏格拉底——也就是柏拉图——以一种赞赏的口吻讲了国王的批评。柏拉图没有见到我们给书写所赋予的荣光。他同意国王有关书写是一种退步的看法。作为第一场伟大的传播革命的辩护者,透特失败了。

从此以后,许多人把苏格拉底在《斐德罗》篇末尾对文字的批评,当作是一种预言,将其寓意泛化,把它视为对新媒介的担忧,包括对新近传播形式变化的担心。比如,翁(Walter J. Wong)就说,苏格拉底对文字的抱怨——削弱记忆力,缺乏互动,任意撒播,脱离说话人和听话人的灵魂——和 21 世纪初人们对网络的担心、20 世纪中叶以后人们对电视的担心、15 世纪末人们对印刷术的担心,都不无相似之处。

有意思的是,当初柏拉图担心书写,而后来的圣贤却觉得书写需要捍卫,他们担心的是另外的新的东西。摩西有名的"十诫"当中,第二诫就是:

不可为自己雕刻偶像;也不可作什么形象仿佛上天、下地和地底下、水中的百物。(《出埃及记》第 20 章第 4 节)

这一诫的重要性仅次于第一诫:除了我以外,你不可有别的神。

为什么上帝要做这样的规定?我们可以冒险作一猜测:那些已经习惯于用图画、雕塑或其他具体形象表达思想的人,会发现他们无法像原来一样去膜拜一个抽象的神。犹太人的上帝存在于文字中,或者通过文字而存在,这需要人们进行最精妙的抽象思考。运用图像是亵渎神祇的表现。(《娱乐致死》页11)

然而,最终柏拉图和摩西都无法想象的是,人们不仅运用图像,而且痴迷于移动的图像;"脱离说话人和听话人的灵魂"的新媒介不仅超越了口承传统,更发展成威胁着书写文化的庞然大物,一步步把人变成媒介化社会的产物。

形象崛起,文字陨落

在 20 世纪下半叶的某个时点上,在人类历史上第一次,形象相较文字占了上风。

形象出现在我们的卧室和起居室里,我们的孩子擅长操作遥控器和操纵杆,而他们的语言能力在下降。几乎每个夜晚,在几乎世界上的每一个城镇,一个闲逛的人都会看到蓝色的光从大多数人家的房间中透出来,街头不再有聚堆闲聊的人群,就连闲逛者都那么少。

当美国四到六岁的孩子们被问到他们是更喜欢电视还是爸爸时,54％的孩子回答是电视。平均起来,一个美国家庭,开着电视的时间一天高达 8 小时,它抢夺的时间来自工作、学习还有睡觉。不错,最近电视开始似乎变得像是昨天的发明,数字化传播吸引走了大批的技术迷们。然而,根据一项国际调查,世界上有 30 亿人平均每天花两个半小时以上的时间看电视,电视仍然是当之无愧的第一媒体。

而且,随着技术的发展,绝不意味着我们一直都只会有高技术人士嗤之以鼻的"笨金属盒"在沙发的对面闪烁——对这种盒子,我们除了换换频道和调调声音啥也做不了。移动形象毫无疑问会发现新的、更灵活的、更巧妙的方式呈现自身。如果过去半个世纪以来人们的喜好能够说明一些什么的话,那就是,无论新的媒介服务以怎样的表现形式进入我们的家庭,可以预期,我们浏览的主要内容不会是文字,也不会是静止的图片,而一定是移动的形象。

而且我认为,电视只是一场巨大运动的一个阶段。用新的方式观看的新型移动形象很可能将这场运动带至顶峰。我们需要一个新的词汇来涵括将要到来的新阶段,"视频"或许是一个合适的词汇。当我谈到视频革命的时候,是指作为内容的视频,而不是指任何一种特定尺寸的屏幕或盒子的种类。无论通过何种改进了的方式,我们将会继续紧盯着那些神奇的移动形象,并从中获得越来越多的娱乐、信息、艺术和思想。

阅读现在从它曾经独霸的无数场景中退出:餐桌上,公共汽车和火车上,卧室的床上,沙发上,甚至在一些教室里。当"电视总在隔壁那间房里开着"的时候,最终我们中的大部分人停止了咆哮,放下我们正在阅读的东西,去到那间房中。结果是,印出来的文字的重要性显著地降低了。

有关印刷品衰落的故事很多,很惊人。"当我在华盛顿出席社交场合时,"历史学家、美国国会图书馆前馆长丹尼尔·布尔斯廷说,"我非常小心翼翼地不去问餐桌上的邻位最近在看什么书,以免受窘。相反我会问:'我想你现在没有多少时间看书吧?'"小说家们看到同样的状况,知名作者菲利普·罗斯甚至说得还要悲观:"对书的需求如高台跳水,一代严肃读者消失了。"

人们常常谈到的印刷物的衰落并不能完全从数据上看出来。美国 1998 年出的书与 1948 年相比,多了 18 倍。书店增加的速度仅次于快餐店。有关书籍的死亡报告似乎有些夸大。然而问题是,这些出版的书是否有人读?在很多情况下,不论多好的书,都没有人有耐心从头到尾地读完。盖洛普调查发现,在 1990 年,相较于 1975 年,有多得多的人说他们正在读某本专著或者小说,但与此同时,承认在过去一周内读完一本书的人却要少得多。

在一个专业上的成功依赖于对大量隐秘性知识的了解的社会里,书常常是买来查询而非阅读的。几乎有四分之一买书的花费集中在商业、法律、医学、技术或宗教书籍上。另外,占据巨大数量的是学校的教科书。图书销售商的生意依赖于人们买书,但不依赖于人们读书。这对他们而言真是幸事,但对严肃读者来说是不是,就不得而知了。

也许最吓人的有关图书的数据是,根据盖洛普调查,承认自己在过去的一年中未读过任何书的美国人,从 1978 年到 1990 年翻了一番,由 8% 增加到16%。"我的生活中无法离开书"托马斯·杰斐逊有一次对约翰·亚当斯承认说。显然,越来越多的人离开了书,也可以生活得很好。阅读曾经是特权和地位的象征,是追求快乐的手段,如今,对多数人而言,读书仅仅是为了即时的快感和实用,如果他们还在读书的话。

杂志似乎更适合电视时代,因为它们比起书来消耗更少的时间,而且其中有很多的图片。然而,因为杂志的种类如此繁多,要想证明或是否认杂志的衰落都不是一件容易之事。有关人们阅读杂志的时间是多了还是少了的最好指标,是像马里兰大学的约翰·罗宾逊所编制的"时间使用研究"(time-use studies)。研究显示,在典型的一天,阅读杂志的人群的比例从 1946 年的38% 下降到 1985 年的 28%。

有关报纸读者的数据要清楚和灰暗得多。同一项研究显示,"前一天阅读过报纸"的人群从 1946 年的 85% 下降到 1965 年的 73% 再到 1985 年的 55%。而且这种下降是同美国人受到的正式教育的迅猛提高同步发生的。如果教育仍然能够刺激阅读的欲望,那么所有有关阅读的数据都应该向上走。而实情却并非如此,说明了教育系统的质量以及接受教育的学生的兴趣所在。

阅读遭遇的困难并不难于解释。100 年以前,当没有马戏团或戏班子来村镇上的时候,那些寻找娱乐的人们只有有限的选择:吃饭,喝酒,闲逛,生殖,唱歌跳舞,闲聊,阅读。那些寻求信息的人只有后两种选择。我们祖先当中的许多人没有阅读能力,但那些能够阅读的人依赖它,就像杰斐逊一样,他与书相分离的那种绝望感是今天的我们难以想象的。

印刷的文字,在那个年代,具有一种神奇的承载力量。"没有一艘战舰会像一本书,带领我们前往遥远的大陆,"美国诗人艾米莉·狄金森写道。现在,这样的旅程不只一条,有很多种办法可以让我们看到超越自身直接体验的事物。从另一个角度看,形象在取代文字成为精神负载的核心手段。人们已经无法像从前那样思考了,因为他们的思维当中现在充满了移动的形象。法国研究阅读史的专家罗杰·卡蒂埃认为,书写的抵抗力出乎意料地顽强。也许他说得对。然而,口传叙事的抵抗力也很顽强,但还是将自己的文化重要性转移了大半给书写和印刷物。

形象的崛起,像当年文字的崛起那样,引来很多忧心忡忡的批评。也许人们不得不承认正在发生的这又一场传播革命,但他们的承认却不无懊恼。这不是个轻松的话题。我们谈论的不仅是当下,还有未来。我们会漂向何方?我们希望漂向何方? 这些都是很严峻的问题。在如此重要的问题上,我们需要的,可不只是悲叹、懊悔、愤怒,还有痴想。

帕特里克·亨利说:"除了以史为鉴,我不知道还有什么判断未来的方法。"视频革命所带来的波动与当年文字革命的动荡程度将可以相提并论。两相比较,新技术所展现的舞台并无太多的不同之处,其所引发的变革的深刻性也类似,甚至就连其中的焦虑与愤怒都很接近。

其实,在上一场伟大的传播革命中,透特是对的,而苏格拉底却是错的。书写的确是智慧的良方。书写引发的传播革命使得埃及人、巴比伦人、希伯来人、基督徒和穆斯林的智性发展成为可能;它创造了希腊和罗马的文化丰功,中国、印度和日本的文化伟业。

现在,我们身处另一场伟大的传播革命的早期阶段,文字的辉煌将会被移动形象所掩盖,虽然充分开掘移动形象的潜力的技术还有待成形,但这种潜力的巨大是毋庸置疑的。比起在白纸上印出的黑字来,移动形象更能够调动我们的感官。在一个视频当中我们能看到很多的东西,更不用说听到了。移动形象可以切入,切出,叠加,变调或是干脆改变视角,以此牢固地抓住观众的注意力,还可以在视频中加入电脑图形和文字。

观看成为一项更为复杂的活动,我们可以从不只一个视角来观看。视频由此可以带给我们崭新的精神景象,引我们抵达新的哲学之地,就像旧日的文字书写一样。这将是阅读的未来。

(《读书》2011 年第 12 期)

毛泽东的读书
生涯和政治实践

陈 晋

【陈晋(1958—),籍贯四川省简阳市。1990年加入中国作家协会。历任中共中央文献研究室第一编研部副主任、主任,《党的文献》与《文献与研究》杂志主编,中共中央文献研究室室务委员。2008年任中央文献研究室副主任。社会兼职有中国毛泽东诗词研究会副会长,全国毛泽东文艺思想研究会副会长等。】

一、毛泽东作为"读书人"的形象

提出毛泽东作为"读书人"的形象,不是要淡化毛泽东作为伟大的革命家、战略家、理论家的历史定位,而是说,在古今中外的革命家、军事家、政治家中,像毛泽东这样酷爱读书、读有所得、得而能用、用而生巧的人,确实非常罕见。对毛泽东来说,读书不是一种可有可无的选择,不是简单靠兴趣支配的选择,甚至也不只是为了工作的需要,而是他的一种精神存在和思想升华的必要方式,是一种基本的生活常态,是一种"别无选择"的选择。

我接触到的不少朋友,都很难理解,毛泽东治党、治国、治军的实践是那样精彩,在内政、外交、国防各方面的活动是那样的丰富,他的行动能力是那样的突出,但他读的书,却并不一定比一些终生治学的人少,甚至比一些学问家还要多。人们很难相信,这却是事实。

我们可以从以下几个方面来说明这个问题。

第一，读书广博而偏深。

毛泽东住在中南海颐年堂里面的一个院子，叫菊香书屋。他逝世后，保存在菊香书屋的书，有9万多册。不能说所有的藏书他都读过，但这些书是他进城后逐步积累起来的，用得上的，其中有不少书籍上留下他的批注和圈画。而毛泽东读而未藏的书籍，或读过藏过但后来丢失的书籍，就更不知几何了。总的说来，毛泽东的阅读范围，可以概括为马克思主义、哲学、自然科学、社会政治、经济、军事、历史、文学、书法、报纸杂志、丛书工具书，共11大类。

以上是毛泽东读书之广博。所谓偏深，就是除了常用的马列经典和文史哲方面有代表性的著述外，毛泽东还有兴趣读一些在特定环境中流传不广的书，并注意其中一些细琐的观点。例如，长征刚到陕北，他就同斯诺谈到了英国科幻作家威尔斯（H. G. Wells）的作品，后者写有《星际大战》、《月球上的第一批人》。他曾经细读过苏联威廉斯的《土壤学》，多次在一些会议上谈论书中的一些观点。读《徐霞客游记》，他注意到书中提出长江的发源，是"金沙江导江"，而不是传统说的"岷山导江"。读周汝昌的《红楼梦新证》，他细细圈画其中关于"胭脂米"的一段考证文字。中央文献研究室在编辑和整理毛泽东的著作和谈话时，对一些引文做注释，需要查很多书，有的就很难查到出处。例如，编《毛泽东文艺论集》时，对毛泽东提到徐志摩说"诗要如银针之响于幽谷"这句话，就没有查到原始出处。毛泽东经常讲拿破仑说过一支笔可以抵得上三千毛瑟兵，还写进了给丁玲的诗："纤笔一支谁与似，三千毛瑟精兵。"中央文献研究室的同志问了许多专家，都没有弄清楚出处。还有一个例子，1971年9月13日，林彪乘飞机外逃，有关人员问毛泽东怎么办，毛泽东说："天要下雨，娘要嫁人，由他去吧。"这句话肯定是一个俗语，但这个俗语出自哪里，一直找不到。这些年才知道，出自清朝嘉庆年间一个叫张南庄的人写的一本讲鬼故事的滑稽章回小说，叫《何典》。毛泽东最晚是在1941年就读了《何典》，那时他曾托人为远在莫斯科的两个儿子从中国带去一些书，其中就有《何典》。毛泽东晚年在一次会议上讲过："药医不死病，死病无药医。"是说吃药只能医那些不会死的病，注定要死的病，药是治不了的。他用这句话比喻像花岗岩一样的人，怎么做思想工作都是做不通的。这句话也是来自《何典》。

第二，活到老、读到老。

毛泽东在延安的时候说过一句话："如果再过10年我就死了，那么我就一定要学习9年零359天。"讲这个话是希望领导干部们抓紧时间读书学习，毛泽东自己确实做到了这一点。1975年他82岁了，眼睛不好，还专门请一位大学老师给他读书。我们知道，他是1976年9月9日零时10分逝世的，根据当时的记录,9月8日那天,他全身都插满了管子,时而昏迷,时而清醒,清醒过来就看书、看文件,共11次,2小时50分钟。这当中,他已说不出话来,敲了三下木制床头,工作人员开始不知道他要看什么,有人想到,当时日本正在大选,毛泽东或许是要看自民党总裁、日本首相三木武夫的材料,就用手托着三木的材料给他看。最后一次看文件是下午4时37分,此后再也没有醒过来,7个多小时后便逝世了。这样的情况很感人,可以说已经不是活到老,读到老,而是读到死。

第三,真读真学,不是做样子。

毛泽东读书,是发自内心地对知识、对真理的一种渴望。有这种渴望,才可能用心用脑去真读、真学、真思考。什么叫真读真学?具体表现在这么几个方面:

一是经典的和重要的书反复读。毛泽东曾对人说,他在写《新民主主义论》的时候,读了十几遍《共产党宣言》,为了学英文,他找来中文版和英文版的《共产党宣言》对照起来,在一本英文版的《共产党宣言》里还留有他的批注。列宁的《国家与革命》是他经常阅读的。《资本论》很难读,但毛泽东读《资本论》留下的批画有四个时间,说明他起码在四个时间段里读过《资本论》,当然不一定是全读。在50年代初,毛泽东对人说,《红楼梦》他已经至少读了5遍,此后他也读过,还让人从北京图书馆手抄过一部胡适收藏的《石头记》。

一是相同的题材内容,毛泽东习惯把不同的甚至是观点相反的版本对照起来读。例如,他读美国历史,就让人到北京图书馆、北大图书馆去借,还专门写条子说,不光要马克思主义学者写的,也要有资产阶级学者写的。关于《拿破仑传》、《楚辞》,他都找来不同人写的和不同人注释的版本来读,《楚辞》曾经要了十几种版本对照起来读。1957年,他对领导干部讲:要读蒋介石的书这些反面的东西,我们有些共产党员、共产党的知识分子的缺点,恰恰是对于反面的东西知道得太少。读了几本马克思的书,就那么照着讲,比较单调。讲话,写文章,缺乏说服力。

一是除了写读书批注外,毛泽东注重讨论式地阅读。他不光是自己闷头读,读完以后常常和别人讨论,有时是边读边议。比如,在延安时他专门组织了德国军事家克劳塞维茨的《战争论》读书小组,每天晚上读10多页,然后各自谈看法。1959年底还组织读书小组专门到杭州研读苏联的《政治经济学(教科书)》,读了两个月,议出了许多好的思想。把社会主义分为不发达的社会主义和比较发达的社会主义两个历史阶段,就是毛泽东在这次阅读中提出来的,这是我们20世纪80年代提出"社会主义初级阶段"这个概念的认识源头。参加这个读书小组的同志后来根据毛泽东的谈话记录,印了两卷本的《毛泽东读社会主义政治经济学批注和谈话》。

二、毛泽东读书历程

早年毛泽东读书的目的,先是说为了"修学储能",然后说要寻求"大本大源",最后是要找"主义"。概括起来,对他影响比较大的书有四类。

第一类是传统的文史典籍。他深厚的国学功底就是靠这时候打下的。在传统的文史典籍中,他偏好以王夫之、顾炎武为代表的明清实学和晚清湘学派的著述,诸如顾炎武的《日知录》、曾国藩的《经史百家杂钞》以及他的老师杨昌济的《论语类钞》等等。这类书在立志、修身、处世方面很有用。第二类是近代以来介绍西方的著作,比如郑观应的《盛世危言》、赫胥黎的《天演论》、斯宾塞的《群学肄言》以及卢梭、亚当·斯密等人的著作。阅读这些书使毛泽东能够跳出中国传统思维来看世界。第三类书是新文化运动开始后,国内学者传播新思潮方面的书,特别是李大钊、陈独秀、胡适等人的著述。第四类是《共产党宣言》等马克思主义书籍。

大革命和土地革命时期,毛泽东作为宣传家和实践家,感到精神非常"饥渴",其读书主要是为了实践的需要。特别是大革命失败后,主要在偏远农村开辟根据地,领兵打仗,环境变了,常常是无书可读,很苦闷。这与青年时代"读书",建党前后办文化书社"卖书",大革命时期"编书",形成强烈反差。于是,他给当时上海的党中央写信说,无论如何给他搞一些书,还开了一批书单,说"我知识饥荒到十分","我们望得书报如饥如渴,务请勿以小事弃置。"1932年,他带领红军打下福建漳州时搞了一批书,其中有列宁的《两种策略》和《"左"派"幼稚病》。读完第一本推荐给彭德怀看,写信说此书要在大革命时候读着,就不会犯错误。读完第二本毛泽东又推荐给彭德怀看,写信说,"左"与"右"同样有危害性。在艰苦的环境中,为了做到思想上的清醒,毛泽东是多么渴望读到有用的书,读书之用非常明确。

延安时期,是毛泽东读书的一个高峰期。他以异乎寻常的热情和精力来读书并提倡读书。他以前没有时间写日记,唯独到了延安以后开始写日记,他的日记事实上是读书日记,记录了哪天读了哪本书,读了多少页。从这个日记看,1938年二三月间他读了李达的850多页的《社会学大纲》,还有克劳塞维茨《战争论》和潘梓年的《逻辑与逻辑学》等等。梁漱溟访问延安时,毛泽东读了他的《乡村运动理论》,写了不少批注,还花好几晚上同他讨论。

毛泽东当时为什么特别提倡在党内要形成读书学习的风气？一个重要原因是，总结历史、分析现实急迫需要理论，但党内理论素养准备不足，这是亟待克服的矛盾。解决这个矛盾的最好办法，就是读书学习。从思想方法角度讲，毛泽东在延安时期的阅读和理论创造，确立了毛泽东此后看待实践、分析问题的两个最根本的方法和一个根本主张。所谓"两个根本方法"，一个是实事求是，一个是对立统一。所谓"一个根本主张"，就是马克思主义中国化。

正是在延安时期，毛泽东在丰富的实践基础上，通过真读真学，在哲学上写出《矛盾论》《实践论》，军事上写出《论持久战》等，政治上写出《新民主主义论》，文化上还有《在延安文艺座谈会上的讲话》。这些理论创造，全党上下都服气。正是在延安的窑洞里，他完成了从军事领袖到政治领袖，从政治领袖到理论权威这两大跨越。陈云1941年在中央书记处工作会上说："过去我认为毛泽东在军事上很行。毛泽东写出《论持久战》以后，我了解到毛泽东在政治上也是很行的。"任弼时1943年在中央高级学习组上说，1931年他到中央苏区，认为毛泽东"有独特见解、有才干"，但"在思想上'存在着狭隘经验论，没有马列主义理论'"，"读了毛泽东的《论持久战》《新民主主义论》和《中国革命战争的战略问题》……认识到他的一贯正确是由于坚定的立场和正确的思想方法。"

新中国成立后，毛泽东读书更多更杂。这里只讲讲他晚年读文史古籍的情况。从1972年开始，他先后开列有86篇作品，让人印成大字本，供中央一些领导人读，他自己当然是细读圈画了。这些作品涉及史传、政论、诗词曲赋。按时间划分，从1972年到1973年7月读的主要是历史传记；1973年8月到1974年7月读的主要是历史上的法家著作，包括韩非子、柳宗元、王安石等人的著作；1974年5月到1975年6月，主要是一些诗词曲赋。这些，都与当时的政治背景有关，与毛泽东晚年的复杂心态有关。读诗词曲赋的时候，政治、社会，理想、现实，壮志、暮年，往往能在他的感情世界掀起巨大的波澜，从中寻求心志的勉励和抚慰。他晚年反复读庾信的《枯树赋》，还考证一些词句的意思，比较各种注解，读到"树犹如此，人何以堪"这样一些句子时，年逾80岁的一代伟人禁不住泪水纵横。

三、编书、荐书和讲书：
毛泽东习惯使用的领导方法和工作方法

编书、荐书、讲书，前提都是读书，而且是要精读之后才能去编去荐去讲，最终让别人让社会分享自己的读书心得。毛泽东是政治领袖，又是读书人，两种身份的结合，自然引出这一特殊的政治领导风格和工作方法，把书作为动员和宣传工具，作为理论创造和思想普及的工具。毛泽东始终相信，人们以各种方式所接触到的知识、理论、观点，有助于他们在实践行为上的选择，对现实社会改造十分重要。他更清楚，要培养高素质的领导干部，与其授人以鱼，不如"授人以渔"。读书学习，就是"授人以渔"。因此，需要解决什么现实问题或需要提倡什么精神气氛的时候，他总是开列出一些有现实针对性的书目让干部们去读，以便打通思想。甚至在一些会议上印发他选编的著作篇章，有时候还亲自在会议上逐一讲解。这是他比较鲜明的政治领导风格。

关于编书。

编书就是根据某种需要择书而读。早在读师范的时候，毛泽东就曾开列77种经史子集给同学，认为是国学研究的必读书目。大革命时期，他曾担任国民党中央宣传部代部长，后来又专门从事农民运动，这期间他做的一项重要事情，就是编了两套书。一套叫"国民运动丛书"，毛泽东亲自开列书目，还聘请当时在商务印书馆工作的文学家沈雁冰（茅盾）作编纂干事。此后又编了一套"农民运动丛刊"，计划出版52种，实际出版了26种。延安时期，毛泽东编的书就更多了。其中重要的是《六大以来》这部党的文献集，成为当时参加整风学习的高级干部的必读书，效果非常好。这个做法，开启了中国共产党文献编辑事业的先河。改革开放以后，中央文献研究室跟踪式地编选了《十一届三中全会以来》、《十二大以来》一直到《十六大以来》，成为辑纳党的方针政策的文献系列。1955年农业合作化时期，毛泽东又读了大量文稿，选编了一本90多万字的书，叫《中国农村的社会主义高潮》，写了一篇有名的序言，并为其中的104篇文章写了按语。这本书在当时被称为"农业合作化的百科全书"。除了编选一些政治书，毛泽东还编过一些看起来是闲书的东西给领导干部们读。例如，1958年3月成都中央工作会议期间，他编了一本《诗词若干首（唐宋人写的有关四川的一些诗和词）》，一本《诗词若干首（明朝人写的有关四川的一些诗和词）》，印发与会者。他讲："我们中央工作会议，不要一开会就说汇报，就说粮食产量怎么样，要务点虚，要务虚和务实结合，我们可以解决钢铁的问题，煤的问题，同时我们也要拿一点时间来谈谈哲学，谈谈文学，为什么不行呢？"意思是让会议的气氛活泼一些，思路开阔一些，思想解放一些，特别是在四川开会，让外地的干部多了解一下四川的情况，以扩展他们的知识领域。1961年，根据国际形势的需要，他指导文学研究所所长何其芳从古代笔记小说中编选了一本《不怕鬼的故事》，细读之后还帮助修改了序言。

关于荐书。

毛泽东荐书，是一种常态化的事情。一是在会议上公开向领导干部们推荐，目的是要倡导或纠正什么风气。一是私下里向一些个人荐书，用意更具体，往往是针对一些人的情况，希望他们能从所荐之书中有所领悟。这里只讲讲毛泽东晚年私下荐书的情况。李德生担任北京军区司令员时，毛泽东向他推荐顾祖禹的《读史方舆纪要》，说这是一部军事地理的参考书，可以先读有关华北部分。他还让许世友这位文化水平不高的将军读《红楼梦》，说许世友有些像汉初大将周勃，"厚重少文"。此前许世友觉得《红楼梦》没有什么好读的，那是"吊膀子"的书，毛泽东就对他说："你要读《红楼梦》，读五遍你才有发言权。"回南京后，许世友让秘书抄成大字本给他读，据说直到去世也没有读完。1973年，王洪文到中央工作后，毛泽东对他的表现不满意，就让他读《后汉书》里的一篇《刘盆子传》。因为是古文，他读不懂，就让上海的朱永嘉给他讲。西汉末年，赤眉农民起义军要选一个人当皇帝，就从参加这支起义军的几十个刘氏后裔中，找出三个血统最近的来抽签，结果被一个叫刘盆子的放牛娃抽到了。刘盆子当皇帝后依然故我，不务正业，经常和一帮放牛娃嬉耍，终于没有出息失败下台。毛泽东让王洪文读《刘盆子传》，无非是提醒他，凭资力、能力，王不够格，你要有自知之明，千万不要学刘盆子，要注意学习，长进。传达出毛泽东对王洪文的隐忧。

关于讲书。

如果说荐书是希望人们自己领会，给人讲书，则是直接向人宣达他的思想观点。1942年整风学习期间，毛泽东在西北局高干会议上逐条讲解斯大林的《关于德国共产党的前途和布尔什维克化》。斯大林的这篇谈话提出了一个党要实现布尔什维克化，必须具备12个基本条件。毛泽东的讲解，是一次相当深入的党性党风教育。1958年11月，他在郑州中央工作会议上讲解斯大林的《苏联社会主义经济》，意在让干部弄清商品生产和价值规律这些在大跃进和人民公社化运动中被丢弃的观点。1959年4月，他在上海会议上讲解《明史·海瑞传》和《三国志》里的《郭嘉传》，目的是提倡领导干部讲真话、讲实话；做事情、订计划要"多谋善断，留有余地"。这些，也是为了改变在大跃进和人民公社化运动中暴露的一些干部的不良作风。1962年1月，他在七千人大会上讲《史记》中记载的刘邦善于纳谏而取得胜利，项羽一意孤行而最终失败"别姬"，是要在党内倡导民主作风。1967年在中央会议上讲解《战国策》中的《触詟说赵太后》一文，则是提醒领导干部在如何教育和锻炼下一代的问题上，要注意不能让子女"位尊而无功，俸厚而无劳"。

　　读书是获取未知的知识,提升思想的境界。毛泽东把读书作为精神存在和思想提升必要方式,表明未知的东西对他有一种极强的诱惑,要以有涯之生尽量包容、填充那未知的空间。读书对毛泽东来说,也是一种独特的心灵对话、思想交流。在对话交流中除了实现思想境界的提升外,还会实现一种只有读书人才乐于寻求和可能获得的心理期待、智慧愉悦和审美满足。其中感受,或许如鱼饮水,冷暖自知。

　　读书、编书、荐书和讲书,形成了毛泽东鲜明而独特的文化个性,从而散发出一种令人折服的文化气息和智慧力量。通过毛泽东的读书生涯,我们可以从一个角度了解他的智慧源流,了解他对前人和同时代人创造的思想,提供的知识,积累的经验,是如何吸收、扬弃和发展的。毛泽东留存世间的功业,多多少少也可以从他徜徉的书籍世界里找到一些伏线。也就是说,从毛泽东通过读书积累和营造的"胸中日月",到他通过实践行动积累和创造的"人间天地",是有迹可寻的。

　　当然,时代已经大大地向前发展了,毛泽东那时喜欢读的书和他强调必须读的书,以及他所发表的有关评论,我们很难一一地去遵循。讲读书之重要,体会毛泽东读书、编书、荐书、讲书的故事,也不能走向读书治国的误区或回复传统的"半部《论语》治天下"什么的。

　　但无论怎样讲,毛泽东结合实际的读书精神是永恒的。从毛泽东身上,我们能够感受到,对领导干部来说,读书学习是一种历史责任。

(《光明日报》2009 年 7 月 11 日)

博览群书的革命家

—— 毛泽东读书生活我见我闻

逢先知

【逢先知(1929—),山东胶县人。历任中共中央毛泽东著作编辑出版委员会办公室毛泽东著作研究组副组长,中共中央文献研究室室务委员、编审,全国党史研究会第二、三届副会长,中国三S研究会理事。1982年任中共中央文献研究室副主任。1991年起任中共中央文献研究室主任。是中共十三至十五大代表;第八、九届全国人大常委、内务司法委员会委员。

曾参加编辑《毛泽东选集》、《邓小平文选》等,著有《毛泽东和他的秘书田家英》,合著有《毛泽东的读书生活》。】

毛泽东是伟大的革命家,也是学识渊博的学问家。孜孜不息的读书生活伴随着毛泽东的一生,和他的革命生涯紧紧地联系在一起。

我从1950年冬到1966年夏,给毛泽东管理图书报刊,历时近17年,直接和间接地了解到毛泽东读书生活的一些情况。这些情况,尽管是片断的、零碎的,但是把它们介绍出来,对于了解和学习毛泽东是有价值的,对于今天的两个文明建设也是有意义的。

酷爱读书,广收博览

毛泽东从幼年起,就勤奋好学,酷爱读书。随着年龄的增长,他的读书欲望愈来愈强烈。为了增长知识、开阔眼界,为了寻求救国救民的真理,他常常废寝忘食地阅读古今中外的各种书籍。后来,即使在最艰苦最紧张的革命战争环境,他也总是不忘读书。到陕北以后,毛泽东通过各种渠道,尽一切可能,从国民党统治区购买各类书报。到了延安,他的书逐渐多起来了,并有专人替他管理。他的书起先放在离住处不远的一排平房里,后因日机轰炸,搬到一个很深的窑洞里,保护起来。毛泽东十分爱惜自己的书。有一次,他的一些书被别人搞散失了,他非常生气,这件事他一直没有忘记。1947 年从延安撤退的时候,别的东西丢下了很多,但是他的书,除一部分在当地埋藏起来以外,大部分,特别是他写了批注的那些,经过千辛万苦,辗转千里,以后搬到了北京。这些书是毛泽东藏书中最宝贵的一部分,是研究毛泽东思想的珍贵资料。

全国新中国成立后,毛泽东读书的条件好了。在我接手管书不久,毛泽东就提出,要把新中国成立前商务印书馆和中华书局出版的所有图书都给他配置起来。这个要求显然是难以实现的,后来实际上也没有做到。但是他对书的酷爱,给了我极深刻的印象。当时毛泽东的书总共还不到十个书架,经过十几年的建设,在我离开这个工作岗位的时候,也就是 1966 年夏,他的藏书已达几万册,建成了一个门类比较齐全、又适合毛泽东需要的个人藏书室。这里要特别提到,为建设毛泽东的个人藏书室,田家英所做的贡献是不应当忘记的,他是花了很多心血的。没有他的指导和具体帮助,建成这样的图书室是困难的。毛泽东的藏书,除马克思、恩格斯、列宁、斯大林和鲁迅的全集以外,一些著名类书和丛书,如《永乐大典》(部分,影印本)、《四部备要》、《万有文库》(部分)、《古今图书集成》,以及各种世界名著翻译丛书等等,基本上配齐了。就个人藏书来说这不算少了,但仍不能满足毛泽东的需要。他还经常要我们向一些图书馆替他借书。1958 年夏,北京图书馆换发新的借书证,我们特地给他办了一个。北图的同志出于对毛泽东的敬重,把他的借书证编为第一号。

毛泽东读书的范围十分广泛,从社会科学到自然科学,从马列主义著作到西方资产阶级著作,从古代的到近代的,从中国的到外国的,包括哲学、经济学、政治、军事、文学、历史、地理、自然科学、技术科学等方面的书籍以及各种杂书。就哲学来说,不但读基本原理,也读中外哲学思想史,还读逻辑学、美学、宗教哲学等等。这里稍为多介绍一点毛泽东对宗教方面的著作和文章的阅读情况。他对宗教问题是比较重视的。代表中国佛教宗派的几个经典如《金刚经》、《六祖坛经》、《华严经》以及研究这些经典的著述,都读过一些。对于禅宗的学说,特别是它的第六世唐朝高僧慧能的思想更注意一些。禅宗不立文字,通俗明快,它的兴起,使佛教在中国民间广为传播。《六祖坛经》一书,毛泽东要过多次,有时外出还带着,这是一部在慧能死后由慧能的弟子编纂的语录。哲学刊物上发表的讲禅宗哲学思想的文章,毛泽东几乎都看。基督教的《圣经》,他也读过。毛泽东阅读宗教经典,既作为哲学问题来研究,也当做群众工作问题来看待。他说:"我赞成有些共产主义者研究各种教的经典,研究佛教、伊斯兰教、耶稣教等等的经典。因为这是个群众问题,群众有那样多人信教,我们要做群众工作,我们却不懂得宗教,只红不专,是不行的。"①1963年12月30日,毛泽东在一个文件上写了一个批语,说:"对世界三大宗教(耶稣教、回教、佛教),至今影响着广大人口,我们却没有知识,国内没有一个由马克思主义者领导的研究机构,没有一本可看的这方面的刊物。""用历史唯物主义观点写的文章也很少,例如任继愈发表的几篇谈佛学的文章,已如凤毛麟角,谈耶稣教、回教的没有见过。不批判神学就不能写好哲学史,也不能写好文学史或世界史。"②再以科学技术书为例。从各门自然科学、自然科学史,直到某些技术书籍,毛泽东也广泛涉猎,而对生命科学、天文学、物理学、土壤学最有兴趣。1951年4月中旬的一天,毛泽东邀请周世钊和蒋竹如到中南海做客,曾对他们说:"我很想请两三年假学习自然科学,可惜,可能不容许我有这样长的假期。"

　　毛泽东常常说,一个人的知识面要宽一些。1958年9月,张治中陪同他一起外出视察工作。有一天,在行进的列车中,毛泽东正在聚精会神地看一本冶金工业的书。张治中诧异地问他:"你也要钻研科技的书?"毛泽东说:"是呀,人的知识面要宽些。"③毛泽东经常用这句话教育在他身边工作的同志,不论是做秘书工作的,做警卫工作的,还是做医护工作的。1957年他亲笔写信给他的秘书林克,要他"钻到看书看报看刊物中去,广收博览"。④

　　毛泽东跟书籍可以说是形影不离。在他的卧室里,办公室里,游泳池休息室里,北京郊外住过的地方……都放着书。每次外出也带着书,在外地还要借一些书。杭州、上海、广州、武汉、成都、庐山等地图书馆,都留下了毛泽东借书

①　《同班禅额尔德尼的谈话》(1961年1月23日)。见《毛泽东西藏工作文选》中央文献出版社、中国藏学出版社2001年5月版,第216页。

②　《加强宗教问题的研究》(1963年12月30日)。见《毛泽东文集》第8卷,人民出版社1999年6月版,第353页。

③　余湛邦:《张治中将军随同毛主席巡视大江南北的日子》。见1983年12月17日《团结报》。

④　《毛泽东书信选集》,中央文献出版社2003年11月版,第490页。

的记载。

毛泽东有一个习惯,每到一个地方,必先做两方面的调查。一是向人做调查,询问当地的政治、经济、文化、人民生活等现实情况;一是向书本做调查,了解当地的历史情况、地理沿革、文物掌故、风土人情以及古人写的有关当地的诗文。

1958 年 3 月,毛泽东首次到成都,主持中央工作会议。3 月 4 日下午,一到这个蜀汉古都,立即要来《四川省志》《蜀本纪》《华阳国志》阅读。以后,又要来《都江堰水利述要》《灌县志》等地方志书籍,还在书上批、画、圈、点。会议期间,他亲自挑选唐、宋两代李白、杜甫、苏东坡、陆游等 15 人写的有关四川的诗词 47 首,明代杨基、杨慎等 13 人写的 18 首,连同《华阳国志》,一并印发给与会同志。3 月 8 日他曾借阅楹联书十余种,其中有杜甫草堂的对联,还有孙髯作的昆明大观楼长达 180 字的对联。毛泽东对这幅长联甚为赞赏,他能背诵如流。清人梁章钜在《楹联丛话》中,认为此联“究未免冗长之讥也”,毛泽东颇以为然。他在对此书的批语中写道:“从古未有,另创一格,此评不确。近人康有为于西湖作一联,仿此联而较短,颇可喜。”毛泽东生前多次到杭州,工作之余,常常借阅当地的地方志、当地古人的文集和诗集。例如,他借阅过宋朝林逋(和靖)的诗文集,明朝于谦的文集、传记和有关的小说。林和靖,就是那个隐居西湖孤山,一生不做官,种梅养鹤,被人称为“梅妻鹤子”的诗人。于谦,爱国名将,做过明朝的兵部尚书。毛泽东在杭州还要过历代古人写的有关西湖的诗词。当时在杭州从事文史工作的叶遐修,收集了自唐至清咏西湖的诗两千多首,从中选出二百首,编成《西湖古诗集粹》,抄送毛泽东阅览。

毛泽东的读书习惯几乎渗透到他生活的各个方面。或者探讨一个问题,或者参观了一个展览会,或者得悉科学技术上有什么新的重大发展,以至看了一出戏,往往都要查阅有关书籍,进一步研究和学习。1958 年,刘少奇曾以唐朝诗人贺知章《回乡偶书》一诗(“少小离家老大回,乡音无改鬓毛衰。儿童相见不相识,笑问客从何处来。”),作为古代官吏禁带家属的例证。毛泽东觉得不妥,为查明此事,不仅翻阅了《全唐诗话》等书,还特地查阅了《旧唐书·列传》的贺知章传,发现贺传中并无不带家属的记载。毛泽东随即写信给刘少奇,陈述自己的看法,并送去载有贺传的那本《旧唐书》。1964 年 8 月 24 日,毛泽东与周培源、于光远谈哲学问题,在讲到地动说时,毛泽东说:“宋朝辛弃疾写的一首词里说,当月亮从我们这里下去的时候,它照亮着别的地方。晋朝的张华在他的一首诗里写道'大仪斡运,天回地游'。"①这首诗叫《励志诗》。随后要我们找出载有这两篇诗词的书给他。辛弃疾在《木兰花慢》词中有这样两句:"可怜今昔月,向何处,去悠悠? 是别有人间,那边才见,光影东头?"意思是说,从我们这里西边沉下去的月亮,到什么地方去了? 是不是另有一个人间,那里刚好见到月亮从东方升起呢? 毛泽东认为,这些诗词里包含着地圆的意思。1958 年 7 月 2 日,毛泽东在中南海瀛台参观一机部的机床展览,回到住所,就要我们给他找两本书:《无线电台是怎样工作的》、《1616 型高速普通车床》,这是他在参观时看到的。② 1959 年 1 月 2 日苏联发射了一枚宇宙火箭,6 日他就要了几本关于火箭、人造卫星和宇宙飞行的通俗读物。

毛泽东的学问很渊博,但他总觉得自己的知识不够。他碰到不懂的东西,或者读一些有关的通俗小册子,或者请教专家,或者查工具书。在读书学习上,毛泽东无止境地追求着,一步一步地开拓自己的知识领域。

五十多年前,毛泽东说过一段很精彩的话:"有了学问,好比站在山上,可以看到很远很多的东西;没有学问,如在暗沟里走路,摸索不着,那会苦煞人。"③这或许是他的经验之谈吧! 毛泽东所以能够站得高一些,看得远一些,战略眼光宽广一些,成为一个杰出的革命家、思想家、战略家,一个很重要的条件,就是他有渊博的学问和丰富的知识。对于这一点,凡是与毛泽东作过长谈的人,包括外国的一些学者、记者和政界人士,都是表示钦佩的。

说毛泽东博览群书,并不是说他广泛涉猎了一切方面的书籍。例如,外国文学作品,除了《茶花女》、《简·爱》、《罗密欧与朱丽叶》等少数的名著外,他读的很少;中国的现实文学作品也读的很少;至于经济管理方面的书,特别是国外有关社会化大生产管理方面的书读的更少。这一情况,不能不使他的思想受到一定的局限,产生某些不利的影响。毛泽东读书也不是平均使用力量,而是有所侧重,有所偏爱。他最重视、最喜欢阅读的是马列著作、哲学、中国历史和中国古代文学。

---

① 《关于人的认识问题》(1964 年 8 月 24 日)。见《毛泽东文集》第 8 卷,人民出版社 1999 年 6 月版,第 392 页。

② 从五十年代我国进入大规模经济建设时期以后,为了使中央领导同志了解和学习生产技术和科学知识,国务院有关的工业部门相继在中南海瀛台办了一些展览。毛泽东曾多次参观,如 1956 年 4 月 12 日至 17 日连续六天,7 月中有四天,每天下午参观;1958 年 6 月、7 月间又先后参观四次。

③ 毛泽东在八路军延安总兵站检查工作会议总结时的讲话,1939 年 1 月 28 日。

工欲善其事，必先利其器

毛泽东很重视工具书，我们也很注意为他收集这类图书，在他的藏书室里，各种辞书和地图等工具书是相当齐全的。他使用最多的是《辞海》、《辞源》、中国地图、世界地图和中国历史地图。

《辞海》、《辞源》是过去发行量最广、影响最大的两部辞书，但毛泽东对这两部书都不甚满意。1957年，他在北京见到《辞海》的主编之一舒新城时说：《辞海》我从20年前使用到现在。在陕北打仗的时候也带着，后来在延川敌情紧急的情况下，不得不丢下埋藏起来，以后就找不到了。现在这部书太老了，比较旧，希望修订一下。不久，在上海集中了大批有真才实学的人从事这项巨大的重编工作。1965年出版了试行本。新的《辞海》出版以后，毛泽东要身边工作的一位同志将它跟旧《辞海》一条一条对照，看看新《辞海》有什么优点，与旧《辞海》有什么不同。他对新《辞海》仍不甚满意，他说，有的条目写得太简单，有的条目应该有而没有。这些话，与其说是对新《辞海》的批评，不如说是反映了毛泽东强烈的求知欲望。新《辞海》后来几经曲折，终于在粉碎"四人帮"之后的1979年重新修订出版。在重编《辞海》的同时，《辞源》也根据毛泽东的提议进行了修订。

在毛泽东的故居里，现在还保存着一部小字本的《辞源》，那是从延安带出来的。解放初期毛泽东一直使用这部《辞源》，里面有他圈、划的地方。当人们看到这一道道的笔迹，会深深为他的勤学精神所感动。这部书字太小，后来我们给他买了一部大本的《辞海》，字稍大些，一直使用到晚年。

毛泽东提出编辑的另一种重要工具书是《中国历史地图集》。据谭其骧回忆，1954年冬，有一天毛泽东和吴晗谈起标点《资治通鉴》的事，讲到读历史不能没有一部历史地图放在手边，以便随时检查历史地名的方位。谭其骧说，新中国成立前一些书局虽然出版过几种历史地图，但都失之过简，一般只画出一个朝代的几个大行政区划，绝大多数历史地名在图上查不到。这种图只能适应中小学教学的需要，满足不了读《资治通鉴》之类史书的要求。吴晗想起清末民初杨守敬编绘的《历史舆地图》，一朝一册，凡见于诸史《地理志》的州县一般全部上图，正符合毛泽东提出的配合读史的需要。因此，他建议在标点《通鉴》的同时，也应把杨守敬编绘的地图予以改造，绘制出版。毛泽东赞许他的意见,改绘"杨图"的工作经吴晗推荐,由谭其骧负责。① 绘制《中国历史地图集》,是一项更为艰巨的工程,它也经历了曲折的道路,在一九八二年才开始正式出版。全书共八册,为研读中国史书提供了一部详尽的地图集。

"工欲善其事,必先利其器。"虽不能说没有工具书则无法读书;但是有了好的工具书,确为读书提供了便利条件,有时甚至是不可缺少的条件。毛泽东从长期的读书生活中深深地感到编好工具书的重要性。

"尽信《书》,则不如无《书》"

毛泽东常引用孟子的一句话:"尽信书,则不如无书。"②这里说的书,是指《书经》。毛泽东把它推而广之,及于其他,就是说,不要迷信书本,读书不要盲从,要独立思考。他要求身边同他一起读书的同志,在看完一本书或者一篇文章之后,总要提出自己的看法和理解。毛泽东在他写的大量读书批语中,提出了很多新颖的见解,做出自己的评价,有些见解和评价是相当精辟的。毛泽东认为,读书既要有大胆怀疑和寻根究底的勇气和意志,又要保护一切正确的东西,同做其他的事情一样,既要勇敢,也要谨慎。他不仅对待中国古书是这样,对待马克思主义的著作也是这样。毛泽东对斯大林的《苏联社会主义经济问题》一书评价是比较好的,但他在建议各级干部学习这本书的时候,强调要加以分析:哪些是正确的,哪些说得不正确或者不大正确,哪些是作者自己也不甚清楚的。毛泽东在阅读苏联《政治经济学(教科书)》时,发表了大量评论性的意见,提出自己的许多观点;但他自己认为,这还只是跟着书走,了解他们的写法和观点。他认为,应当以问题和论点为中心,收集一些材料,看看他们的论文,知道争论双方的意见或者更多方面的意见,做进一步的研究。他说,问题要弄清楚,至少要了解两方面的意见。

毛泽东的早年同学周世钊,在谈到毛泽东青年时代读书情况时,说毛泽东有"四多"的习惯,就是读得多,想得多,写得多,问得多。这个"四多"正是反映了毛泽东酷爱读书而又不迷信书本,具有独立思考和追根究底的精神。

---

① 谭其骧:《学者、才子、为社会主义事业奋斗终身的好干部》。见《吴晗纪念文集》,北京出版社 1984 年 9 月版,第 34~35 页。

② 见《孟子·尽心下》。

使看书占领工作之外的时间

毛泽东是一个读书不知疲倦的人。读书忘记睡觉，读书忘记吃饭，是常有的事。他曾经号召我们的干部，要养成看书的习惯，使看书占领工作之外的时间。他要求别人做的，自己首先做到了。

读者可能提出这样一个问题：毛泽东每天管很多国家大事，哪有时间读那么多书？要知道，毛泽东的工作效率是很高的，读书的效率也是很高的。他有过人的精力和惊人的记忆力，加上深厚的知识基础和丰富的实践经验，所以读得快，记得牢，理解得深。毛泽东给人一个很深的印象，就是不论读一本书，看一篇文章，还是同别人谈话，他能迅速而又准确地抓住要点，抓到问题的实质。在他身边工作的一些同志感受更深。读者大概都读过《毛泽东选集》第四卷最末几篇评美国白皮书的文章。白皮书是 1949 年 8 月 5 日发表的，不到十天，于 8 月 14 日毛泽东就发表了他写的第一篇评白皮书的文章《丢掉幻想，准备斗争》，在一个多月的时间内连续发表四篇评论文章。他抓住并针对白皮书的一些要害处，揭露了美国当时对华政策的帝国主义性质，批评了国内一部分人对美国的幻想，并对中国革命的发生和胜利的原因做了理论上的说明。再举一个小例子。有一次，他要看《拿破仑传》，选了几种翻译过来的本子。跟他一起读的同志一本还没有看完，他却三本都看完了。毛泽东每天睡眠的时间很少，像工作起来常常昼夜不眠一样，读书也是如此。他几乎把一切工作之余可以利用的时间都用于读书了。

毛泽东的才能和智慧，是付出了艰辛的劳动换取来的！它是毛泽东丰富的革命实践经验的升华和结晶，也是毛泽东一生勤奋好学、博览群书结出的硕果。

活到老，学到老

"活到老，学到老"，这是毛泽东常说的一句中国俗话，他自己就是这样做的。

1938 年 8 月 22 日，毛泽东在中央党校的讲话中说过：你学到一百岁，人家替你做寿，你还是不可能说"我已经学完了"，因为你再活一天，就能再学一天。你死了，你还是没有学完，而由你的儿子、孙子、孙子的儿子、孙子的孙子再学下去。照这样说,人类已经学了多少年呢?据说是五十万年①,有文明史可考的只有两三千年而已。以后还要学多少年呢?那可长哉长哉,不知有多少儿孙,一代一代学下去。这里,毛泽东把学习(认识世界)的主体,由个人推延到整个人类。客观现实世界运动永远不会完结,人类对客观世界的认识也永远不会完结。

晚年的毛泽东,身体衰老了,视力减退了,但读书学习的精神丝毫未减,追求知识的欲望不见低落。1973 年,他在大病恢复后不久,还同科学家杨振宁谈论物理学的哲学问题。1974 年,他以极大的兴趣同李政道讨论"对称"等深奥的物理学问题。他还说:"很可惜,我年轻时,科学学得太少了,那时没有机会学。不过,我还记得年轻时非常喜欢读汤姆生的《科学大纲》。"1975 年他的视力有所恢复后,又重读《二十四史》②,重读鲁迅的一些杂文,还看过《考古学报》、《历史研究》、《自然辩证法》等杂志,并且提出给他印大字本《化石》杂志和《动物学杂志》。到 1976 年,他还要英人李约瑟著的《中国科学技术史》(一至三卷)。根据当时为毛泽东管理图书的徐中远的记载,毛泽东要的最后一本书是《容斋随笔》(这是毛泽东一生中比较喜欢读的一部有较高价值的笔记书),时间是 1976 年 8 月 26 日。他最后一次读书的时间是 1976 年 9 月 8 日,也就是临终前的那一天的 5 时 50 分,是在医生抢救的情况下读的,共读了七分钟。

五十多年前毛泽东在延安的一次演说中讲过一句话:"年老的也要学习,我如果再过十年死了,那么就要学九年零三百五十九天。"③毛泽东以自己的实践,实现了他五十多年前所作的诺言。这位伟大的革命家兼学问家,几乎是在他的心脏快要停止跳动的时候,才结束了他一生中从未间断过的读书生活。

(《毛泽东的读书生活》,生活·读书·新知三联书店 2009 年版)

---

① 这是当时科学界的说法。迄今为止,考古发现证明,人类的历史至少有二百万年。

② 1975 年 8 月、9 月两次读《晋书》。

③ 这是按农历算的,一年为三百六十天。

毛泽东读书纵横谈

王炯华

【王炯华(1941—),湖南溆浦人。华中科技大学人文学院教授,退休后任怀化学院特聘教授。20 世纪80 年代以来,先后出版了专著《李达与马克思主义哲学在中国》、《毛泽东读书生涯》、《毛泽东读书记》、《李达评传》、《朱九思评传》;主编《马克思主义哲学在中国(从清末民初到中华人民共和国成立)》、《五十年中国哲学风云》;参编《中国马克思主义哲学传播史》、《当代中国十哲》等著作。】

毛泽东说:"我一生最大的爱好是读书。""饭可以一日不吃,觉可以一日不睡,书不可以一日不读。"实际上,无论是青春年华的学生时代,还是戎马倥偬的战争岁月,抑或日理万机、领袖群伦年代,他都嗜书如命,手不释卷,以书为伴;书以伴行,书以伴眠,甚至书以伴厕,直到临终前夕仍在索书,一生读了难以数计的书。就毛泽东读书来说,在 20 世纪中国和全世界的革命家和政治家中,实难有出其右者。

修学储能在长沙

毛泽东青少年求学时代,正是西学、新学在我国初兴的时期,然而中学、旧学仍是一般读书人的必修功课,也是毛泽东自韶山私塾到湖南省立第一师范学校所读学校先生们的强项。受当时教育环境和所遇老师的影响,学生时代的毛泽东就特别喜欢中国文史,读了大量的古籍,打下了扎实的基础,练就了一手绝好的作文吟诗功夫。

少年毛泽东在韶山私塾读的是"蒙学",即"三、百、千、千",亦即《三字经》、《百家姓》、《千字文》、《千家诗》以及《增广贤文》、《幼学琼林》等启蒙课本。这些融文字和主要是儒家人生理想、伦理规范、典故风俗等学问为一体的课本,比较通俗,切近人生,又大都押韵好记,读来朗朗上口,很适合少年启蒙。

1910年秋,16岁的毛泽东离开韶山上湘乡县东山高等小学堂。他给父亲留下了自己改写的一首日本立志诗:"孩儿立志出乡关,学不成名誓不还。埋骨何须桑梓地,人生无处不青山。"他在那儿,尤其读了梁启超的《新民丛报》合订本,接受了近代启蒙思想。

1912年春,毛泽东考入湖南全省高等中学校。但他不满于这所名校刻板的校规,而其有限的课程又远远满足不了他的求知欲,半年之后,他毅然退学,寄居新安巷的湘乡会馆,每天步行三里去浏阳门外定王台湖南省立图书馆自学。他订了一个自修计划,他说:"我非常认真地坚持执行这个计划……每天早晨图书馆一开门我就进去。中午我仅仅休息片刻,买两块米糕吃,这就是我每天的中餐。我每天在图书馆一直阅读到闭馆的时候。"用他自己的话说,就像牛进菜园一样,他如饥似渴地读了许多中外名著,而他最感兴趣、收获亦最大的是读了西方18至19世纪的名著:卢梭的《民约论》、达尔文的《物种起源》、亚当·斯密的《原富》、孟德斯鸠的《法意》、赫胥黎的《天演论》、斯宾塞的《群学肄言》。这些西方名著,使他集中地受到一次民主与科学的启蒙教育。

1913年春,毛泽东考入湖南省立第四师范学校,接着该校合并到湖南省立第一师范学校。毛泽东在那儿不仅遇到了刚从海外游学归来、使他终身不忘的恩师杨昌济,而且遇到了对他以后读书撰作有重要影响的国文教师袁仲谦。

杨昌济学贯中西而以中国传统文化特别是宋明道学为主,对儒家人生理想和心性修养情有独钟。他学识渊博,行为白璧无瑕,受到学生的普遍欢迎,被称为一师的"孔夫子"。毛泽东深感杨昌济的"弘通广大",因而对杨先生"最所佩服"。1913年他在四师听过杨先生的修身课,进入一师后,他和一些同学组织一个哲学小组,便请杨先生担任指导。1916年暑假,他从长沙步行120里,专程去当时还是穷乡僻壤的板仓冲杨家拜师。他以极大的兴趣浏览杨先生书房"达化斋"的藏书,特别是新书和报刊,同杨先生讨论学术和社会问题。他还同萧子升等同学经常去杨宅聆教,讨论问题,"或谈治学方法,或讲做人之道,或阅读书笔记,或论天下大事"。每每一天下来,远胜多日读书。杨先生还常常留饭,师生之间,相交甚深。杨先生1915年4月5日专门记了这样一则日记:"毛生泽东,言其所居之地为湘潭与湘乡连界之地,仅隔一山,而两地之语言各异。其地在高山之中,聚族而居,人多务农,易于致富,富则往湘乡买田。风俗纯朴,烟赌甚稀。渠之父先亦务农,现业转贩;其弟亦务农,其外家为湘乡人,亦农家也,而资质俊秀如此,殊为难得。余因以农家多出异材,引曾涤生、梁任公之例以勉之。毛生曾务农二年,民国反正时又曾当兵半年,亦有趣味之履历也。"杨昌济学贯中西而以中为主,这明显地影响了青年毛泽东的中西文化观;杨昌济特别推崇宋儒的心性之学和明末清初以王夫之为代表的经世致用之学以及曾国藩、谭嗣同,也同样明显地影响了青年毛泽东;杨昌济对康德哲学的研介还在一定程度上影响了青年毛泽东的哲学信仰。

在杨昌济的影响下,毛泽东读了曾国藩包括家书、日记在内的许多著作,深知曾氏学问根底。曾国藩的务实学风和思想修养方面,也引起青年毛泽东的追慕和效法。其《讲堂录》记:"涤生日记,言士要转移世风,当重两义:曰厚曰实,厚者勿忌人;实者不说大话,不好虚名,不行架空之事,不谈过高之理。""真精神实意做事,真心求学。"所谓"真精神"实际上是毛泽东对曾国藩"厚实"两义的概括,并且是足可效法的务实精神。这种务实精神也是随后毛泽东踏着人生实际说话和五四时期接受胡适研究具体问题的主张而成立"问题研究会"的思想基础。《讲堂录》还记:"有办事之人,有传教之人。""宋韩范并称,清曾左并称。然韩左办事之人也,范曾办事而兼传教之人也。"《讲堂录》所记"少年须有朝气,否则暮气中之。暮气之来,乘疏懈之隙也,故曰怠惰者,生之坟墓",此句前批有"曾语",亦指曾国藩;所记"朱子学问,铢积寸累而得之",可见于曾国藩《杂著·笔记二十七则》之《克勤小物》条。所记"从前种种譬如昨日死,以后种种譬如今日生",则见于曾国藩《致沅弟》。《讲堂录》所记这些,不仅对青年毛泽东具有教益,而且对毛泽东后来同样发生直接或间接的影响。这可见于毛泽东一生的"多思"、活力和朝气,永不满足的追求和奋斗。还有,他从严要求和教育自己的子女,也不能不说是受到了曾国藩"家书"的影响。《讲堂录》还全文记了曾国藩的"八本"说:"读古书以训诂为本,作诗文以声调为本,养生以少恼怒为本,事亲以得欢心为本,居家以不晏起为本,立身以不妄语为本,做官以不要钱为本,行军以不扰民为本。"这"八本"是曾国藩一生遵奉的座右铭,亦即其人生修养的基本标准,应该说他是践履笃行的,这自然也同样引起毛泽东的效法。除了他因习惯晚上工作而不能不晏起,除了他不大注意养生且也有恼怒,其余各"本"他同样也是践履笃行的。他甚至把"做官以不要钱为本,行军以不扰民为本"发扬到了极致。对于前者,他不仅自困难时期的20 世纪 60 年代初起主动降低自己的工资标准,而且常常用自己的稿费资助某些特殊人士。对于后者,他不只是行军不扰民,甚至还很可能是受曾氏《爱民歌》"三军个个仔细听:行军先要爱百姓……第一扎营不贪懒,莫走人家取门板……第二行路要端详,夜夜总要支账房……第三号令要严明,兵勇不许乱出营"的启发,制定人民军队的《三大纪律,八项注意》。

袁仲谦为前清举人,最重古文教学,学生背后常称他"袁大胡子"。毛泽东说:"他嘲笑我的文章,说它是新闻记者的手笔。他看不起我视为楷模的梁启超,认为他是一个半通不通的人。"他劝毛泽东多读古文,特别是多读韩愈的文章。毛泽东改变文风,用工夫读了《昭明文选》和唐宋八大家的作品。《昭明文选》为南朝梁昭明太子萧统编的自秦汉以来的诗文选,凡六十卷。毛泽东自此时起,一生常读。1975 年 5 月 29 日深夜,晚年重病的毛泽东仍在读它。"唐宋八大家"指的是唐朝的韩愈、柳宗元,宋朝的欧阳修、苏洵、苏轼、苏辙、王安石、曾巩,因明朝茅坤选编他们的作品《唐宋八大家文钞》而得名。其中毛泽东尤其喜读柳宗元。正是由于袁仲谦的督导,毛泽东钻研古文特别是韩愈的文章,学会了古文的措辞。所以他后来深情地说:"多亏袁大胡子,今天我如果需要的话,仍然能够写出一篇过得去的古文。"

对青年毛泽东读书发生影响的还有亦师亦友的黎锦熙。黎锦熙字邵西,虽然只长毛泽东三岁,在一师任教亦只一年半,却是青年毛泽东难得的师友。特别是毛泽东问黎锦熙"学乌乎求"?在当时的毛泽东看来,在学校污浊腐败的情况下,怎么求学问呢?似乎只有隐身深山幽泉,潜读古籍,以建基础;仿效康有为梁启超,然后下山涉新。但是"邵西不谓然",并认为这是先后倒置。黎锦熙详述自己的见解说:"盖通为专之基,新为旧之基,若政治家、事功家之学,尤贵肆应曲当。"即是说,学问的基础不是先古后新,而是相反:先通后专,先新后旧。因此政治家、事功家的学问,更加重要。他认为"错此必败",比如王安石,注《周礼》,作《字说》,其文傲睨汉唐,可谓有专门之学,而其变法却以失败而告终,这就是他"无通识,并不周知社会之故而行不适之策也"。黎锦熙的这些见地,使青年毛泽东"翻然塞其妄想,悉其心于学校,惟通识之是求也"。毛泽东还问到做学问的下手功夫,黎锦熙又说到国文、历史、地理、报章杂志、体操、图画、音乐、手工等等,这些都是系统的通识,都是君子的为学善生之道。黎锦熙还特别告诫毛泽东"观中国史,当注意四裔,后观亚洲史乃有根;观西洋史,当注意中西之比较,取于外乃足以资于内也",并向毛泽东推荐斯宾塞《群学肄言·缮性篇》。这本书毛泽东在省图书馆自修时曾读过,而黎锦熙推荐该书之"缮性篇"正好讲的是治学方法,黎锦熙自己也正在研读。毛泽东读后抚卷而叹曰:"为学之道在是也!"他重读《群学肄言》的最大收获就是把扩大知识面作为自己治学的要义。他致萧子升的信批评了旧学所造成的人才缺陷："试一观当世诸老先生,若举人、翰林、秀才之属,于其专门之业,不可谓不精,若夫所谓常识,求公例公理,绳束古今为一贯,则能者不甚寡哉! 斯宾塞尔云,专攻之学,每多暗于通宗,岂不然哉!"

毛泽东还用功最勤地读了泡尔生的《伦理学原理》。《伦理学原理》系德国哲学家泡尔生主要代表作《伦理学体系》一书之"序论"和第二编"伦理学原理",1900 年日本学者蟹江义丸译成日文出版,蔡元培将日译本译成中文,于1909 年 10 月由商务印书馆出版。杨昌济在一师讲授伦理学,以此书为教材,但只教了原文的一部分。毛泽东以极大的兴趣仔细通读,用墨笔对全书逐句加以圈点,作了单杠、双杠、三角、叉等许多读书记号,还用蝇头小楷在天地两头空白处及行距间写了 1.2 万余字的批注,并根据其中的一些论点,写了一篇《心之力》的文章,受到杨先生的赞赏,被打了 100 分,一说为 100+5 分。从毛泽东读《伦理学原理》的批注,我们可以领略青年毛泽东的世界观和他追求真理、真知和立志改革国家社会、重塑人心道德的精神。而原著"抵抗决胜"这个蕴涵极深的思想又紧扣毛泽东的心弦,使他顿时想到黄河长江:"河出潼关,因有太华抵抗,而水力益增其奔猛。风回三峡,因有巫山为隔,而风力益增其怒号。"但是,"抵抗决胜"正在于"抵"与"抗"的对立统一,他并不同意原著所说"人类势力之增,与外界抵抗之减,其效本同":"此不然。盖人类之势力增加,外界之抵抗亦增加,有大势力者,又有大抵抗在前也。"他还由此引发了 1919 年《民众的大联合》中的一句名言:"压迫愈深,反动愈大,蓄之既久,其发必速。"

毛泽东在长沙的修学储能,为他波澜壮阔的一生打下了坚实的基础。

戎马倥偬读马列

五四时期,毛泽东开始接触马克思主义。受中国明末清初以来经世致用学风特别是王船山、曾国藩以来湖湘学派的影响,他一开始就注重马克思主义的精神实质而不是文本字句,在他所读的《共产党宣言》、《社会主义史》和《阶级斗争》三本书中,他只取"阶级斗争"四字。以后经过大革命的洗礼和发动秋收起义上井冈的实践,他终于在 1930 年提出了马克思主义的"本本""必须同我国的实际情况相结合",开辟了马克思主义中国化的方向。

在艰苦的战争年代,毛泽东对书有一种饥渴的心情,总是想方设法弄书,在戎马倥偬中挤时间读书。无论是在峰峦叠嶂的井冈山,还是在闭塞的黄土高坡延安,他都阅读了大量的马克思主义著作。

在井冈山,毛泽东读了列宁的《两种策略》、《"左派"幼稚病》,斯大林的《论列宁主义基础》以及德波林的《西方哲学史》等著作,他的最大收获是研习了列宁的思想和斗争策略。后来他感慨地说:"我没有吃过洋面包,没有去过苏联,也没有留学别的国家。我提出建立以井冈山根据地为中心的罗霄山脉中段红色政权,实行红色割据的论断,开展'十六字'诀的游击战和采取迂回打圈战术,一些吃过洋面包的人不信任,认为山沟里出不了马克思主义。1932 年(秋)开始,我没有工作,就从漳州以及其他地方搜集来的书籍中,把有关马恩列斯的书通通找了出来,不全不够的就向一些同志借。我就埋头读马列著作,差不多整天看,读了这本,又看那本,有时还交替着,扎扎实实下工夫,硬是读了两年书。"彭德怀回忆说,1933 年秋天,接到毛主席寄给我的一本《两种策略》,上面用铅笔写着(大意):此书要在大革命时读着,就不会犯错误。在这以后不久,他又寄给我一本《"左派"幼稚病》,他又在书上面写着:你看了以前送的那本书,叫做知其一而不知其二;你看了《"左派"幼稚病》才会知道"左"与"右"同样有危害性。毛泽东用马列主义的方法去做政治形势的分析和阶级势力的估量,倡导调查研究,从实际出发,提出马克思主义的"本本""必须同我国的实际情况相结合"。

在延安,深感"工具不够"的毛泽东读了许多马克思主义哲学著作,主要是当时已翻译出版的苏联三部哲学名著,即李达等译西洛可夫等著《辩证法唯物论教程》、艾思奇等译米丁等著《新哲学大纲》、沈志远译米丁等著《辩证唯物论与历史唯物论》和李达的《社会学大纲》、艾思奇的《哲学与生活》等中国哲学家的著作。其中,《辩证法唯物论教程》是斯大林时期苏联"少壮派"哲学家对于20 年代末 30 年代初苏联哲学论战"总清算"的第一部哲学名著,不仅系统阐述了辩证唯物主义,而且"批判"了布哈林和德波林的哲学倾向,它是直接反映联共(布)党内斗争、表明斯大林影响的一本权威马克思主义哲学教材,又是马克思主义哲学政治化的开篇之作。毛泽东读了此书的几个版本,他的批注多达 1.3 万多字。毛泽东的批注不仅转述或归纳原著的思想和观点,尤其是结合中国革命的实际发挥或深化了原著的思想和观点;不仅表明他所受当时苏联马克思主义哲学的影响,更表明他特具个性的思考和创造。结合当时读的苏联其他两本哲学名著和李达、艾思奇著作,他撰写了自己最重要的哲学著作《实践论》和《矛盾论》。

正是在延安,毛泽东用马克思主义总结中国革命的经验,论述中国革命的对象、目标、步骤、政策和方法,结合中国的历史和现实,提出了中国新民主主义革命的完整理论,实现了马克思主义中国化,形成了毛泽东思想。毛泽东思想是马克思列宁主义普遍原理与中国革命具体实践相结合的典范,主要又是毛泽东"依据历史进程中每个特殊时期和中国具体的经济、政治环境及条件,对于马克思列宁主义作独立的光辉的补充和发挥,并用中国人民通俗语言的形式表达出来",因而是具有中国作风中国气派深为中国人民喜闻乐见的马克思主义。这是"一件极其伟大而又非常艰巨的劳作",凝聚着毛泽东对于历史、社会的极其丰富的知识和对于领导中国革命的极其丰富的经验。

晚年痴迷读文史

新中国成立后,毛泽东的读书条件无疑大大改善了。他不仅添置了大量图书,有了颇丰的私人藏书;而且能方便地借书、调书,可随时满足他的读书需求。但是作为新中国党政军的最高领导人,他却更忙了;然而,他日理万机不废读,甚至入痴入迷读文史。

从 20 世纪 50 年代初期起,毛泽东开始有计划地读"二十四史"。毛泽东所购置的武英殿线装本共 850 册 2249 卷近 4000 万字,从 1952 年开始到 1976 年他生命的最后岁月,绝大多数册卷他都作了圈点和断句。他还围绕读"二十四史",广泛阅读各朝纪事本末以及一些史志集解。同时,他还阅读了多种古诗词选本、古文选本以及一些文史掌故类书。他认为的好书、有意义的重点书常常采取"三复四温"的方法多次阅读,如《共产党宣言》他读过上百遍,李达的《社会学大纲》他自称读了十遍。他对"二十四史"中的部分专史也采取了这种方法。他阅读次数较多的是《史记》、《前汉书》、《后汉书》、《三国志》、《晋书》、《旧唐书》、《新唐书》、《明史》,其中《旧唐书》、《新唐书》、《晋书》、《明史》看的遍数更多,有的至少看过五遍以上,还特别喜读"纪"、"传"部分。他对于所读文史,都仔细研究,写出批注,或臧否文史人物,或评论文史思想,或解读其现代意义,引申出新的思想和政策。

毛泽东读文史,"法其可法,戒其可戒",对他治党、治国,领导中国社会主义建设事业,无疑起了极大的积极作用。譬如,他称赞《资治通鉴》叙事有法,"历代兴衰治乱本末毕具",认为它突出了历代治乱之根本所在即"治国就是治吏"、"上梁不正下梁歪",牢记李自成等农民起义的教训,因而"从严治吏",反对干部特殊化和腐败行为,反对官僚主义衙门作风。这既教育了干部,保持和发扬了战争年代的干群关系,又带动了社会风气。又如,他根据中国的历史传统和现实国情,反对照搬苏联模式,提出要走中国自己的社会主义道路,正确处理十大关系,为建设有中国特色社会主义进行了最初的探索。再如,他读文史不落俗套,常常对一些文史人物发表惊世骇俗的新评价,这对于发掘历史文化遗产,弘扬历史文化传统,推动学术文化事业的发展和繁荣,同样有极大的意义。

毛泽东关心文史学术问题,常常结合读文史,广泛阅读文史领域的学术争鸣文章,发表自己的意见。由于他一言九鼎的地位,他的意见,即使是即兴谈话,都对思想文化领域乃至党和国家的政治生活发生影响。他20世纪50年代读《红楼梦》研究论文发动对胡适的批判,晚年批准发表姚文元《评新编历史剧〈海瑞罢官〉》而成为"文化大革命"的导火线,关于《水浒传》的谈话被搞成全国"评《水浒》,批宋江",则都属于他读文史引发的典型事件。

以读《水浒传》为例。《水浒传》这部小说,贯穿着毛泽东一生的读书兴趣。据他本人的回忆,在他的少年时代对他影响最大的读物是《水浒传》。在长沙,他建议新民学会会友读《水浒传》。在大革命时期从事农民运动时,他谈起过《水浒传》和宋江的造反。秋收起义后,他在文家市召集受挫的队伍,准备上井冈山时说:大家知道,历史上每一个朝代里都有山大王,可从来没有听说有谁把山大王彻底剿灭过。山大王没有什么主义,可我们是共产党,既有主义又有政策,山大王和我们比不上,那么,敌人怎么能消灭我们呢?在江西苏区,《水浒传》是他爱读的作品之一。长征途中打下一座县城,他急于要找《水浒传》,以致警卫员匆忙地给他提来一把"水壶"。在延安,他不仅说《水浒传》是中国人必读的三部古典小说之一,而且在自己的著述中经常引用《水浒传》的例子。看了评剧《逼上梁山》又夜不能寐,连夜给该剧编导写信。革命胜利前夕,他的《论人民民主专政》引用武松景阳冈打虎。新中国成立初期,他也常常引用《水浒传》,激励人们的拼命精神。在其晚年的1964年,他与美国友人安娜·路易斯·斯特朗谈话仍然肯定《水浒传》的精神:"革命者并不是一开始就是革命者的,他们是被反动派逼迫革命的。""每次起义都是被逼上梁山的。他并不想去,但压迫者使他无路可走。"他还特别从社会政治的角度称赞《水浒传》,强调"《水浒传》要当做一部政治书看。它描写的是北宋末年的社会情况。中央政府腐败,群众就一定会起来革命。当时农民聚义,群雄割据,占据了好多山头,如清风山、桃花山、二龙山等,最后会集到梁山泊,建立了一支武装,抵抗官军。这支队伍,来自各个山头,但是统帅得好。"但是,在他晚年的20世纪70年代,却对这部脍炙人口的小说的评价发生了180度大转弯,并在当时中国政坛上推出了评《水浒》运动。

1973年12月21日,毛泽东接见中央军委会议与会人员谈话说:"《水浒》

不反皇帝,专门反对贪官。后来接受了招安。"并联系当时"反修防修斗争"说:"如果中国出了修正主义,大家要注意啊!"据毛泽东身边一位工作人员回忆,1974 年她在武汉读《水浒》时,毛泽东则对她说宋江是投降派,搞修正主义。1975 年 8 月 14 日,为毛泽东读书的卢荻向他请教:"《水浒》一书的好处在哪里? 应当怎样读它?"毛泽东即兴说:"《水浒》这部书,好就好在投降。做反面教材,使人民都知道投降派。《水浒》只反贪官,不反皇帝。摒晁盖于一百零八人之外。宋江投降,搞修正主义,把晁盖的聚义厅改为忠义堂,让人招安了。宋江同高俅的斗争,是地主阶级内部这一派反对那一派的斗争。宋江投降了,就去打方腊。这支农民起义队伍的领袖不好,投降。李逵、吴用、阮小二、阮小五、阮小七是好的,不愿意投降。"

本来,对《水浒传》及其人物的评价,是一个仁者见仁、智者见智的学术问题。然而,8 月 14 日当天,姚文元得到毛泽东同卢荻谈话的记录如获至宝。他闻风而动,当天就给毛泽东写信说,关于《水浒传》的评论"这个问题很重要","对于中国共产党人,中国无产阶级、贫下中农和一切革命群众在现在和将来,在本世纪和下世纪坚持马克思主义,反对修正主义,把毛主席的革命路线坚持下去,都有重大的、深刻的意义。应当充分发挥这部'反面教材'的作用"。信中还提出把毛泽东的谈话同他的这封信"印发政治局在京同志,增发出版局、《人民日报》、《红旗》、《光明日报》,以及北京市大批判组谢静宜同志和上海市委写作组",并"组织或转载评论文章"。毛泽东收到姚文元这封信即作批示"同意"。从而在"文革"多事之秋的中国政坛又出台了"评《水浒》"运动。所谓"评《水浒》",就是批宋江搞"修正主义",搞"投降主义",架空晁盖。而江青、姚文元等人则在批病中的周恩来,批"东山再起",批正在大搞整顿的邓小平。几个月后的 1976 年早春,又发动所谓反击右倾翻案风的批邓运动。

毛泽东读文史,引出"老粗出人物"。他认为,自古以来,能干的皇帝大多是老粗出身。汉朝的刘邦是封建帝王里边最厉害的一个。南北朝,宋、齐、梁、陈,五代梁、唐、晋、汉、周,很有几个老粗。文的也有几个好的,如李世民。

"老粗出人物",富于哲理,毛泽东读文史所举事例亦可资说明,但毕竟不能轻视知识和知识分子。知识分子中的确是有没出息的,甚至当了皇帝尽办坏事的。但是,它同"老粗出人物"一样,都只具典型意义,并不是普遍规律。毛泽东晚年的悲剧之一,似乎就是从"老粗出人物"这句富于哲理的读史心得,演绎出"知识分子是比较最没有出息的"。

毛泽东把《资治通鉴》读了七遍,"每读一遍都获益匪浅。一部难得的好书哦"! 1975 年 5 月以后,他同身边人说:"中国的军事家不一定是政治家,但杰出的政治家大多数是军事家。在中国,尤其是改朝换代的时候,不懂得军事,你那个政治怎么个搞法?政治,特别是关键时刻的政治,往往靠军事实力来说话。没有天下打天下,有了天下守天下。有人给《左传》起了个名字,叫'相砍书',可它比《通鉴》里写的战争少多了,没有《通鉴》砍得有意思,《通鉴》是部大'相砍书'。"他特别佩服被他称为大"相砍书"里写的那些"相砍"事写得好。他说:"《通鉴》写战争,真是写得神采飞扬,传神得很,充满了辩证法。例子多得很哪。要帮助统治阶级统治,靠什么?能靠文化?靠作诗写文章去统治?古人说,秀才造反,三年不成。我看古人是说少了,光靠秀才,三十年,三百年也不行哦。"他还若有所思地说:"《通鉴》是一部值得再读的好书。有人说,搞政治,离不开历史知识;还有人说,搞政治离不开权术,离不开阴谋;甚至还有人说,搞政治就是捣鬼。我想送给这些人一句话,不过不是我说的,我是借花献佛。那是鲁迅先生说的'捣鬼有术,也有效,然而有限,所以以此成大事者,古来无有'。"他由《资治通鉴》谈到政治权术一类,并借用鲁迅的话否定政治权术特别是捣鬼术。但是,大凡政治家难免不用权术,而中国的帝王术更是权术之极致。

毛泽东担任党和国家、军队的最高领导职务,晚年他虽然一度名义上退居二线,但实际上直到逝世还是一线。他在日理万机之中读书直到临终前夕,还广泛阅读报纸和《历史研究》、《哲学研究》等学术期刊。有时因为读书迟迟不肯入睡而使身边工作人员不得不实行灯火管制——强行关灯;有时因为读书他的饭菜一热再热,甚至肚子饿了想不起要吃什么东西;有时因为读书入迷而对保健医生的问候健康答非所问;晚年因为眼疾还请专人为他读书等等,他的精神是非常感人的,而在领袖人物中又是少见的。

(《中国图书评论》2011 年第 4 期)

毛泽东读鲁迅著作

徐中远

【徐中远(1944—　)，江苏省涟水县人。1965 年 7
月正式选调到中共中央办公厅工作，主要负责毛泽东
主席的图书服务管理工作。1978 年至 1988 年任毛主
席中南海故居图书资料整理小组组长。2000 年 9 月
起任中共中央办公厅老干部局局长。主要著作《毛泽
东读书纪实》、《毛泽东读鲁迅著作》、《毛泽东读评五部
古典小说》、《毛泽东晚年读过的笑话选编》等。】

终身的爱好

　　在中国现代作家中，毛泽东十分爱读鲁迅的著作。还在延安时期，
1938 年 1 月 12 日，他给当时在延安抗日军政大学任主任教员的艾思奇
写过一封信。他写道："我没有《鲁迅全集》，有几本零的，《朝华夕拾》也在
内，遍寻都不见了。"[①]这说明在写此信之前，毛泽东已经读过一些鲁迅的
著作，但限于当时的客观环境，他还没能系统地读到鲁迅的著作。
　　1938 年 8 月，鲁迅先生纪念委员会编辑的二十卷本的《鲁迅全集》
（内容包括鲁迅的著作、译作和他所整理的部分古籍）出版。这是我国第
一次出版的《鲁迅全集》。书是在上海出版的，通过党的地下组织，从上海

---

① 《毛泽东书信选集》，中央文献出版社，2003 年 11 月版，第 108 页。

辗转到陕北根据地，毛泽东得到了一套。

《鲁迅全集》特印了二百套编号发行的"纪念本"。这套"纪念本"，在每册的版权页上注明为"（非卖品）"。毛泽东得到的是第五十八号，封面是紫色的，书脊是黑色的，每卷的封底、封面的两角都是同书脊黑色一样的布料包角。这套书印装别致，作工精细，色彩协调。

毛泽东收到《鲁迅全集》之后，把书放在自己的办公桌旁。尽管当时战事忙碌，环境简陋，但他总是忙中找闲，在低矮的窑洞里秉烛夜读。后来新华社发表过一张毛泽东在延安枣园窑洞里工作的照片，办公桌上放着三卷《鲁迅全集》，这是毛泽东在延安爱读鲁迅著作的真实的历史记录。

毛泽东阅读鲁迅著作，同读其他著作一样，常常用笔在书上圈圈画画，一边读，一边画，文章读完了，书上也画满了直线、曲线、圈圈、点点、三角、问号等等多种符号和标志；同时还留下一些简明的批语。

毛泽东阅读鲁迅著作十分认真。从他在书上批画的情形来看，凡是原书中文字排印颠倒、错字漏字的地方，他都把它一一改正过来。有的错字是容易识别的，有的就不那么容易。例如，《鲁迅全集》第四卷，《二心集》中的《唐朝的钉梢》这篇文章里的一段文字："那里面有张泌的《浣溪纱》调十首，其九云：晚逐香车入凤城，东风斜揭绣帘轻，慢回娇眼笑盈盈，消息未通何计从，便须佯醉且随行，依稀闻道太狂生。"这首词中的"消息未通何计从"的"从"字，如果仅从词义来看，看不出是一个错字。从词律的音韵平仄看，显然是错了。毛泽东读到这里时，将"从"字改为"是"字，原词，据中华书局出版的《全唐诗》卷八百九十八所载，确实是"是"字，而不是"从"字。1981 年新版《鲁迅全集》已改正。[①] 张泌的词在唐代并不十分引人注目，但毛泽东对他的词在延安时就记得这样准确，这说明毛泽东对唐诗是下了很大的工夫的，也从一个方面说明他读鲁迅著作仔细的程度。

经过较为系统地阅读鲁迅的著作，毛泽东对鲁迅著作的思想性、战斗性、人民性的了解更多了。后来毛泽东在著作、讲话、谈话、报告和一些书信中，多次谈到鲁迅和鲁迅的著作，并对鲁迅在中国革命和文化发展史中的地位作了很高的评价。在《新民主主义论》中，他称赞鲁迅是"文化新军的最伟大和最英勇的旗手"，"鲁迅是在文化战线上代表全民族的大多数，向着敌人冲锋陷阵的最正确、最勇敢、最坚决、最忠实、最热忱的空前的民族英雄。鲁迅的方向，就

---

① 《鲁迅全集》第 4 卷，人民文学出版社 1981 年版，第 330 页。

是中华民族新文化的方向。"①1940 年 1 月,陕甘宁边区文协在延安召开第一次代表大会,毛泽东和其他中共中央领导同志分别为大会题词。毛泽东的题词,一则是:"为建立中华民族的新文化而奋斗。"另一则就是:"鲁迅的方向就是中华民族新文化的方向。"在《在延安文艺座谈会上的讲话》中,他说:"鲁迅的两句诗,'横眉冷对千夫指,俯首甘为孺子牛',应该成为我们的座右铭。"他号召一切共产党员,一切革命家,一切革命的文艺工作者,"都应该学鲁迅的榜样,做无产阶级和人民大众的'牛',鞠躬尽瘁,死而后已。"②

毛泽东对于那套精装别致的《鲁迅全集》十分珍爱。他转移、行军到哪里,就把它带到哪里。在那戎马倥偬的战争年代,毛泽东不少的书籍和用品都丢弃了,可是这套二十卷本的《鲁迅全集》却一直伴随着他。到中南海居住之后,有一天,他在书房里阅读这套《鲁迅全集》,一边翻阅,一边饱含深情地对身边的工作人员说:这套书保存下来不容易啊!当时打仗,说转移就转移,有时在转移路上还要和敌人交火。这些书都是分给战士们背着,他们又要行军,又要打仗。书能保存到今天,我首先要感谢那些曾为我背书的同志们。

1949 年 12 月,毛泽东率中国党政代表团访问苏联。出访前夕,他亲手挑选了几本鲁迅的著作带走。在赴莫斯科的途中,他有时还读鲁迅的著作。

到了莫斯科,有不少外事活动。可是他还利用零星时间阅读鲁迅著作。有一天,外事活动后回到住地,离开饭的时间不到半小时。这时,他就拿出一本鲁迅的著作读了起来。开饭的时间到了,工作人员把饭菜放在桌上,他都顾不上吃。工作人员走到他身边,轻声催他吃饭。他说:"还有一点,看完就吃。"工作人员亲眼看到,他用笔在书上圈圈画画。还自言自语:说得好!说得好!一直把二十来页书看完才吃饭。他一边吃,一边笑着对工作人员说,我就是爱读鲁迅的书,鲁迅的心和我们是息息相通的。我在延安,夜晚读鲁迅的书,常常忘记了睡觉。

1956 年到 1958 年,人民文学出版社相继出版了带注释的十卷本《鲁迅全集》(只收著作,未收译文和占籍),并发行了单行本。毛泽东对这套新版的鲁

---

① 《毛泽东选集》第 2 卷,人民出版社 1991 年 6 月第 2 版,第 698 页。

② 《毛泽东选集》第 3 卷,人民出版社 1991 年 6 月第 2 版,第 877 页。毛泽东在这篇讲话中还解释说:"'千夫'在这里就是说敌人……'孺子'在这里就是说无产阶级和人民大众。"1944 年 1 月 24 日,山东省文协曾给中央总学委打电报,询问《讲话》中解释"千夫"的那句话是否有误,要求"请问明毛主席电示为盼"。2 月 8 日,毛泽东在回电中坚持他原来的解释,并说:"鲁迅虽借用'千夫指'古典的字面,但含义完全变了。"

迅著作也很珍爱,把它放在床上,经常利用夜晚时间和其他零散时间阅读。单行本上的许多篇章,他反复读了多次。看一次,他习惯在书上画一个圈;看两次,就画两个圈。1961年,毛泽东在江西的一段时间,把新版的《鲁迅全集》带在身边。毛泽东逝世后,报刊上发表过一张他站在书柜前看书的照片。他手里拿着的正在翻看的书,就是新版《鲁迅全集》。

毛泽东对鲁迅的每本集子以及许多文章,是什么时候写的,什么时候编的,什么时候出版过,都很注意。他在阅读时差不多在每册封面上都写有批注。例如,《且介亭杂文》一册,他在封面上批有"一九三四年作,一九三五年十二月编";《彷徨》一册的封面上批有"一九二四——一九二五年,一九二六年八月出版",等等。《二心集》中的《对于左翼作家联盟的意见》一文,原书副标题上只写了"三月二日在左翼作家联盟成立大会讲",他在阅读这篇文章的时候,当即在"三月二日"前添加了"一九三〇"。《上海文艺之一瞥》一文,副标题上只写了"八月十二日在社会科学研究会讲",他在"八月十二日"前添加了"一九三一"。

到了70年代初,毛泽东年近八十高龄,精力、体力等都远远地不如以前了,健康状况越来越差。就在这种情况下,他读鲁迅著作的兴趣未减。1972年9月,文物出版社出版了北京鲁迅博物馆编的《鲁迅手稿选集三编》(线装本)。这本书共有29篇鲁迅手稿,都是从尚未刊印的鲁迅手稿中选出来的。毛泽东得到这本书后,一方面读鲁迅的手稿,一方面欣赏鲁迅的墨迹。毛泽东生前很爱欣赏名家字画和那些书写名人诗词、著名警语、格言、楹联等等的名人墨迹。鲁迅的这本子稿,都是在"语丝"稿纸上,用毛笔写的行书体墨迹,字迹清楚,运笔流畅自如,所以毛泽东常常翻看。手稿选集里有的字写得太小,他就用放大镜,一页一页往下看。一边看,一边还不时地用笔在手稿选集上圈圈画画。

毛泽东在1971年生病以后,用放大镜看书越来越困难。工作人员建议把鲁迅著作印成大字本。他说,国家目前还很困难,印大字本又要花钱。后来,有关方面一是为了毛泽东等老同志阅读鲁迅著作的方便,二是可以馈赠外宾,三是便于长久地保存鲁迅著作,于1972年特意将50年代出版的带有注释的十卷本《鲁迅全集》,排印成少量的大字线装本。这套线装本由北京、上海两地排印。因全书印刷的工作量大,不能一下子印出来。印好一卷,出版社就先送给毛泽东一卷。他收到一卷就看一卷。当时出版社并没有按原全集的顺序送,哪卷印好送哪卷。因为是线装本,字又较大,毛泽东看起来很方便。当时,他对这种新印的线装大字本读得很快,常常这卷看完了,下一卷出版社还没送来。就这样先后延续了几个月，全书才印装完毕。他收到全套的线装大字本的《鲁迅全集》时，也差不多又读了一遍。在这套新印的线装大字本的许多册的封面上，他同样画了一些红圈圈。在书中画了许多红道道。在有的封面上，他还亲笔写了"1975.8 再阅"。

《鲁迅全集》第五卷《准风月谈·关于翻译（下）》，是篇谈文艺批评的文章。鲁迅在这篇文章里尖锐地批评了文艺批评界那种因为有点烂疤，就一下把整个苹果都抛掉的作法。鲁迅指出，"首饰要'足赤'，人物要'完人'"的思想是很错误的。鲁迅用吃烂苹果的例子来谆谆告诫人们要正确对待有缺点的人和文艺作品。毛泽东赞同鲁迅的见解。1975 年，他在病中还叫工作人员给他读这篇文章。当工作人员读到有关的内容时，他高兴得连声称赞说：写得好！写得好！

1976 年 9 月，毛泽东逝世前夕，他卧室的床上、床边的桌子上、书架上，还摆放着这套新印的大字本《鲁迅全集》。有的是在某一页折上一个角，有的地方还夹有纸条，有的还是翻开放着的。这套书同其他大字本书一起伴随着毛泽东走完了生命的最后几年路程。

读鲁迅的小说和杂文

鲁迅的小说，是"五四"新文化运动中产生出来的璀璨的明珠。鲁迅在他的小说中，塑造了一大批被压迫、被剥削、被蹂躏、被污辱的穷苦人民的形象，控诉了吃人的封建礼教制度，鞭挞了人民群众中的消极落后的精神状态，是当时中国社会生活的真实写照。

毛泽东对鲁迅的小说非常熟悉。他经常谈论鲁迅小说中的主人公，特别是阿 Q。他曾说过："《阿 Q 正传》是一篇好小说，我劝看过的同志再看一遍，没看过的同志好好地看看。"①他在讲话、谈话、报告和著作中，多次提到《阿 Q 正传》，教育全党正确对待犯错误的干部，要准许别人革命，不要当《阿 Q 正传》中的假洋鬼子，不准阿 Q 革命。他还提倡写文件要像《阿 Q 正传》那样通俗化、口语化。

毛泽东尤爱读鲁迅的杂文。鲁迅在他三十多年的创作过程中，先后写了

---

① 《论十大关系》(1956 年 4 月 25 日)。见《毛泽东文集》第 7 卷，人民出版社 1999 年 12 月版，第 39 页。

六百多篇约 135 万字的杂文,出版了 16 本杂文集。这些杂文,无情地揭露了帝国主义、封建主义、军阀和国民党反动派在中国造成的黑暗和罪恶,反映了我国人民革命的历史潮流,是二三十年代中华民族伟大精神的结晶,是中国文苑中的奇葩。

　　毛泽东读鲁迅的杂文著作,十分用心理解、思索,还时有发挥。在《花边文学·正是时候》一文里有这样一段话:"倘是旧家子弟呢,为了逞雄,好奇,趋时,吃饭,固然也未必不出门,然而只因为一点小成功,或者一点小挫折,都能够使他立刻退缩。这一缩而且缩得不小,简直退回家,更坏的是他的家乃是一所古老破烂的大宅子。"①毛泽东读到这段话时,在"吃饭"后面添加了"夺权"两个字。这样就把"旧家子弟"的本质更深入地揭示出来了。

　　毛泽东也经常运用鲁迅杂文中的思想和言论来阐明自己的观点,表明自己的主张。

　　1937 年 10 月 19 日,延安陕北公学举行鲁迅逝世周年纪念大会,毛泽东在这个大会上发表了《论鲁迅》的讲话。在这个讲话中,他用鲁迅《论"费厄泼赖"应该缓行》一文中的"打落水狗"的思想来教育人们。他说:"鲁迅在一篇文章里,主张打落水狗,他说,若果不打落水狗,它一旦跳起来,就要咬你,最低限度也要溅你一身的污泥。所以他主张打到底。"②他号召广大人民群众学习和发扬鲁迅"打落水狗"的革命精神,说:"现在日本帝国主义这条疯狗,还没有被我们打下水,我们要一直打到他不能翻身,退出中国国境为止。"③

　　1942 年 2 月 8 日,毛泽东在延安干部会上发表了著名的《反对党八股》的重要讲演。在这次讲演中,他多次引用鲁迅杂文里的话。譬如洋八股,这是五四运动以后由一些浅薄的资产阶级和小资产阶级知识分子发展起来的东西,经过他们的传播,长时期地在革命队伍中存在着。鲁迅批判这种洋八股说:"八股无论新旧,都在扫荡之列……例如只会'辱骂''恐吓'甚至于'判决'……这也是一种八股。"毛泽东运用鲁迅的思想和言论,针对当时文风不正的实际情形说:"党八股也就是一种洋八股。这洋八股,鲁迅早就反对过的。"④还说:"空话连篇,言之无物,还可以说是幼稚;装腔作势,借以吓人,则不但幼稚,简

① 《鲁迅全集》第 5 卷,人民文学出版社 1981 年版,第 502 页。
② 《毛泽东文集》第 2 卷,人民出版社 1993 年 12 月版,第 44 页。
③ 《毛泽东文集》第 2 卷,人民出版社 1993 年 12 月版,第 44 页。
④ 《毛泽东选集》第 3 卷,人民出版社 1991 年 6 月第 2 版,第 830 页。

直是无赖了。鲁迅曾批评这种人,他说'辱骂和恐吓决不是战斗。'"①就在这个报告上,毛泽东把他亲自审阅编定的《宣传指南》的小册子分发给每一个与会的人。这本《宣传指南》里收入了鲁迅论创作的一封信,即《答北斗杂志社问》一文。为了便于和推动人们的学习,毛泽东在讲演中专门对《宣传指南》作了解说。鲁迅谈创作有八条,他详细地解说了四条,指出:鲁迅说,文章写好后"至少看两遍",至多呢? 他没有说,我看重要的文章不妨看它十多遍,认真地加以删改,然后发表。②《宣传指南》是延安整风运动 22 个必读文件之一,并被编入《整风文献》。

毛泽东为什么爱读鲁迅的杂文,爱运用鲁迅杂文著作中的思想和言论呢? 我们知道,鲁迅的杂文,具有很强烈的思想性和战斗性,特别是鲁迅后期的杂文,是我国 30 年代"围剿"与反"围剿"的斗争在文化战线上的最真实的历史记录。1939 年 12 月 9 日,毛泽东在延安纪念"一二·九"运动四周年大会上的讲演中,在谈到红军到了陕北,还处在国民党的文化"围剿"的情形时说:"关于这一点,我们只要看一看鲁迅先生的杂感,就可以知道。他的抨击时弊的战斗的杂文,就是反对文化'围剿',反对压迫青年思想的。"③

鲁迅面对帝国主义、封建主义和国民党反动派的统治、压迫和残害,不能直言不讳地阐明和发表自己的见解和主张,他多用冷嘲热讽的杂文形式作战,把钢刀一样的笔刺向他所憎恨的一切。他站在战士的血痕中,坚韧地反抗着、呼啸着前进,并且在斗争中掌握了马克思主义。毛泽东在 1937 年时曾说:"鲁迅是一个彻底的现实主义者,他丝毫不妥协,他具备坚决的心";"他在黑暗与暴力的进袭中,是一株独立支持的大树";"他的思想、行动、著作,都是马克思主义的。"④后来毛泽东还说过:"鲁迅是真正的马克思主义者,是彻底的唯物论者。"⑤他称赞"鲁迅的骨头是最硬的,他没有丝毫的奴颜和媚骨"。⑥ 他认

---

① 《毛泽东选集》第 3 卷,人民出版社 1991 年 6 月第 2 版,第 834~835 页。

② 《毛泽东选集》第 3 卷,人民出版社 1991 年 6 月第 2 版,第 844 页。

③ 《毛泽东文集》第 2 卷,人民出版社 1993 年 12 月版,第 252 页。

④ 《论鲁迅》(1937 年 10 月 19 日)。见《毛泽东文集》第 2 卷,人民出版社 1993 年 12 月版,第 43~44 页。

⑤ 《同新闻出版界代表的谈话》(1957 年 3 月 10 日)。见《毛泽东文集》第 7 卷,人民出版社 1999 年 6 月版,第 263 页。

⑥ 《新民主主义论》1940 年 1 月。见《毛泽东选集》第 2 卷,人民出版社 1991 年 6 月第 2 版,第 698 页。

为："鲁迅后期的杂文最深刻有力，并没有片面性，就是因为这时候他学会了辩证法。"①

阅读和书写鲁迅的诗

　　毛泽东也爱读鲁迅的诗。鲁迅的诗和他的文一样，是鼓舞人们前进的号角。它在中国诗歌史上是独树一帜的。1938 年出版的《鲁迅全集》第七卷中收进的鲁迅的新诗、旧体诗，毛泽东都曾用心地读过。1959 年 1 月，人民文学出版社出版的鲁迅著作单行本《集外集》、《集外集拾遗》中的诗作，不少诗的题目旁都画了圈。1959 年 3 月，文物出版社刻印了一册线装本的《鲁迅诗集》，全集共收诗四十七题五十四首。这本诗集，毛泽东从头至尾读过，有的诗篇他读过多遍，不少的诗他能背下来。诗集中有一首叫《湘灵歌》的诗，是 1931 年 3 月 5 日，鲁迅写赠给日本友人松元三郎的。"湘灵"是古代楚人神话里的湘水女神。据史书记载："湘灵，舜帝的妃子，在湘水里溺死，成为湘夫人。"鲁迅借用这个神话中的传说人物表达了自己对国民党反动派血腥屠杀共产党人和革命群众的强烈憎恨，以及对死难者的哀思。毛泽东在读完这首诗的末句"太平成象盈秋门"后，在旁边批注："从李长吉来"。李长吉就是唐代诗人李贺。李贺《自昌谷到洛后门》中有"九月大野白，苍岑竦秋门"。

　　毛泽东还很爱书写鲁迅的诗。他生前有一段时间，每次练习书法，差不多都要书写鲁迅的诗句。他为什么这样爱好书写鲁迅的诗句呢？一次他在书写鲁迅诗句时曾这样说过：书写鲁迅的诗句，既可以进一步理解诗的内容，又可以进一步了解鲁迅。平时有友人请他题字、题词时，他也常书录鲁迅的诗句赠之。鲁迅的两句诗"横眉冷对千夫指，俯首甘为孺子牛"，他最爱书写。1945 年 10 月在延安时，他就书写过鲁迅的这一诗句。1958 年，在武昌召开党的八届六中全会期间，著名粤剧演员红线女随团应邀为全会演出。演出结束后，在毛泽东等领导同志登台接见的时候，红线女请求毛泽东给她写几个字，毛泽东高兴地答应了。当晚，他书写了："横眉冷对千夫指，俯首甘为孺子牛。"第二天，叫工作人员将此题词转交给了红线女。毛泽东在书写的鲁迅诗句前面写了一段类似小引的文字："1958 年，在武昌，红线女同志对我说，写几个字给我，我希望。我说：好吧。因写如右。"最后落款："毛泽东，1958 年 12 月 1

　　① 《在中国共产党全国宣传工作会议上的讲话》（1957 年 3 月 12 日）。见《毛泽东文集》第 7 卷，人民出版社 1999 年 6 月版，第 277 页。

日"。

外国朋友来访时,毛泽东也常书写鲁迅诗句相赠。1961 年 10 月 7 日,毛泽东在中南海会见日本以黑田寿男为团长的日中友好协会祝贺国庆节代表团十名成员、以三岛一为团长的民间教育代表团十名成员等共 24 名日本朋友时,非常高兴地将鲁迅 1934 年 5 月 30 日的著名诗作"万家墨面没蒿莱,敢有歌吟动地哀。心事浩茫连广宇,于无声处听惊雷",书赠给日本朋友。他对日本的朋友们说:"这一首诗是鲁迅在中国黎明前最黑暗的年代里写的。"他怕日本朋友看不懂鲁迅的这首诗。还特意让郭沫若帮助翻译一下。郭沫若在《翻译鲁迅的诗》中说道:"鲁迅这首诗,是在去世前不久,写赠给一位日本的社会评论家新居格的。新居格访问中国,在上海拜访了鲁迅,鲁迅写了这首诗赠他。赠诗的用意是这样:当时的中国在三座大山的压迫之下,民不聊生,在苦难中正在酝酿着解放运动;希望来访的客人不要以为'无声的中国'真正没有声音。"[①]毛泽东那奔放流畅、刚劲潇洒的书作,既充分表达了对日本朋友的笃厚情谊,也真挚地表达了对诗作者鲁迅的敬仰和思念。后来,日中文化交流协会事务局局长白土吾夫说过:"四十年前,鲁迅写那首诗给日本友人,十五年前毛主席书赠鲁迅的诗给日本朋友们,这些,在今天都有伟大的现实意义,也有深远的历史意义。""我们日本人民团结起来,走同中国友好的道路,继续前进。尽管在斗争的道路上有曲折,但我确信,一定会取得最后胜利。"[②]鲁迅、毛泽东都已离开了我们,然而他们诗书合璧的佳作却成了中日两国人民友好史上的丰碑。

(《毛泽东的读书生活》,生活·读书·新知三联书店 2009 年版)

---

① 见 1961 年 11 月 10 日《人民日报》。
② 见 1976 年 10 月 20 日《人民日报》。

古籍新解，古为今用

——记毛泽东读中国文史书

逢先知

【逢先知(1929——　)，山东胶县人。历任中共中央毛泽东著作编辑出版委员会办公室毛泽东著作研究组副组长，中共中央文献研究室室务委员、编审，全国党史研究会第二、三届副会长，中国三 S 研究会理事。1982 年任中共中央文献研究室副主任。1991 年起任中共中央文献研究室主任。是中共十三至十五大代表；第八、九届全国人大常委、内务司法委员会委员。

曾参加编辑《毛泽东选集》、《邓小平文选》等，著有《毛泽东和他的秘书田家英》，合著有《毛泽东的读书生活》。】

一

中国古书，从经史子集到稗官小说，毛泽东几乎无所不读。这也是从幼年时代养成的习惯。即使在井冈山时期，有机会他还要读点古书。他自己讲过一个故事。他说：从前我在井冈山时，想到土豪家里去看看有没有《三国演义》之类的书。有一位农民说："没有了！没有了！昨天共了产。"①毛泽东讲这个故事是为了说明当时有些农民误认为打土豪便是共

---

① 毛泽东对抗大三期二大队的讲话(1938 年 5 月 3 日)。

产主义,但从中也反映出毛泽东对读古书的兴味,在戎马倥偬的战争环境里也丝毫不减。

在延安时期,读书的条件好一些。他托人买了两套中国历史通俗演义(蔡东藩著)①,除自己阅读,还向别人推荐。从他1944年7月28日给谢觉哉的信里可以知道,他当时还有《容斋随笔》和其他笔记小说。范文澜那时送给他的一套《笔记小说大观》,后来带到了北京,现还存放在毛泽东故居。

进北京以后,根据毛泽东对中国古籍的广泛需要,特地买了一部《四部备要》,并陆续添置了其他一些古书。我记得在1952年,给他添置了一部大字本的《二十四史》,这就是一些人熟知的毛泽东经常阅读并作了大量圈、画和批注的那部《二十四史》。《四部备要》对中国的主要古籍收辑得比较齐全,据我了解,不说全部,恐怕绝大部分,毛泽东都读过了。除此之外,毛泽东还阅读或者浏览了大量中国古典文学(包括诗、词、曲、赋、小说等)和各类杂书。所说杂书,也都是有知识性和趣味性的书籍,如《智囊》、《笑林广记》之类。毛泽东对中国史书读得最多,四千万字左右的《二十四史》他是通读了的,有些部分不只读过一遍。他认为有意义的人物传记,还经常送刘少奇、周恩来、邓小平、彭真、彭德怀等中央领导人阅读。《资治通鉴》、《续资治通鉴》、《纲鉴易知录》、各朝纪事本末等,他也通读了。关于毛泽东读史的情况,在我的登记本里有这样一段记载:1962年9月20日,毛泽东要《宋史》,我们送去《宋史》和《宋史纪事本末》。11月23日,要其他各朝纪事本末。24日,又要《续通鉴纪事本末》。他说:看完《元史》,再看《通鉴纪事本末》,而后读《续通鉴纪事本末》。毛泽东有计划地阅读史书,由此可见一斑。

毛泽东嗜爱中国古书,但并不特别要求读古版本的书(这里说的古版本,不是指影印的古版本;影印的古版本他还是很喜欢的,如影印宋《楚辞》等)。在他的藏书中,既无宋版书,也极少明版书。他不是古董鉴赏家和收藏家,也不作烦琐的考证,而对于古书内容的研究和理解所达到的深度和广度,在许多方面实为一般学问家所不及。

毛泽东从阅读大量的古籍中,批判地汲取和继承了中国古代的优秀文化。对于中国古代文化,像他那样熟悉的,不仅在中国共产党领导人中,就是在近代的革命家中,都是不多见的。

---

① 毛泽东1937年1月31日致电李克农:"请购整个中国历史演义两部(包括各朝史的演义)。"

批判地汲取和继承中国古代的优秀文化，首先要对中国文化遗产有一个科学的态度。关于这个问题，毛泽东在 1960 年 12 月对两个外国代表团的谈话中曾作过很好的说明。他说：

对中国的文化遗产应该充分地利用，批判地利用。中国几千年的文化，主要是封建时代的文化，但并不全是封建主义的东西，有人民的东西，有反封建的东西。要把封建主义的东西与非封建主义的东西区别开来。封建主义的东西也不全是坏的。我们要注意区别封建主义发生、发展和灭亡不同时期的东西。当封建主义还在发生和发展的时候，它有很多东西还是不错的。[①] 反封建主义的文化也不是全部可以无批判地利用的，因为封建时代的民间作品，也多少都还带有若干封建统治阶级的影响。

我们应当善于进行分析，应当批判地利用封建主义的文化，我们不能不批判地加以利用。反封建主义的文化当然要比封建主义的好，但也要有批判、有区别地加以利用。我所了解的是这样，我们现在的方针是这样。至于充分利用它们，我们现在还没有做到。中国古典著作多得很，现在是分门别类地在整理，用现代科学观点逐步整理出来，重新出版。[②]

这就是毛泽东对待中国古代文化遗产所取的根本态度，也可以看作是他阅读卷帙浩瀚的中国古籍所得出来的基本经验。

根据我长期接触毛泽东读古书的情况，根据大量的文献资料的记载，我认为毛泽东读古书有两个显著特点：一是用历史唯物主义的观点阅读和解释中国古书的内容，我在这里把它称作"古籍新解"；一是汲取古书中的精华，有的还赋予新的含义，为现实斗争服务，这就是我们常说的"古为今用"。

二

毛泽东读古书，有一个基本观点，是贯穿始终的，这就是历史唯物主义的观点。在中国很多古书里，历代农民起义运动及其领袖人物，大都被当作

[①] 对于孔孟之道，毛泽东也不是全盘否定的。1943 年，他曾针对那种认为孔孟之道是中国文化的不良传统的观点，指出："孔孟有一部分真理，全部否定是非历史的看法。"直到 1958 年 11 月，毛泽东在武昌会议上还说：我们共产党人看孔夫子，他当然是有地位的，因为我们是历史主义者。但说是什么圣人，我们也是不承认的。

[②] 《应当充分地批判地利用文化遗产》（1960 年 12 月 24 日）。见《毛泽东文集》第 8 卷，人民出版社 1999 年 6 月版，第 225 页。

"贼""匪""盗""寇",任加贬斥。但毛泽东则给他们以很高的历史地位。毛泽东读中国史书,比较喜欢看人物传记,包括农民起义领袖的传记。陈涉、吴广、张角、张鲁、王仙芝、黄巢直到李自成等的传记,他是常要看的。他认为,在中国封建社会里,只有农民的阶级斗争、农民的起义和农民的战争,才是历史发展的真正动力。① 他在1958年12月武昌会议期间读了《三国志》的《张鲁传》,先后写了两大段文字,重申并发展了上述重要观点。他说:"历代都有大小规模不同的众多的农民革命斗争,其性质当然与现在马克思主义革命运动根本不相同。但有相同一点,就是极端贫苦农民广大阶层梦想平等、自由、摆脱贫困,丰衣足食。"② 又说:"我国从汉末到今一千多年,情况如天地悬隔。但是从某几点看起来,例如,贫农、下中农的一穷二白,还有某些相似。汉末北方的黄巾运动,规模极大,称为太平道。在南方,有于吉领导的群众运动,也是道教。在西方(以汉中为中心的陕南川北区域),有五斗米道。史称,五斗米道与太平道大都相似,是一条路线的运动。又称,张鲁等行五斗米道,'民夷便乐',可见大受群众欢迎。""中同从秦末陈涉大泽乡(徐州附近)群众暴动起,到清末义和拳运动止,二千年中,大规模的农民革命运动,几乎没有停止过。同全世界一样,中国的历史,就是一部阶级斗争史。"③

毛泽东对于中国古书中一切多少带有民主性和革命性的东西,都是很有兴致阅读并加以肯定的。例如,他在读完白居易《琵琶行》之后,带着感情写下这样的评语,说道:"江州司马,青衫泪湿,同在天涯。作者与琵琶演奏者有平等心情。白诗高处在此,不在他处。其然岂其然乎?"④ 他对《聊斋志异》中的《小谢》一篇也写过内容相似的评语,说道:"一篇好文章,反映了个性解放的强烈要求,人与人的关系应是民主的和平等的。"⑤

毛泽东对中国著名的古典小说,用历史唯物主义的观点,提出不少新鲜见解。例如,他说,《东周列国志》写了很多国内斗争和国外斗争的故事,讲了很多颠覆敌对国家⑥的故事,这是当时社会的剧烈变化在上层建筑方面的反映。这本书写了当时上层建筑方面的复杂尖锐的斗争,缺点是没有写当时的经济

---

① 《毛泽东选集》第2卷,人民出版社1991年6月第2版,第625页。
② 《毛泽东读文史古籍批语集》,中央文献出版社1993年11月版,第144~145页。
③ 《毛泽东读文史古籍批语集》,中央文献出版社1993年11月版,第148~151页。
④ 《毛泽东读文史古籍批语集》,中央文献出版社1993年11月版,第21页。
⑤ 《毛泽东读文史古籍批语集》,中央文献出版社1993年11月版,第82~83页。
⑥ 这里所说的国家,是指春秋战国时代的诸侯国。

基础，当时的社会经济的剧烈变化。① 他认为在揭露封建社会经济生活的矛盾，揭露统治者和被压迫者的矛盾方面，《金瓶梅》是写得很细致的。毛泽东把《红楼梦》看作是一部描写封建大家族衰亡和封建社会阶级斗争的小说，给予高度评价，也充分肯定了小说描写的主要人物贾宝玉对封建制度的叛逆性格。同时又指出，书中的两位主角贾宝玉和林黛玉，对现代青年来说是不足为训的。贾宝玉不能料理自己的生活，连吃饭穿衣都要丫头服侍。林黛玉多愁善感，常好哭脸，她瘦弱多病，只好住在潇湘馆，吐血，闹肺病。我们不需要这样的青年！我们今天需要的青年是有活力，有热情，有干劲和坚强意志的革命青年。② 毛泽东对《西游记》及其作者颇为称赞。他对《西游记》第二十八回一段文字写的一个批语说："'千日行善，善犹不足；一日行恶，恶常有余。'乡愿思想也。孙悟空的思想与此相反，他是不信这些的，即是说作者吴承恩不信这些。他的行善，即是除恶。他的除恶，即是行善。所谓'此言果然不差'，便是这样认识的。"③ 这个批语，在某种程度上，也反映了毛泽东在善恶问题上的辩证观点。

毛泽东对于凡在历史上起过进步作用，具有革新思想和革命精神的人物，都给以程度不同的肯定评价。他很推崇和赞赏战国时代的伟大爱国诗人屈原，唐朝中期实行政治改革的二王（王伾、王叔文）八司马（柳宗元、刘禹锡、韩泰等八名士），明朝那位大胆揭露假道学的思想家李卓吾，清朝地主阶级的改革派魏源、龚定庵、林则徐，维新派康有为、梁启超、谭嗣同，资产阶级革命家章太炎、邹容、陈天华等，很爱读他们的著作和传记。康有为的《新学伪经考》和《孔子改制考》，章太炎的《驳康有为书》，邹容的《革命军》以及记载他们政治活动的历史资料，他是经常要看的。康有为的这两本书，在学术考辨方面没有什么特别的重要性，但在思想上对封建传统思想加以涤荡，对守旧的顽固派给以打击。因而，在当时的知识分子中起到解放思想的启蒙作用，为维新变法作了舆论准备。章太炎的《驳康有为书》、邹容的《革命军》和有关《苏报》案的材料，根据我的记载，毛泽东就要过四次：1958 年 2 月，1961 年 7 月，1963 年 3 月、7 月。毛泽东对章太炎和邹容的英勇的革命精神和笔锋犀利的文字，深为赞佩。

---

① 毛泽东读苏联《政治经济学教科书》的谈话（1959 年 12 月至 1960 年 2 月）。见《党的文献》1994 年第 5 期。

② 周世钊：《毛主席青少年时期锻炼身体的故事》。这段话是 1951 年秋，毛泽东与周世钊等人谈话时说的。

③ 《毛泽东读文史古籍批语集》，中央文献出版社 1993 年 11 月版，第 74～75 页。

为表示对这两位革命家的怀念,毛泽东在《革命军》一书扉页的邹容肖像旁边,挥笔书写了章太炎狱中赠邹容的那首诗:"邹容吾小友(弟),被发下瀛洲。快剪刀除辫,干牛肉作糇。英雄一入狱,天地亦悲秋。临命当(须)掺手,乾坤只两头。"在 1958 年的成都会议上,毛泽东又提到章太炎和邹容。他说:四川有个邹容,他写了一本书,叫《革命军》,我临从北京来,还找这本书望了一下。他算是提出了一个民主革命的简单纲领。他只有 17 岁到日本,写书的时候大概是十八九岁。20 岁时跟章太炎在上海一起坐班房,因病而死。章太炎所以坐班房,就是因为他写了一篇文章,叫《驳康有为书》。这篇文章值得一看,其中有两句:"载湉小丑,不辨菽麦",直接骂了皇帝。这个时候章太炎年纪还不大,大概三十几岁。

毛泽东说:"读历史的人不一定是守旧的人。"[①]毛泽东喜欢阅读历史上那些起过进步作用的、对旧势力旧制度具有反叛性格的革新者、改革家和革命家的著作以及他们的传记,这从一个侧面反映出毛泽东不断前进,不断创新,不断探索新道路、开拓新世界的精神面貌。

毛泽东一贯鼓励人们用历史唯物主义的观点清理中国古代文化。在这方面,凡有成绩者,皆鼓励之;凡有不足者,加以劝说;凡违反者,给以批评;而对于世界观已经固定的老先生们则不强求之。1940 年,范文澜在延安新哲学会上作了一个关于中国经学简史的讲演,毛泽东读了讲演提纲,十分高兴,称赞说:"用马克思主义清算经学这是头一次。"[②]1944 年毛泽东读了李健侯所著《永昌演义》的书稿后,致信李鼎铭,一方面称赞作者"经营此书,费了大力";又一方面指出该书"赞美李自成个人品德,而贬抑其整个运动"的缺点。同时指出,中国自秦以来二千余年推动社会向前进步的力量主要的是农民战争,并以商量的口吻表示,企望作者能持这个新的历史观点对书稿加以改造。[③] 1965 年毛泽东读了章士钊的《柳文指要》下部以后,写信给章士钊说,此书已经读过一遍,还想读一遍。"大问题是唯物史观问题,即主要是阶级斗争问题。但此事不能求之于世界观已经固定之老先生们,故不必改动"[④]。

① 毛泽东在最高国务会议上的讲话(1958 年 1 月 28 日)。
② 《毛泽东书信选集》,中央文献出版社 2003 年 11 月版,第 149 页。
③ 《毛泽东文集》第 3 卷,人民出版社 1996 年 8 月版,第 128 页。
④ 《毛泽东文集》第 8 卷,人民出版社 1999 年 6 月版,第 417 页。

三

毛泽东阅读中国古书是同现实生活相联系，为现实斗争服务的。他同那些信而好古，钻到故纸堆里出不来的人，大相径庭；同那些言必称希腊，对于自己国家的历史一点也不懂或者懂得甚少的人，也完全不同。

1954 年冬，有一天，毛泽东与吴晗谈起整理、标点《资治通鉴》时说：《资治通鉴》这部书写得好，尽管立场观点是封建统治阶级的，但叙事有法，历代兴衰治乱本末毕具，我们可以批判地读这部书，借以熟悉历史事件，从中吸取经验教训。① 从毛泽东这些话里可以看出，他读古书，特别是读古代史书，其着眼点是为了今天，这就是古为今用。

我们看到在《毛泽东选集》中引用了很多古籍，在毛泽东的许多讲话和谈话中，引用的古籍就更多了。毛泽东能够随时自如地引用古书中的文章、诗句和典故，或者说明一个政治思想原则问题，或者阐述一个深刻的哲学道理，或者论证一个军事策略思想，或者借鉴一个历史经验，给人以新颖而形象的感受，具有很强的感染力和说服力。

"实事求是"，"惩前毖后，治病救人"，"知无不言，言无不尽；言者无罪，闻者足戒"，"兼听则明，偏听则暗"，"凡事预则立、不预则废"，"祸兮福所倚，福兮祸所伏"，"任人唯贤"，"百家争鸣"，"多谋善断"等等，这些言简意赅的古语，被毛泽东发掘出来，为群众所掌握，有的成为我们党所遵循的思想路线，有些成为党内组织生活的原则和处理人与人之间关系的规范，有些则是党的某一方面的工作方针或者具有普遍意义的工作方法。

1939 年 9 月 16 日，毛泽东在答三记者问时，用东汉朱浮写给彭宠的一封信中的两句话："凡举事无为亲厚者所痛，而为见仇者所快"，批评蒋介石对共产党搞什么限制"异党"、"异军"等有利于日本帝国主义和汉奸而不利于抗战的反动行径，一针见血，切中要害。

1942 年 12 月，毛泽东在《经济问题与财政问题》一书中，批评我们有些部队、机关、学校负行政指挥责任的同志不大去管生产活动，是因为他们"中了董仲舒们所谓'正其谊不谋其利，明其道不计其功'这些唯心的骗人的腐话之毒，

---

① 谭其骧：《学者、才子、为社会主义事业奋斗终身的好干部》。见《吴晗纪念文集》，北京出版社 1984 年 9 月版第 34 页。

还没有去掉得干净"。①

在 1945 年七大闭幕词里,毛泽东用"愚公移山"这个古老的寓言,比喻和激励中国人民把反帝反封建的民主革命进行到最后胜利的决心,起了极大的动员和鼓舞作用。今天我们党仍然用这个寓言来激励全国人民为实现"四化"和进行全面改革而奋斗。

1949 年 2 月 15 日在《四分五裂的反动派为什么还要空喊"全面和平"?》一文中,毛泽东借用元朝人萨都剌《登石头城》一词中"天低昊楚,眼空无物",说明国民党四分五裂,众叛亲离,日暮途穷的状况。在同年 8 月 18 日写的《别了,司徒雷登》一文中,又用李密《陈情表》的两句话"茕茕孑立,形影相吊",刻画美国驻华大使司徒雷登在中国人民革命高潮中彻底孤立的形象。

1956 年 12 月,在我国社会主义改造基本完成的时候,毛泽东在同民建和工商联负责人谈话时,借用韩愈的《送穷文》,表达了中国人民要求摆脱贫穷落后的意志和愿望。他说,我们也要写"送穷文",中国要几十年才能把穷鬼送走。②

1959 年 6 月,正当由于"大跃进"而造成国民经济比例严重失调的时候,毛泽东在一次个人谈话中说,我们过去八年的经济建设都是平衡的,就是去年下半年刮了七八个月的"共产风",没有注意综合平衡,因此产生经济失调的现象。他接着引用唐朝医学家孙思邈的话:"胆欲大而心欲小,智欲圆而行欲方";又引用曹操批评袁绍的话:"志大而智小,色厉而胆薄,忌克而少威,兵多而分画不明,将骄而政令不一,土地虽广,粮食虽丰,适足以为吾奉也。"毛泽东当时引用这些话是要说明,我们做经济工作应该有清醒的头脑,胆大心细,多思慎行,统筹全局,责任分明,不然,就会造成损失。

毛泽东多次讲过卞和献璞的故事。这个故事说:楚国有个卞和,得到一块很好的玉石,献给楚王,楚王说他骗人,把他的左脚砍掉了。第二次又献上去,还说他骗人,把他的右脚砍掉了。卞和坚信真理,坚信自己献的是好玉石,第三次再献上去,被确实证明了是块好玉,才取得了信任。毛泽东讲这个故事说明,要使人们相信真理,抛弃偏见,不是一件简单的事,为此甚至还要作出某种牺牲。

毛泽东引用宋玉的《风赋》告诉我们,做一个领导者要善于辨别政治风向,在风"起于青萍之末"的时候就要引起注意,当然这是很不容易做到的。

---

① 《毛泽东文集》第 2 卷,人民出版社 1993 年 12 月版,第 465 页。
② 《毛泽东文集》第 7 卷,人民出版社 1999 年 6 月版,第 171～172 页。

毛泽东以南北朝梁将韦睿的事迹教育我们的干部。《南史》的《韦睿传》中有这样一段记载："睿雅有旷世之度，莅人以爱惠为本，所居必有政绩。将兵仁爱，士卒营幕未立，终不肯舍，井灶未成，亦不先食。"大意是说，韦睿这个人，豁达大度，古来所无，其在职位，必有政绩，对部下十分爱护，与将士同甘共苦，自身非常艰苦朴素。在这段记载的旁边，毛泽东写了一句批语："我党干部应学韦睿作风。"此类批语在《韦睿传》中还有不少，如"躬自调查研究"，"将在前线"，"不贪财"，"干部需和"，"仁者必有勇"。① 这些称赞韦睿的话，不也就是我们的干部应当学习的吗？

毛泽东还以东吴大将吕蒙发愤读书的故事，教育我们军队的高级干部应当努力读书学习，提高自己的理论和文化水平。他说：吕蒙是行伍出身的，没有文化，很感不便。后来孙权劝他念书，他接受劝告，勤读苦读，以后当了东吴的统帅。我们现在的高级军官中，百分之八九十都是行伍出身，参加革命后才学文化的，他们不可不读《周瑜鲁肃吕蒙合传》。②

毛泽东读《二十四史》和其他古籍，写了不少关于战略战术的批语。《智囊》中有一段讲唐太宗用兵之道的，略谓："唐太宗尝言自少经略四方，颇知用兵之要。每观敌阵，则知其强弱，常以吾弱当其强，强当其弱。彼乘吾弱，奔逐不过数百步；吾乘其弱，必出其阵后反而击之，无不溃败。盖用孙子之术也。"对此，毛泽东写了一个批语，并对唐太宗、朱元璋的军事才能有所评价。他说："所谓以弱当强，就是以少数兵力佯攻敌诸路大军。所谓以强当弱，就是集中绝对优势兵力，以五、六倍于敌一路之兵力，四而包围，聚而歼之。自古能军无出李世民之右者，其次则朱元璋耳。"③毛泽东有关这方面的批语，还有如："先退后进"；"中间突破"；"有强大的战斗后备队"；"攻魏救赵，因败魏军，千古高手"；"胡柳陂正面突破不成，乃从东向南打大迂回，乘虚而入，卒以成功"；"契丹善用诱敌深入战，让敌人多占地方，然后待机灭敌"，等等。

在阅读战争方面的历史时，毛泽东特别强调不杀俘虏。据《新五代史》记载：梁将王彦章被唐庄宗俘获，庄宗劝其投降，王不从。遂被杀。此处毛泽东

---

① 《毛泽东读文史古籍批语集》，中央文献出版社1993年11月版，第199～204页。

② 余湛邦：《张治中将军随同毛主席巡视大江南北的日子》。见1983年12月17日《团结报》。

③ 《毛泽东读文史古籍批语集》，中央文献出版社1993年11月版，第65～66页。

批道:"杀降不可,杀俘尤不可。"①在读《三国志》时还有类似的批语:"杀降不武。"②"杀降不祥,孟德所不为也。"③

毛泽东用中国历史上的战争事例说明中国革命战争的战略战术问题,在《毛泽东选集》中屡见不鲜,此处不再赘述。毛泽东还以梁鸿不因人热的故事④教诲自己的子女和身边工作人员,鼓励他们要有志气,要靠自己艰苦创业,不要仰仗他人。

以上谈到的,仅仅是毛泽东古为今用的一些例子,这样的例子举不胜举。没有马克思主义观点,没有渊博的学识和丰富的革命实践经验,要做到这样自如地运用典故、成语,是难以想象的。当然,无可讳言,毛泽东晚年,在"左"的思想指导下,引用典故或者古诗、古语,也有失之偏颇的,为推行某些"左"的政策提供历史论据,伤害过自己的同志,这是应当引以为戒的。

毛泽东不仅喜欢读中国历史书,也喜欢读外国的历史书和著名政治家传记。他对外国历史也是比较熟悉的,这里不来详说。

四

在诗词方面,自《诗经》以下,我国历代的诗词曲赋,毛泽东差不多都广泛地阅读过。其中比较喜欢的是《楚辞》、唐诗、宋词和元曲。1957 年 12 月,毛泽东曾要我们把各种版本的《楚辞》以及有关《楚辞》和屈原的著作尽量收集给他。我专门请何其芳列了一个目录,经过两个多月的努力,把古今有价值的各种《楚辞》版本和有关著作收集了五十余种。在那一段时间里,毛泽东比较集中地阅读了这些书。以后,他又在 1959 年、1961 年两次要《楚辞》,1961 年 6 月 16 日还特别指名要人民文学出版社影印的宋版《楚辞集注》。在楚辞中,毛泽东尤爱屈原的《离骚》。1958 年 1 月 12 日,他在一封信里写道:"我今晚又读了一遍《离骚》,有所领会,心中喜悦。"《离骚》是一篇杰出的浪漫主义作品,反映了作者强烈的爱国主义热情,对于光明和理想的追求,以及不屈不挠的斗

---

① 《毛泽东读文史古籍批语集》,中央文献出版社 1993 年 11 月版,第 270 页。
② 《毛泽东读文史古籍批语集》,中央文献出版社 1993 年 11 月版,第 163 页。
③ 《毛泽东读文史古籍批语集》,中央文献出版社 1993 年 11 月版,第 141 页。
④ 不因人热的故事,见《东观汉记·梁鸿》。梁鸿,东汉人,少孤家贫。一次他的邻居做完饭,要梁鸿趁着热灶热锅接着做饭,梁鸿说:"童子鸿不因人热着也。"他又自己点起火来做饭。

争精神。正是这些，吸引着毛泽东，从青年时代直到晚年。

毛泽东爱读唐诗。我们为他收集了各种唐诗选本，仅《唐诗三百首》就准备了好几本。后来又买了一部《全唐诗》。在唐诗中，毛泽东最喜欢"三李"即李白、李贺、李商隐的诗，主要喜欢他们的浪漫主义的风格。特别是李白，这位继屈原之后我国最伟大的浪漫主义诗人，他的诗作气派宏大，感情充沛，具有神奇的想象力和高超的艺术魅力。除"三李"以外，毛泽东也比较喜欢初唐四杰的诗，对这四位诗人，特别是王勃，有较高的评价。他在读《初唐四杰集》一书时写的一段批语中说道："这个人(指王勃——引者)高才博学，为文光昌流丽，反映当时封建盛时的社会动态，很可以读。这个人一生倒霉，到处受惩，在虢州几乎死掉一条命。所以他的为文，光昌流丽之外，还有牢愁满腹一方。杜甫说：'王、杨、卢、骆当时体，不废江河万古流'，是说得对的。为文尚骈，但是唐初王勃等人独创的新骈、活骈，同六朝的旧骈、死骈，相差十万八千里。他是7世纪的人物，千余年来，多数文人都是拥护初唐四杰的，反对的只有少数。以一个28岁的人，写了16卷诗文作品，与王弼的哲学(主观唯心主义)，贾谊的历史学和政治学，可以媲美。都是少年英发。贾谊死时三十几，王弼死时24，还有李贺死时27，夏完淳死时17，都是英俊天才，惜乎死得太早了。"①

在宋词作家中，毛泽东崇尚苏东坡和辛弃疾。苏东坡在艺术风格上开创了词坛上的一个重要流派——豪放派。苏词气势磅礴，豪迈奔放，一扫晚唐五代词家柔靡纤弱的气息。辛弃疾继承了苏东坡豪放的风格，又熔铸了南宋初期爱国诗人的战斗传统。《四库全书总目提要》说辛词"慷慨纵横，有不可一世之概"，是很确当的。辛词在许多方面超过了苏东坡。《稼轩长短句》是毛泽东经常放在身边的一部书。毛泽东还指名要过南宋的一些爱国词人(包括诗人)如陆游、张孝祥(其词集名《于湖词》)、张元斡(其词集名《归来集》)、洪皓(其诗词集名《鄱阳集》)等人的作品。他们的诗词的共同特点是，爱国主义的内容和豪放的艺术风格。

中国的古词，历来分婉约、豪放两派。毛泽东更喜欢哪一派的词作？对两派的词作有何评论？从毛泽东1957年书写的范仲淹两首词及读后评论，可以得到明确答案。

范仲淹的两首词：

---

① 《毛泽东读文史古籍批语集》，中央文献出版社1993年11月版，第9～11页。

苏幕遮

碧云天，黄叶地，秋色连波，波上寒烟翠。

山映斜阳天接水，芳草无情，更在斜阳外。

黯乡魂，追旅思，夜夜除非，好梦留人睡。

明月楼高休独倚。酒入愁肠，化作相思泪。

渔家傲

塞下秋来风景异，衡阳雁去无留意。

四面边声连角起。千嶂里，长烟落日孤城闭。

浊酒一杯家万里，燕然未勒归无计。

羌管悠悠霜满地。人不寐，将军白发征夫泪。

毛泽东写的评论全文：

　　词有婉约、豪放两派，各有兴会，应当兼读。读婉约派久了，厌倦了，要改读豪放派。豪放派读久了，又厌倦了，应当改读婉约派。我的兴趣偏于豪放，不废婉约。婉约派中有许多意境苍凉而又优美的词。范仲淹的上两首，介于婉约与豪放两派之间，可算中间派吧，但基本上仍属婉约，既苍凉又优美，使人不厌读。婉约派中的一味儿女情长，豪放派中的一味铜琶铁板，读久了，都令人厌倦的。人的心情是复杂的，有所偏但仍是复杂的。所谓复杂，就是对立统一。人的心情，经常有对立的成分，不是单一的，是可以分析的。词的婉约豪放两派，在一个人读起来，有时喜欢前者，有时喜欢后者，就是一例。睡不着，哼范词，写了这些。江青看后，给李讷看一看。

一九五七年八月一日①

　　这篇文字是非常珍贵的，从中不仅可以了解毛泽东对中国古词和范仲淹这两首词的重要而颇有意味的见解，更可以了解毛泽东的心情、性格和爱好。

　　毛泽东读诗词的范围非常广泛，他能全文背诵的诗词不计其数。1964 年12 月，他读《五代史》时，想起自己早年读过的一首诗《三垂冈》，因记不起作者名字，于 29 日写信请田家英帮助查出，并将此诗的全文一字不差地凭记忆写下来附上②。信中说："近读五代史后唐庄宗传三垂冈战役，记起了年轻时曾

---

　　① 《毛泽东文集》第 7 卷，人民出版社 1999 年 6 月版，第 304 页。

　　② 毛泽东当时凭记忆写下来的《三垂冈》诗，全文如下："英雄立马起沙陀，奈此朱梁跋扈何。只手难扶唐社稷，连城犹拥晋山河。风云帐下奇儿在，鼓角灯前老泪多。萧瑟三垂冈下路，至今人唱百年歌。"诗后注明："诗歌歌颂李克用父子。"该诗中的"犹"、"下"二字，有的版本为"且"和"盼"。毛泽东所抄写的，与袁枚《随园诗话》引用的版本相同。

读过一首咏史诗，忘记了是何代何人所作，请你一查，告我为盼!"

从上面列举的毛泽东喜爱的诗词，可以从一个方面反映出他的性格和精神风貌。毛泽东的诗词，从艺术上说，继承了这些诗人和词作家的优秀传统。

在古文方面，毛泽东既喜欢六朝的骈文，也爱读唐宋八大家和其他一些人的散文。对六朝的骈文，毛泽东虽然认为它不如初唐的新骈，但他还是喜欢读的。收入六朝骈文的《六朝文契》和其他六朝人的各种文集，是他经常要的。骈文的特点是字句整齐，语言精美，对仗工切，有一些相当好的写景抒情文章。在唐宋八大家中，毛泽东最喜欢柳宗元的散文，柳文同他的诗一样，清新，精细，寓意含蓄，富有哲理。柳宗元是一个革新派，具有进步的政治主张，又有朴素的唯物主义思想，这些进步的思想反映在他的作品里，更增添了柳文的光辉。相对说来，毛泽东对于韩愈的评价差一些。他认为，文学作品，包括诗，不要把话说尽了，而韩愈的文章和诗就是把话讲完了。

毛泽东经常称赞一些好的古文，并向别人推荐阅读。他说，秦朝李斯的《谏逐客书》很有说服力，西汉贾谊的《治安策》是西汉一代最好的政论，等等。

毛泽东通过潜心阅读大量中国史书、古典小说、诗词曲赋等各种形式的文学作品，不仅批判地汲取了丰富的思想营养，也在文风上吸收了它们的优良传统。所以，他能够成为一代杰出诗人和语言大师，写出大量文字优美，词汇丰富，说理透辟，气势磅礴，融古代语言于白话文之中，具有中国的民族形式和民族气派的马克思主义著作，也就是很自然的了。

（《毛泽东的读书生活》，生活·读书·新知三联书店 2009 年版）

毛泽东读报章杂志

逢先知

【逢先知(1929—),山东胶县人。历任中共中央
毛泽东著作编辑出版委员会办公室毛泽东著作研究组
副组长,中共中央文献研究室室务委员、编审,全国党
史研究会第二、三届副会长,中国三S研究会理事。
1982年任中共中央文献研究室副主任。1991年起任
中共中央文献研究室主任。是中共十三至十五大代
表;第八、九届全国人大常委、内务司法委员会委员。

曾参加编辑《毛泽东选集》、《邓小平文选》等,著有
《毛泽东和他的秘书田家英》,合著有《毛泽东的读书生
活》。】

毛泽东有时把读报看得比读书更重要,更紧迫。"一天不读报是缺
点,三天不读报是错误。"这是从延安时期流传下来的毛泽东的一句名言。
毛泽东如此重视读报,我自己是有亲身体会的。大概是1951年,有几次
因为没有把当天收到的报纸及时送阅,毛泽东不高兴了,说:"我是要看新
闻,不是要看旧闻。"这个尖锐的批评一直印在我的脑子里,鞭策着我后来
的工作。

毛泽东从青少年时代就养成读报纸杂志的习惯。他曾经是梁启超主
编的《新民丛报》,同盟会主办的《民主报》、《民报》的热心读者,后来更是
陈独秀主编的《新青年》的热心读者。这些报刊给毛泽东以深刻的影响,
尤其是《新青年》,对毛泽东的思想转变起了重要的推动作用。

在革命战争年代,特别是井冈山时期,因受敌人严密封锁,读报十分

困难。在战争中要打胜仗就要知己知彼,读报纸则是了解敌情的一个重要渠道。那时毛泽东常常为看不到报纸而焦急,苦恼。1928年,有一次他专门派出一个营去打谭延闿的家乡茶陵县的高陇,搜罗了一批报纸上山,战斗中还牺牲了一些干部和战士。1929年,下井冈山到了赣南闽西,可以看到报纸了,情况大为改善。毛泽东为此而高兴的心情,可以从当时红四军前委给中央的一个报告中反映出来。报告说:"在湘赣边界时,因敌人的封锁,曾二三个月看不到报纸,去年9月以后可以到吉安、长沙买报了,然亦得到很难。到赣南闽西以来,由于邮路极便,天天可以看到南京、上海、福州、厦门、漳州、南昌、广州的报纸,到瑞金县可以看到何键的机关报——长沙《民国日报》,真是拨云雾见青天,快乐不可言状。"有时毛泽东还把读到的报纸新闻及时地摘报中央。1932年4月20日,毛泽东率红军占领了漳州,5月3日即将4月26日以前上海、香港、汕头等地的报纸新闻,摘要电告苏区中央局、中央政府和中央军委。摘报的内容,从国际形势到国内形势,从中日战事到中苏关系,从国民党内部的分裂情况到国民党对付红军的军事策略,以及打下漳州以后,在国民党内部引起的惊慌和帝国主义蠢蠢欲动的消息,共十六条,写得提纲挈领,简明扼要。①

如果说,毛泽东在青少年时代嗜读报刊是为了增进知识,寻求救国救民的真理;那么,在紧张的战争岁月,以更加迫切的心情如饥似渴地阅读报纸,则是直接为了革命战争的需要。正如他在《中国革命战争的战略问题》中所说的:"为着了解敌人的情况,须从敌人方面的政治、军事、财政和社会舆论等方面搜集材料。"②

抗日战争时期,延安处于相对稳定的环境,国民党统治区出版的报纸刊物比较容易收集到,毛泽东订阅的报刊多起来了。有一个不完全的统计,40年

---

① 《红军第四军前委给中央的信》(1929年4月5日)。见《毛泽东文集》第1卷,人民出版社1993年12月版,第61~62页。

② 《毛泽东选集》第1卷,人民出版社1991年6月第2版,第201页。

代初期,他订阅的报刊,至少有三四十种。①

延安《解放日报》是根据毛泽东的提议,将《新中华报》、《今日新闻》合并出版的。这份党中央的机关报一直是在毛泽东的关怀和指导下成长起来的。毛泽东不仅亲自为它撰写社论,还直接计划安排组稿工作。他读到报上的好文章、好新闻,立即通知各报转载,广为传播,有时读到一篇好作品,可以兴奋地一口气读到天亮。

中国的抗日战争是世界反法西斯战争的重要组成部分,没有世界战争的全局在胸,要指导抗日战争取得胜利,是不可能的。毛泽东在阅读国内报刊的同时,还天天阅读专门刊登外国电讯的《参考消息》(后改名《今日新闻》),有重要新闻随时批给其他中央同志和有关同志传阅。现在还完整地保存着毛泽东的一批珍贵的手稿,是他在 1942 年 11 月至 1943 年 1 月间,为研究国际问题而专门摘录的外国电讯稿,按 16 个国家分类。

全国新中国成立后,毛泽东阅读的报纸杂志数量更多了,范围更宽了,不只是哲学和社会科学的,还有文学的、自然科学的。上至天文,下至地理,以至讲琴棋书画之类的报刊文章,都在他喜爱或涉猎之列。他每年订阅的报刊,包括出版社赠送的,都在百种以上。在 1956 年他开始考虑适当摆脱一些政务,用更多的时间研究理论问题后,从 1958 年起,我们又给他增订了全国各主要高等院校出版的综合性的学报或社会科学方面的学报。

毛泽东阅读报刊也是有所侧重的。每天必读的报纸有:《光明日报》、《人民日报》、《文汇报》、《大公报》、《解放军报》、《工人日报》、《中国青年报》、上海《解放日报》、《天津日报》等。经常看的杂志主要有:《哲学研究》、《历史研究》、《新建设》、《文史哲》、《经济研究》、《红旗》、《学术月刊》、《文艺报》、《诗刊》、《文物》、《科学画报》、《大众科学》以及《自然辩证法研究通讯》、《现代佛学》等,有时还翻阅中国科学院出版的某些刊物。他最喜欢读的是有关哲学、历史、中国

---

① 根据当时为毛泽东管理图书的史敬棠回忆,订阅的报纸有:《中央日报》、《扫荡报》、《大公报》、《益世报》、《新华日报》、《新蜀报》、《时事新报》、《商务日报》、《新民报》、《秦风报》、《工商日报》、《西京日报》、《前线日报》、《新工商》、《大刚报》、《新中国日报》、《光华日报》、《国家社会报》等。刊物有:《世界知识》、《群众》、《经济建设季刊》、《人与地》、《中农月刊》、《财政评论》、《四川农情报告》、《农业推广通讯》、《中国农村》、《四川经济季刊》、《中国农民》、《新闻周报》、《文化杂志》、《经济论衡》、《西南实业通讯》、《国论》、《新经济》、《民主周刊》、《文萃》、《中苏文化月刊》、《国讯》等。1941 年 3 月 1 日,毛泽东曾致电周恩来、董必武,请他们订阅一批报纸书刊,在上述书目以外的,还有《四川经济参考资料》、《贵州经济》、《日本对外经济工作》、《列强军事实力》、《中外经济年报》、《中国经济拔萃》。

古典文学的文章,所以对《光明日报》的《文学遗产》、《哲学》、《史学》等专栏特别有兴趣;而对《人民日报》在一个时期比较缺少理论文章和学术文章提出过意见。1964 年,他说过:"《人民日报》要注意发表学术性文章,发表历史、哲学和其他的学术文章。"①又说:"《人民日报》要搞理论工作,不能只搞政治。《人民日报》最近组织一些学术讨论,这样做好。"②后来《人民日报》加强了理论方面的内容,得到毛泽东的称赞,他说:"现在,《人民日报》有看头了,理论上加强了,也有一些有意思的东西。"③

毛泽东对报刊上有争论的问题尤为关注。有时为了研究一个问题,还召集有关专家和人员共聚一堂,进行自由的、无拘束的交谈和讨论。从 1955 年起,我国学术界对形式逻辑与辩证法问题在报刊上展开了讨论,1956 年达到高潮,这个讨论引起毛泽东浓厚兴趣。有关这方面的情况,前面的文章已有叙述,这里不再多说。

从 1958 年以来,我国哲学界在报刊上开展了关于矛盾的同一性与斗争性,思维与存在有没有统一性的问题的讨论。④ 凡属这方面的重要文章,毛泽东几乎都要看的。1958 年 6 月 24 日他曾邀集一些同志谈论发表在 1956 年第二期《哲学研究》的《对"矛盾的统一性"的一点意见》一文,该文对苏联《简明哲学辞典》关于同一性的解释⑤提出不同意见。1960 年 11 月 12 日,毛泽东看到当天《人民日报》登载的一篇关于矛盾的同一性和斗争性的讨论的综合介绍,当即要我们把文中提到的分别刊登在《新建设》、《光明日报》、《学术月刊》、《文汇报》上的几篇不同观点的文章全部找给他。

对苏联哲学界讨论社会主义社会的矛盾问题的文章,毛泽东也很注意。1958 年 2 月 1 日,他要看这方面的文章,我们收集了一批送给他。当时苏联有一位哲学家写信给毛泽东,并寄来他的一篇关于社会主义社会矛盾的文章,毛泽东对这篇文章很重视。

同阅读书籍一样,毛泽东阅读报刊也常常写一些批注,发表自己的见解,

---

① 《毛泽东新闻工作文选》,新华出版社 1983 年 12 月版,第 217～218 页。
② 《毛泽东新闻工作文选》,新华出版社 1983 年 12 月版,第 217～218 页。
③ 《毛泽东新闻工作文选》,新华出版社 1983 年 12 月版,第 217～218 页。
④ 应当指出,思维与存在没有统一性的讨论,后来引到政治问题上去整持有不同观点的人,这是错误的。
⑤ 苏联《简明哲学辞典》说,不能把"像战争与和平、资产阶级和无产阶级、生和死等等现象"认为是统一的。

有的还批给别人看。例如,1959 年 12 月 27 日,《光明日报》文学遗产专栏里发表了《如何评价〈文赋〉》一文。作者对陆机《文赋》的价值和在文学批评史上的进步意义,作了比较充分的肯定,不同意相反的观点。毛泽东将此文批给一些同志看,并说这是"一篇好文章"。

毛泽东还注意根据报刊文章中的合理意见,纠正工作中的缺点和错误。1958 年全国掀起了除四害(老鼠、麻雀、苍蝇、蚊子)运动。对于应不应该消灭麻雀,科学界有不同的意见。有的赞成,认为利大于弊;有的不赞成,认为弊大于利;有的认为利弊相当。在刊物上展开了对这个问题的讨论,各抒己见。毛泽东知道了这个情况,要我们把各种不同观点的文章收集起来送给他。送去文章时我们还整理了一个简单材料附上。毛泽东仔细看了这些材料。1960 年 3 月 16 日,他在为中共中央起草的关于卫生工作的指示中改变了消灭麻雀的决定,提出"麻雀不打了,代之臭虫,口号是'除掉老鼠、臭虫、苍蝇、蚊子'"①。接着,3 月 24 日他在天津会议上重申了这个改变,说:这两年麻雀遭殃,现在我提议给麻雀恢复"党籍"。科学界的意见,对毛泽东作出这个决定,起了重要作用。

在学术上,毛泽东比较注意鼓励不同意见的自由争论和自由讨论,认为这是发展科学的必由之路。即使有人对毛泽东的著作提出不同的观点,他也同样认为应当允许自由谈论,不应当去禁止。1956 年,来中国讲学的一位苏联学者向中国陪同人员谈了他对毛泽东《新民主主义论》中关于孙中山世界观的论点的不同意见。有同志认为这"有损于我党负责同志威信"。此事反映到毛泽东那里,他立即写信给刘少奇、周恩来等说:"我认为这种自由谈论,不应当去禁止。这是对学术思想的不同意见,什么人都可以谈论,无所谓损害威信。""如果国内对此类学术问题和任何领导人有不同意见,也不应加以禁止。如果企图禁止,那是完全错误的。"②1965 年,高二适写了一篇与郭沫若争鸣的文章《〈兰亭序〉的真伪驳议》,7 月 18 日,毛泽东为这篇文章的发表问题写信给郭沫若,说:"笔墨官司,有比无好。"③几天之后,高二适的文章在《光明日报》上发表了。

毛泽东把报刊作为了解国内情况和学术理论动态的重要渠道,同时也通

---

① 《毛泽东文集》第 8 卷,人民出版社 1999 年 6 月版,第 150 页。

② 《毛泽东书信选集》,中央文献出版社 2003 年 11 月版,第 471 页。

③ 《毛泽东书信选集》,中央文献出版社 2003 年 11 月版,第 564 页。

过报刊了解国际情况和国际知识。一天几万字的《参考资料》是他每日必看的重要刊物，像读书一样地圈点批划。有重要内容的，常常批给别人去看或印发会议。他除了看重要新闻，对《参考资料》刊登的西方资产阶级政治活动家的回忆录，也很有兴趣。他说，这些回忆录里写了许多过去我们不知道的帝国主义国家内部的矛盾和斗争的情况，很值得看看。

　　毛泽东对国外情况的熟悉，常常使得一些著名外国记者为之惊讶。1960年斯特朗在回忆她1946年同毛泽东的那次谈话时说："他首先问我美国的情况。美国发生的事有许多他知道的比我还详细。这使我惊讶……他像安排打仗的战略那样仔细地安排知识的占有。……主席对世界大事的知识是十分完备的。"毛泽东对于纷纭复杂的国际形势发展趋势的预见性和观察国际动向的敏锐性，同他认真地、一天也不间断地阅读和研究大量国际问题资料，是分不开的。

　　　　　　　（《毛泽东的读书生活》，生活·读书·新知三联书店 2009 年版）

读书杂谈^①

鲁　迅

【鲁迅(1881—1936)，浙江绍兴人。原名周树人。中国现代最伟大的作家、思想家。1917年在《新青年》发表现代白话小说《狂人日记》，自此确立了他在现代中国小说史上的地位。毛泽东主席评价他是伟大的无产阶级文学家、思想家、革命家，是中国文化革命的主将，也被人民称为"民族魂"。鲁迅先生一生写作计有600万字，其中著作约500万字，辑校和书信约100万字。】

　　因为知用中学^②的先生们希望我来演讲一回，所以今天到这里和诸君相见。不过我也没有什么东西可讲。忽而想到学校是读书的所在，就随便谈谈读书。是我个人的意见，姑且供诸君的参考，其实也算不得什么演讲。

　　说到读书，似乎是很明白的事，只要拿书来读就是了，但是并不这样简单。至少，就有两种：一是职业的读书，一是嗜好的读书。所谓职业的读书者，譬如学生因为升学，教员因为要讲功课，不翻翻书，就有些危险的就是。我想在座的诸君之中一定有些这样的经验，有的不喜欢算学，有的

---

　　①　本篇记录稿经作者校阅后最初发表于1927年8月18、19、22日广州《民国日报》副刊《现代青年》第179、180、181期；后重刊于1927年9月16日《北新》周刊第47、48期合刊。

　　②　知用中学1924年由广州知用学社社友创办的一所学校，北伐战争期间具有进步倾向。

不喜欢博物①，然而不得不学，否则，不能毕业，不能升学，和将来的生计便有妨碍了。我自己也这样，因为做教员，有时即非看不喜欢看的书不可，要不这样，怕不久便会于饭碗有妨。我们习惯了，一说起读书，就觉得是高尚的事情，其实这样的读书，和木匠的磨斧头，裁缝的理针线并没有什么分别，并不见得高尚，有时还很苦痛，很可怜。你爱做的事，偏不给你做，你不爱做的，倒非做不可。这是由于职业和嗜好不能合一而来的。倘能够大家去做爱做的事，而仍然各有饭吃，那是多么幸福。但现在的社会上还做不到，所以读书的人们的最大部分，大概是勉勉强强的，带着苦痛的为职业的读书。

现在再讲嗜好的读书罢。那是出于自愿，全不勉强，离开了利害关系的。——我想，嗜好的读书，该如爱打牌的一样，天天打，夜夜打，连续的去打，有时被公安局捉去了，放出来之后还是打。诸君要知道真打牌的人的目的并不在赢钱，而在有趣。牌有怎样的有趣呢，我是外行，不大明白。但听得爱赌的人说，它妙在一张一张的摸起来，永远变化无穷。我想，凡嗜好的读书，能够手不释卷的原因也就是这样。他在每一叶每一叶里，都得着深厚的趣味。自然，也可以扩大精神，增加智识的，但这些倒都不计及，一计及，便等于意在赢钱的博徒了，这在博徒之中，也算是下品。

不过我的意思，并非说诸君应该都退了学，去看自己喜欢看的书去，这样的时候还没有到来；也许终于不会到，至多，将来可以设法使人们对于非做不可的事发生较多的兴味罢了。我现在是说，爱看书的青年，大可以看看本分以外的书，即课外的书，不要只将课内的书抱住。但请不要误解，我并非说，譬如在国文讲堂上，应该在抽屉里暗看《红楼梦》之类；乃是说，应做的功课已完而有余暇，大可以看看各样的书，即使和本业毫不相干的，也要泛览。譬如学理科的，偏看看文学书，学文学的，偏看看科学书，看看别个在那里研究的，究竟是怎么一回事。这样子，对于别人，别事，可以有更深的了解。现在中国有一个大毛病，就是人们大概以为自己所学的一门是最好，最妙，最要紧的学问，而别的都无用，都不足道的，弄这些不足道的东西的人，将来该当饿死。其实是，世界还没有如此简单，学问都各有用处，要定什么是头等还很难。也幸而有各式各样的人，假如世界上全是文学家，到处所讲的不是"文学的分类"便是"诗之构造"，那倒反而无聊得很了。

不过以上所说的，是附带而得的效果，嗜好的读书，本人自然并不计及那些，就如游公园似的，随随便便去，因为随随便便，所以不吃力，因为不吃力，所

---

① 博物：旧时中学的一门课程，包括动物、植物、矿物等学科的内容。

以会觉得有趣。如果一本书拿到手,就满心想道,"我在读书了"、"我在用功了",那就容易疲劳,因而减掉兴味,或者变成苦事了。

我看现在的青年,为兴味的读书的是有的,我也常常遇到各样的询问。此刻就将我所想到的说一点,但是只限于文学方面,因为我不明白其他的。

第一,是往往分不清文学和文章。甚至于已经来动手做批评文章的,也免不了这毛病其实粗粗的说,这是容易分别的。研究文章的历史或理论的,是文学家,是学者;做做诗,或戏曲小说的,是做文章的人,就是古时候所谓文人,此刻所谓创作家。创作家不妨毫不理会文学史或理论,文学家也不妨做不出一句诗。然而中国社会上还很误解,你做几篇小说,便以为你一定懂得小说概论,做几句新诗,就要你讲诗之原理。我也尝见想做小说的青年,先买小说法程和文学史来看。据我看来,是即使将这些书看烂了,和创作也没有什么关系的。

事实上,现在有几个做文章的人,有时也确去做教授。但这是因为中国创作不值钱,养不活自己的缘故。听说美国小说家的一篇中篇小说,时价是二千美金;中国呢,别人我不知道,我自己的短篇寄给大书铺,每篇卖过二十元。当然要寻别的事,例如教书,讲文学。研究是要用理智、要冷静的,而创作须情感,至少总得发点热,于是忽冷忽热,弄得头昏——这也是职业和嗜好不能合一的苦处。苦倒也罢了,结果还是什么都弄不好。那证据,是试翻世界文学史,那里面的人,几乎没有兼做教授的。

还有一种坏处,是一做教员,未免有顾忌;教授有教授的架子,不能畅所欲言。这或者有人要反驳:那么,你畅所欲言就是了,何必如此小心。然而这是事前的风凉话,一到有事,不知不觉地他也要从众来攻击的。而教授自身,纵使自以为怎样放达,下意识里总不免有架子在。所以在外国,称为"教授小说"的东西倒并不少,但是不大有人说好,至少,是总难免有令大发烦的衔学的地方。

所以我想,研究文学是一件事,做文章又是一件事。

第二,我常被询问:要弄文学,应该看什么书?这实在是一个极难回答的问题。先前也曾有几位先生给青年开过一大篇书目①。但从我看来,这是没有什么用处的,因为我觉得那都是开书目的先生自己想要看或者未必想要看

---

① 这里说的"开一大篇书目",指胡适的《一个最低限度的国学书目》、梁启超的《国学入门书要目及其读法》和吴宓的《西洋文学入门必读书目》等。这些书目都开列于1923年。

的书目。我以为倘要弄旧的呢,倒不如姑且靠着张之洞的《书目答问》①去摸门径去。倘是新的,研究文学,则自己先看看各种的小本子,如本间久雄的《新文学概论》②,厨川白村的《苦闷的象征》③,瓦浪斯基们的《苏俄的文艺论战》④之类,然后自己再想想,再博览下去。因为文学的理论不像算学,二二一定得四,所以议论很纷歧。如第三种,便是俄国的两派的争论——我附带说一句,近来听说连俄国的小说也不大有人看了,似乎一看见"俄"字就吃惊,其实苏俄的新创作何尝有人介绍,此刻译出的几本,都是革命前的作品,作者在那边都已经被看作反革命的了。倘要看看文艺作品呢,则先看几种名家的选本,从中觉得谁的作品自己最爱看,然后再看这一个作者的专集,然后再从文学史上看看他在史上的位置;倘要知道得更详细,就看一两本这人的传记,那便可以大略了解了。如果专是请教别人,则各人的嗜好不同,总是格不相入的。

第三,说几句关于批评的事。现在因为出版物太多了。——其实有什么呢,而读者因为不胜其纷纭,便渴望批评,于是批评家也便应运而起。批评这东西,对于读者,至少对于和这批评家趣旨相近的读者,是有用的。但中国现在,似乎应该暂作别论。往往有人误以为批评家对于创作是操生杀之权,占文坛的最高位的,就忽而变成批评家;他的灵魂上挂了刀。但是怕自己的立论不周密,便主张主观,有时怕自己的观察别人不看重,又主张客观;有时说自己作文的根柢全是同情,有时将校对者骂得一文不值。凡中国的批评文字,我总是越看越糊涂,如果当真,就要无路可走。印度人是早知道的,有一个很普通的比喻。他们说:一个老翁和一个孩子用一匹驴子驮着货物去出卖,货卖去了,孩子骑驴回来,老翁跟着走。但路人责备他了,说是不晓事,叫老年人徒步。他们便换了一个地位,而旁人又说老人忍心;老人忙将孩子抱到鞍鞒上,后来看见的人却说他们残酷。于是都下来,走了不久,可又有人笑他们了,说他们是呆子,空着现成的驴子却不骑。于是老人对孩子叹息道,我们只剩了一个办

① 张之洞的《书目答问》。

② 本间久雄:日本文艺理论家,曾任早稻田大学教授。《新文学概论》有章锡琛中译本,1925 年 8 月商务印书馆出版。

③ 厨川白村(1880—1923),日本文艺理论家,曾任京都帝国大学教授。《苦闷的象征》是他的文艺论文集。

④ 《苏俄的文艺论战》任国桢辑译,内收 1923 年至 1924 年间苏联瓦浪斯基(1884—1943)等人关于文艺问题的论文四篇。

法了,是我们两人抬着驴子走。① 无论读,无论做,倘若旁征博访,结果是往往会弄到抬驴子走的。

不过我并非要大家不看批评,不过说看了之后,仍要看看本书,自己思索,自己做主。看别的书也一样,仍要自己思索,自己观察。倘只看书,便变成书厨,即使自己觉得有趣,而那趣味其实是已在逐渐硬化,逐渐死去了。我先前反对青年躲进研究室②,也就是这意思,至今有些学者,还将这话算作我的一条罪状哩。

听说英国的培那特萧(Bernard Shaw)③,有过这样意思的话:世间最不行的是读书者。因为他只能看别人的思想艺术,不用自己。这也就是勖本华尔(Schopenhauer)④之所谓脑子里给别人跑马。较好的是思索者。因为能用自己的生活力了,但还不免是空想,所以更好的是观察者,他用自己的眼睛去读世间这一部活书。

这是的确的,实地经验总比看、听、空想确凿。我先前吃过干荔枝,罐头荔枝,陈年荔枝,并且由这些推想过新鲜的好荔枝。这回吃过了,和我所猜想的不同,非到广东来吃就永不会知道。但我对于萧的所说,还要加一点骑墙的议论。萧是爱尔兰人,立论也不免有些偏激的。我以为假如从广东乡下找一个没有历练的人,叫他从上海到北京或者什么地方,然后问他观察所得,我恐怕是很有限的,因为他没有练习过观察力。所以要观察,还是先要经过思索和读书。

总之,我的意思是很简单的:我们自动的读书,即嗜好的读书,请教别人是大抵无用,只好先行泛览,然后抉择而入于自己所爱的较专的一门或几门;但专读书也有弊病,所以必须和实社会接触,使所读的书活起来。

(《鲁迅全集》第三卷,人民文学出版社 2005 年版)

---

① 这个比喻见于印度何种书籍,未详。1888 年(清光绪十四年)张赤山译的伊索寓言《海国妙喻·丧驴》中也有同样内容的故事。

② 进研究室:"五四"以后,胡适提出"进研究室"、"整理国故"的主张,企图诱使青年脱离现实斗争。1924 年间,鲁迅曾多次写文章批驳过,参看《坟·未有天才之前》等文。

③ 培那特萧即萧伯纳。他关于"读书者"、"思索者"、"观察者"的议论见于何种著作,未详。(按英国学者嘉勒尔说过类似的话,见鲁迅译日本鹤见祐辅《思想·山水·人物》中的《说旅》。

④ 勖本华尔:即叔本华。"脑子里给别人跑马",可能指他的《读书和书籍》中的这段话:"我们读着的时候,别人却替我们想……我们不过反复了这人的心的过程……读书时,我们的脑已非自己的活动地。这是别人的思想的战场了。"

鲁迅的读书方法

张 才

【张才(1950—),山西平定人。1968年入伍,一级飞行员,空军大校军衔。中国书法家协会会员,北京书画研究会会员。先后在《人民日报》、《解放军日报》、《解放军报》、《书法报》、《中国书画报》《中国书法》等二十余家报纸杂志发表书画篆刻作品九百余件。不少作品被中央美院陈列馆等处收藏。】

鲁迅论读书,包括专题论述,及分散在其他文章、书信及日记中的论述,在《鲁迅全集》(人民文学出版社,十六卷本,1981年版)中占有一定的分量。从鲁迅这些论读书的文字中,我们可以发现鲁迅的读书观以及他过人的读书方法。

为什么要读书

首先是选择人生道路的需要。鲁迅在《鲁迅自传》中说到,之所以"不肯学做幕友或商人"和"学洋务",并在《呐喊·自序》中谈到选择"读书应试是正路"的原因,在《致萧军》信里是这样解释的:"看不起钱,也是那时的所谓'读书人家子弟'的通性。我的祖父是做官的,到父亲才穷下来,所以我其实是'破落户子弟',不过我很感谢我父亲的穷下来(他不会赚钱),使我因此明白了许多事情"。"明白了许多事情"指的是什么呢?"因为我自己是这样的出身……不过思想较新,也时常想到别人和将来,因此也比较的不十分自私自利而已。""思想较新"和"时常想到"的是"别人和将来"，"明白"做人的道理，这就是鲁迅初始坚定读书的信念和决心，也为以后的立志——从事"文艺运动"打下了坚实的思想基础。

其次是改良社会和改良人生的需要。鲁迅在《俄文译本〈阿Q正传〉序及著者自叙传略》中谈了两次"变计"。那么，为什么第一次"变计""改而学医"？鲁迅在《呐喊·自序》中解释说："我的梦很美满，预备卒业回来，救治像我父亲似的被误的病人的疾苦，战争时候便去当军医，一面又促进了国人对于维新的信仰"。为什么第二次"变计"弃医从文"要弄文学"？还是在《呐喊·自序》中道出他的内心世界："我便觉得医学并非一件紧要事，凡是愚弱的国民，即使体格如何健全，如何茁壮，也只能做毫无意义的示众的材料和看客，病死多少是不必以为不幸的。所以我们的第一要著，是在改变他们的精神，而善于改变精神的是，我那时以为当然要推文艺，于是想提倡文艺运动了。"确立要利用"文艺"来"改变精神"、改良社会和人生。

再次是为了解决具体问题。一是为了弄清问题而读书。二是为了工作（教书、生活）而读书。三是为了做学问而读书。四是为了创作而读书。五是为了活着（生存）而读书。这些，鲁迅在不同时期都有论述，不再赘述。鲁迅一生读书，走的是从开始坚定读书—继续不断读书—生命终结的最后一刻还在读书的路，为我们树立了学习的榜样。

要有选择地读书

鲁迅关于读书的看法，最为典型并引起争议的是在《青年必读书》里谈到的"我以为要少——或者竟不——看中国书，多看外国书"的说法。自此以后，对此引起不同的看法，鲁迅都一一作了回答。

为什么"要少——或者竟不——看中国书，多看外国书"？原因有二：其一，鲁迅在《青年必读书》里谈得很清楚："我看中国书时，总觉得就沉静下去，与实人生离开；读外国书——但除了印度——时，往往就与人生接触，想做点事。中国书虽有劝人入世的话，也多是僵尸的乐观；外国书即是颓唐和厌世的，但却是活人的颓唐和厌世。"同时在《聊答"……"》和《现今的新文学的概观》两篇文章中也做了回答。其二，在《致许寿裳》信中就说过："来书问童子所诵习，仆实未能答。缘中国古书，叶叶害人，而新出诸书亦多妄人所为，毫无是处。为今之计，只能读其记天然物之文……而说故事，则大抵谬妄，陋易医，谬难治也。""但因为懒而且忙，至今没有做。我常疑心这和读了古书很有些关系"，"我想，唯一的方法，首先是抛弃了老调子。旧文章，旧思想，都已经和现社会毫无关系了……所以，生在现今的时代，捧着古书是完全没有用处的了。""多看外国书"是因为"外国的平易地讲述学术文艺的书，往往夹杂些闲话或笑谈，使文章增添活气，读者感到格外的兴趣，不易于疲倦"的缘故。即使是这样，鲁迅还是说："别人我不论，若是自己，则曾经看过许多旧书，是的确的，为了教书，至今也还在看。"

鲁迅他自己读了多少中国书呢？专为写作《中国小说史略》鲁迅就读了很多文献资料，我们还可以从鲁迅日记中记载的经常跑旧书店和图书馆看出他查阅浏览的书非常之多。鲁迅又读了多少外国书呢？从创作小说看，鲁迅说："但我的来做小说……大约所仰仗的全在先前看过的百来篇外国作品和一点医学上的知识，此外的准备，一点也没有。"他不但要求别人还要求自己读外文。在《致夏传经》信中讲到："外国文却非精通不可，至少一国，英法德日都可，俄更好。"鲁迅在他的文章里，虽然也曾多次提到马克思、列宁的名字，提到过马克思主义、《资本论》、俄国革命、唯物论等，但是对马克思、列宁的书读过没有？这仍然是个谜。然而，毛泽东曾评价说，鲁迅"他并不是共产党组织中的一人，然而他的思想、行动、著作，都是马克思主义的"，"鲁迅后期的杂文最深刻有力，并没有片面性，就是因为这时候他学会了辩证法"。这也许能解开这个谜。

读书应采取什么方法

怎样读书？鲁迅有直接说的读书方法。鲁迅在《随便翻翻》中谈到"消闲的读书——随便翻翻"的方法。鲁迅又在《读书杂谈》中谈到"自愿""自动"的读书，"即嗜好的读书"方法。除了这些方法以外，鲁迅还有间接说的读书方法如下。

怀疑—研究法。鲁迅在《我要骗人》中说："中国的人民是多疑的……然而怀疑并不是缺点。总是疑，而并不下断语，这才是缺点。"实际上鲁迅对自己的"多疑"也是承认的，"我的'疑'是存在的。"但不管怎样说，怀疑是超越的起点，有疑才有卓见。所谓"断语"就是"结论"。怀疑既要胆大也要心细，既要思前也要想后。这就需要进一步加强研究和反省，使怀疑不至于走到邪路上去。"研究是要用理智，要冷静的"，不但研究读书，还要研究自己，也就是"改造自己"，达到"自知之明"。"改造自己，总比禁止别人来得难。"鲁迅根据"中国人总不肯研究自己"的现实，在1931年提出了"尤其是应该研究自己：我们的政治怎样，经济怎样，文化怎样，社会怎样"的要求。通过研究，"我们应该有'自知'之明,也该有知人之明"。

比较—鉴别法。比较是确定对象之间差异点和共同点的方法;鉴别是分析好坏、分清是非和划定标准的方法。鲁迅说:"只要一比较,许多事便明白;看书和画,亦复同然。""治法是多翻,翻来翻去,一多翻,就有比较,比较是医治受骗的好方子。""比较,是最好的事情。"比较要找准对象,解决好可比性问题;还要选定合理的比较标准,标准合理比较才能合理。"优良的人物,有时候是要靠别种人来比较,衬托的,例如上等与下等,好与坏,雅与俗,小气与大度之类。没有别人,即无以显出这一面之优,所谓'相反而实相成'者,就是这。"比较大有益,有比较才能鉴别,有鉴别才有所省悟。"我看现在青年的常在问人该读什么书,就是要看一看真金,免得受硫化铜的欺骗。而且一识得真金,一面也就真的识得了硫化铜,一举两得了。"

思索—观察法。鲁迅认为,思索应是独立的思索,反复思索。"看看本书,自己思索,自己做主。看别的书也一样,仍要自己思索,自己观察。"读书要思索,创作也要思索。"倘若写东西,便都要探索。"思索之后更重要的是观察,正视问题,要与实际接触,使读的书活起来。"较好的是思索者。因为能用自己的生活力了,但不免是空想,所以更好的是观察者,他用自己的眼睛去读世间这一部活书。""所以要观察,还是要经过思索和读书。"思索靠坐得住,静下心,认真思考问题;观察靠走动,"上下而求索",与"社会斗争接触","深知民众的心",解决实际问题。毛泽东称赞说:"鲁迅先生的第一个特点,是他的政治的远见。他用望远镜和显微镜观察社会,所以看得远,看得真。"

结合—借鉴法。结合就是联系,借鉴就是对照。学习与超越、移植与独创和吸收与发展既是"结合"的方法,也是"借鉴"的方法,博采众家,取其所长。鲁迅在《致董永舒》信中说:"但不可专看一个人的作品,以防被他束缚住,必须博采众家,取其所长,这才后来能够独立。"在《致颜黎民》信中劝导说:"不过只看一个人的著作,结果是不大好的;你就得不到多方面的优点。必须如蜜蜂一样,采过许多花,这才酿出蜜来,倘若叮在一处,所得就非常有限,枯燥了。"结合说到底就是理论联系实际的方法。但无论怎样结合,最终结果在于有所借鉴,有所发明和创造。"要之,倘若先前并无可以师法的东西,就只好自己来开创。"因为,"人生却不在拼凑,而在创造,几千百万的活人在创造。"

精密—见识法。只有思路精密了,才不至于糊涂。鲁迅在《关于翻译的通信》中说:"这语法的不精密,就在证明思路的不精密,换一句话,就是脑筋有些胡涂。"思路精确细密地读书才能读出精髓,有所得,有所见识。这就要善于"总结"。鲁迅自己非常善于总结,他在读世界文学时总结说:"研究世界文学的人告诉我们——法人善于机锋,俄人善于讽刺,英美人善于幽默。"

至此,还有一个问题应该加以补充,那就是读书必须要有条件和要有所准备。鲁迅有多少书,准备了多少书,无法统计,但可以从日记的每年都有"附书账"(购买书籍)看出个大概。鲁迅利用什么时间读书呢?"然而鲁迅并不空闲,'他是整天看书,不把时间浪费在闲谈上'。"在《病后杂谈》和《说胡须》谈到"养病"看书、"喝茶看书"的经验。鲁迅购书,爱书,利用一切可利用的时间读书的最终目的,就是为了有用和准备用。这一点更可从鲁迅在引用文献资料和参考资料的得心应手,运用自如上看出来,鲁迅读书最终实现了有用和准备用的目标。鲁迅在《不是信》里讲他撰写《中国小说史略》运用文献资料时所采取的"我却用我法"和"独创为贵"的话,不但非常有道理,而且说出了他"有用和准备用"文献资料方法的独到之处。

(《学习时报》2011 年 8 月 22 日)

读书漫谈

钱 穆

【钱穆（1895—1990），江苏无锡人，吴越国太祖武肃王钱镠之后。字宾四，笔名公沙、梁隐、与忘、孤云，晚号素书老人、七房桥人，斋号素书堂、素书楼。中国现代历史学家，国学大师。历任燕京、北京、清华、四川、齐鲁、西南联大等大学教授，也曾任无锡江南大学文学院院长。1949 年迁居中国香港，创办新亚书院。1966 年，钱穆移居中国台湾台北市。】

（一）

要建筑一所屋宇必先问建此何用。若不先明用途，专论建筑规模式样以及材料等等，便成漫无准则之空谈。读书亦应先定旨趣，旨趣未立，且莫谈方法门径书籍选材以及其他等等。

读书旨趣，大要言之，可分两途。一是为自己谋职业，寻出路，求身家温饱，乃至近而鬻名声，攫权位，皆从个人私利的立场出发。一是纯粹从一种求知的兴趣和热忱而读书。这里边又分两面，有的因自己的性情和爱好，从一种内部的要求而走向读书的路，有的因环境的问题和需要，从一种外面的刺激而走上读书的路，其实这两面往往交融互映，并不必严格分别。

以上说的读书旨趣之两途，有时亦未尝不可相通。本为个人的私利立场而读书的人，亦未尝全违背了他自己内部的性情和爱好，而且对国家社会,对其当前环境,亦未尝不可有相当之贡献。纯粹为求知的兴趣和热忱而出发的人,亦未尝不想谋一职业寻一出路,未尝不要兼顾他身家之温饱,乃至亦望享有相当之名位。然而差之毫厘,谬以千里。到底这两路,还有绝大的不同。譬之建筑屋舍,一为旅馆,一为家宅。家宅未尝不可权当旅馆用,而旅馆未尝不可权作家宅用,然而到底性质不同,利弊迥异。至于目前一般读书风气,究竟多半是为的盖旅馆,抑是盖家宅,则最好由各人自己反省,自己批评,自己认识。

(二)

论语上说:"古之学者为己,今之学者为人。"家宅是为自己的,旅馆是为人的。为己的并不是为私,为人的并不是为公。从为己为人的心理差别,可以影响到他读书的态度形成绝大的乖离。

大抵为人之学,必求炫耀,必求迎合,必求卖弄,必求趋奉。读者心理的尊严,不在所读书中之真理,而在外面的时风众势,或是某些有力者之影响。因此读者对其书本的态度,常易陷于轻率而且傲慢,其为学必为浅尝,必求速成,必喜标新立异,必务独创己见。为己之学,则由自己性情所爱好及自己环境所刺激而感发。他既本于自己的真性情而欲对于环境求一种真知识,真了解,因此他心上的尊严,不在外面世俗上,而在他所追求的真理上。这样的读者,其开始一定沉潜,不喜炫耀,不务卖弄而刚毅,不求迎合,不乐趋奉。有一些严肃而谦恭而态度不轻率不傲慢,其成就则必深远不甘浅尝不期速成而真实。确乎有所自得,不为时风众势所摇,不为一二有力者所束缚驰骤而可以贡献于社会。而别人误认他的,还以为他亦是一个标新立异务创己见的人。

(三)

论语上又有一段孔子批评阙党童子的话,说他是"欲速成"者,非"求益"者。大凡读书亦有此两个很显著的分别,一是求益,一是欲速成。

欲速成的便不想再求益,读书只是求速成的凭借。他选择书本的标准和读书的方法,绝与志在求益者不同。与其读人人共读的书,不如读人人不读的书。人人共读的难于凌驾,人人不读的易于创辟。因此与其读《论语》不如读《墨子》。并不是为他不愿请益于孔子而喜请益于墨子,只为《论语》人人共读,读了还是和人一般,难于表见自己的学问,《墨子》别人不注意,读了可以成名可以立业。最好是专注意于墨子书里别人都讲不懂的处所如《墨经》等篇,而由我讲懂了,岂不即此成名。于是渐渐造成喜艰僻不喜平易的心理。又渐渐造成喜欢寻疵摘疵的心理。最先是指摘后人注释的差误,以后是攻击著书人的不是。还借着怀疑批评种种好名词,来掩饰他求速成的坏心理。

文学艺术上的欣赏,无异是再度的创造。哲理教义上的领会,也不异乎是再度的发明。我们不能希望人人成为哲学文学艺术家,但是可以希望人人领会哲学欣赏文艺,而社会全体之素质亦随之升进。只要求速成的学风一旦弥漫,文艺哲理的书籍,全变成读者求速成之工具。于是欣赏与领会,退处于不重要的地位,而学术上主要的工作,乃是些校勘训诂考订和辨难。更甚者则文艺必谈创作,哲理必谈发明。会场上的听众,各自急于要发表自己的音乐技能,而台上的乐师遂至于无技可奏。这便是所谓"黄钟毁弃,瓦釜雷鸣"。而创作发明等等一套好名词,还只是用来掩饰他而求速成的坏心理。

(四)

以上两节辞锋所相通,似乎偏指关乎人文科学方面的现象而言,其实自然科学方面事无二致。只要你真是发乎性情之所爱好,为研究真理而走向自然科学的路径,则将及理亦来学成致用,职业即为性情之发舒,工作便是真理的实验。自然孜孜不倦,日寻向上。至少一种不苟且不敷衍的精神,可以常持不失。否则科学亦只是一块敲门砖,往日所探究的自然界的真理,现在依然是一种谋个人出路的手段和工具。私人的温饱,藉借着他的职业而蒸蒸日上,社会福利却不一定能藉着他的工作而逐渐发展。一开始便立意要造一所旅馆的,到底造不出一座安稳而舒适的家宅。

(五)

学问之道,本已千门万户,累层曲折,涂辙纷歧。而学者心术之隐微,更难明指确说。又且一时有一时之风尚,在当时必有为他们的风尚辩护的一套理论。此种理论,亦未尝不持之有故,言之成理。然饮水冷暖,究竟各人肚里得知。本文粗引端绪,敬劝读书人本为己之旨,具求益之忱,莫误认别人盖的旅馆当作自己家宅。好学深思考自能从此籀绎。豪杰之士,虽无文王犹兴,风气固束不住人之生机也。

(《北大学者谈读书》,北京图书馆出版社 2002 年版)

我的读书经验

蔡元培

【蔡元培(1868—1940),浙江绍兴人。字鹤卿,号子民,革命家、教育家。中华民国首任教育总长,1917年至1927年任北京大学校长,革新北大,开"学术"与"自由"之风,1932年,同宋庆龄、鲁迅等发起成立中国民权保障同盟,任副主席。】

　　我自十余岁起,就开始读书。读到现在,将满 60 年了,中间除大病或其他特别原因外,几乎没有一日不读点书的。然而我没有什么成就,这是读书不得法的缘故。我把不得法的概略写出来,可以作前车之鉴。

　　我的不得法,第一是不能专心。我初读书的时候,读的都是旧书,不外乎考据、词章两类。我的嗜好,在考据方面,是偏于诂训及哲理的,对于典章名物,是不大耐烦的;在词章上,是偏于散文的,对于骈文及诗词,是不大热心的。然而以一物不知为耻,种种都读,并且算学书也读,医学书也读,都没有读通。所以我曾经想编一部《说文声系义证》,又想编一本《公羊春秋大义》,都没有成书。所为文辞,不但骈文诗词,没有一首可存的,就是散文也太平凡了。到了 40 岁以后我开始学德文,后来又学法文,我都没有好好儿做那记生字、练文法的苦工,而就是生吞活剥地看书,所以至今不能写一篇合格的文章,作一回短期的演说。在德国进大学听讲以后,哲学史、文学史、文明史、心理学、美学、美术史、民族学,统统去听,那时候,这几类的参考书,也就乱读起来了。后来虽勉自收缩,以美学与美术史为主,辅以民族学;然而他类的书终不能割爱,所以想译一本美学,想编一部比较的民族学,也都没有成书。

我的不得法,第二是不能勤笔。我的读书,本来抱一种利己主义,就是书里面的短处,我不大去搜寻它,我只注意于我所认为有用的或可爱的材料。这本来不算坏,但是我的坏处,就是我虽读的时候注意于这几点,但往往为速读起见,无暇把这几点摘抄出来,或在书上做一点特别的记号。若是有时候想起来,除了德文书检目特详,尚易检寻外,其他的书,几乎不容易寻到了。我国现在有人编"索引"、"引得"等等。专门的辞典,也逐渐增加,寻检较易。但各人有各自的注意点,普通的检目,断不能如自己记别的方便。我尝见胡适之先生有一个时期出门常常携一两本线装书,在舟车上或其他忙里偷闲时翻阅,见到有用的材料,就折角或以铅笔作记号。我想他回家后或者尚有摘抄的手续。我记得有一部笔记,说王渔洋读书时,遇有新隽的典故或词句,就用纸条抄出,贴在书斋壁上,时时览读,熟了就揭去,换上新得的。所以他记得很多。这虽是文学上的把戏,但科学上何尝不可以仿作呢?我因为从来懒得动笔,所以没有成就。

我的读书的短处,我已经经验了许多的不方便,特地写出来,望读者鉴于我的短处,第一能专心,第二能勤笔。这一定有许多成效。

《新闻出版交流》2003 年第 2 期)

读　书

胡　适

【胡适(1891—1962)，安徽绩溪人。原名嗣穈，学名洪骍，字希疆，后改名胡适，字适之，笔名天风、藏晖等。现代著名学者、诗人、历史学家、文学家、哲学家。因提倡文学革命而成为新文化运动的领袖之一。】

　　"读书"这个题，似乎很平常，也很容易。然而我却觉得这个题目很不好讲。据我所知，"读书"可以有三种说法：

　　（一）要读何书　关于这个问题，《京报副刊》上已经登了许多时候的"青年必读书"；但是这个问题，殊不易解决，因为个人的见解不同，个性不同。各人所选只能代表各人的嗜好，没有多大的标准作用。所以我不讲这一类的问题。

　　（二）读书的功用　从前有人作"读书乐"，说什么"书中自有千钟粟，书中自有黄金屋，书中自有颜如玉"，现在我们不说这些话了。要说，读书是求知识，知识就是权力。这些话都是大家会说的，所以我也不必讲。

　　（三）读书的方法　我今天是想根据个人经验，同诸位谈谈读书的方法。我的第一句话是很平常的，就是说，读书有两个要素：

　　第一要精。

　　第二要博。

　　现在先说什么叫"精"。

　　我们小的时候读书，差不多每个小孩都有一条书签，上面写十个字，这十个字最普遍的就是"读书三到：眼到，口到，心到"。现在这种书签虽不用，三到的读书法却依然存在。不过我以为读书三到是不够的；须有四到,是:"眼到,口到,心到,手到"。我就拿它来说一说。

眼到是要个个字认得,不可随便放过。这句话起初看去似乎很容易,其实很不容易。读中国书时。每个字的一笔一画都不放过,近人费许多功夫在校勘学上,都因古人忽略一笔一画而已。读外国书要把 A,B,C,D 等字母弄得清清楚楚。所以说这是很难的。如有人翻译英文,把 port 看作 pork,把 oats 看作 oaks,于是葡萄酒一变而为猪肉,小草变成了大树。说起来这种例子很多,这都是眼睛不精细的结果。书是文字做成的,不肯仔细认字,就不必读书。眼到对于读书的关系很大,一时眼不到,贻害很大,并且眼到能养成好习惯,养成不苟且的人格。

口到是一句一句要念出来。前人说口到是要念到烂熟背得出来。我们现在虽不提倡背书,但有几类的书,仍旧有熟读的必要:如心爱的诗歌,如精彩的文章,熟读多些,于自己的作品上也有良好的影响。读此外的书,虽不须念熟,也要一句一句念出来,中国书如此,外国书更要如此,念书的功用能使我们格外明了每一句的构造,句中各部分的关系。往往一遍念不通,要念两遍以上,方才能明白的。读好的小说尚且要如此,何况读关于思想学问的书呢?

心到是每章每句每字意义如何?何以如是?这样用心考究。但是用心不是叫人枯坐冥想,是要靠外面的设备及思想的方法的帮助。要做到这一点,须要有几个条件:

(一)字典,辞典,参考书等等工具要完备。这几样工具虽不能办到,也当到图书馆去看。我个人的意见是奉劝大家,当衣服,卖田地,至少要置备一点好的工具。比如买一本《韦氏大字典》,胜于请几个先生。这种先生终身跟着你,终身享受不尽。

(二)要做文法上的分析。用文法的知识,作文法上的分析,要懂得文法构造,方才懂得它的意义。

(三)有时要比较参考,有时要融会贯通,方能了解。不可单看字面。一个字往往有许多意义,读者容易上当。例如 turn 这字:

作外动字解有十五解,

作内动字解有十三解,

作名词解有二十六解,

共五十四解,而成语不算。

又如 strike:

作外动字解有三十一解,

作内动字解有十六解,

作名词解有十八解，

共六十五解。

又如 go 字最容易了，然而这个字：

作内动字解有二十二解，

作外动字解有三解，

作名词解有九解，

共三十四解。

以上是英文字须要加以考究的例子。英文字典是完备的，但是某一字在某一句究竟用第几个意义呢？这就非比较上下文，或贯串全篇，不能懂了。

中文较英文更难，现在举几个例：

祭文中第一句"维某年月日"之"维"字，究作何解？字典上说它是虚字。《诗经》里"维"字有二百多，必须细细比较研究，然后知道这个字有种种意义。

又《诗经》之"于"字，"之子于归""凤凰于飞"等句，"于"字究作何解？非仔细考究是不懂的。又"言"字人人知道，但在《诗经》中就发生问题，必须比较，然后知"言"字为联接字。诸如此例甚多，中国古书很难读，古字典又不适用，非是用比较归纳的研究方法，我们如何懂得呢？

总之，读书要会疑，忽略过去，不会有问题，便没有进益。

宋儒张载说："读书先要会疑。于不疑处有疑，方是进矣。"他又说："在可疑而不疑者，不曾学。学则须疑。"又说："学贵心悟，守旧无功。"

宋儒程颐说："学原于思。"

这样看起来，读书要求心到；不要怕疑难，只怕没有疑难。工具要完备，思想要精密就不怕疑难了。

现在要说手到。手到就是要劳动劳动你的贵手。读书单靠眼到，口到，心到，还不够；必须还得自己动动手，才有所得。例如：

(1)标点分段，是要动手的。

(2)翻查字典及参考书，是要动手的。

(3)做读书札记，是要动手的。札记又可分四类：

(a)抄录备忘。

(b)作提要，节要。

(c)自己记录心得。张载说："心中苟有所开，即便札记。不则还塞之矣。"

(d)参考诸书，融会贯通，作有系统的著作。

手到的功用。我常说：发表是吸收知识和思想的绝妙方法。吸收进来的知识思想，无论是看书来的，或是听讲来的，都只是模糊零碎，都算不得我们自己的东西。自己必须做一番手脚,或做提要,或做说明,或做讨论,自己重新组织过,申叙过,用自己的语言记述过——那种知识思想方才可算是你自己的了。

我可以举一个例。你也会说"进化",他也会谈"进化",但你对于"进化"这个观念的见解未必是很正确的,未必是很清楚的;也许只是一种"道听途说",也许只是一种时髦的口号。这种知识算不得知识,更算不得是"你的"知识。假使你听了我这句话,不服气,今晚回去就去遍翻各种书籍,仔细研究进化论的科学上的根据;假使你翻了几天书之后,发愤动手,把你研究所得写成一篇读书札记。假使你真动手写了这么一篇"我为什么相信进化论?"的札记,列举了:

(一)生物学上的证据;

(二)比较解剖学上的证据;

(三)比较胚胎学上的证据;

(四)地质学和古生物学上的证据;

(五)考古学上的证据;

(六)社会学和人类学上的证据。

到这个时候,你所有关于"进化论"的知识,经过了一番组织安排,经过了自己的去取叙述,这时候这些知识方才可算是你自己的了。所以我说,发表是吸收的利器;又可以说,手到是心到的法门。

至于动手标点,动手翻字典,动手查书,都是极要紧的读书秘诀,诸位千万不要轻轻放过。内中自己动手翻书一项尤为要紧。我记得前几年我曾劝顾颉刚先生标点姚际恒的《古今伪书考》。当初我知道他的生活困难,希望他标点一部书付印,卖几个钱。那部书是很薄的一本,我以为他一两个星期就可以标点完了。哪知顾先生一去半年,还不曾交卷。原来他于每条引的书,都去翻查原书,仔细校对,注出出处,注明原书卷第,注明删节之处。他动手半年之后,来对我说,《古今伪书考》不必付印了,他现在要编辑一部疑古的丛书,叫做"辨伪丛刊"。我很赞成他这个计划,让他去动手。他动手了一两年之后,更进步了,又超过那"辨伪丛刊"的计划了,他要自己创作了。他前年以来,对于中国古史,做了许多辨伪的文字;他眼前的成绩早已超过崔述了,更不要说姚际恒了。顾先生将来在中国史学界的贡献一定不可限量,但我们要知道他成功的最大原因是他的手到的功夫勤而且精。我们可以说,没有动手不勤快而能读书的,没有手不到而能成学者的。

第二要讲什么叫"博"。

什么书都要读，就是博。古人说"开卷有益"，我也主张这个意思，所以说读书第一要精，第二要博。我们主张"博"有两个意思：

第一，为预备参考资料计，不可不博。

第二，为做一个有用的人计，不可不博。

第一，为预备参考资料计。

在座的人，大多数是戴眼镜的。诸位为什么要戴眼镜？岂不是因为戴了眼镜，从前看不见的，现在看得见了；从前很小的，现在看得很大了；从前看不分明的，现在看得清楚分明了？王荆公说得最好：

世之不见全经久矣。读经而已，则不足以知经。故某目百家诸子之书，至于《难经素问本草》诸小说，无所不读；农夫女工，无所不问；然后于经为能知其大体而无疑。盖后世学者与先王之时异矣；不如是，不足以尽圣人故也……致其知而后读，以有所去取，故异学不能乱也。惟其不能乱，故能有所去取者，所以明吾道而已。（《答曾子固》）

他说："致其知而后读。"又说："读经而已，则不足以知经。"即如《墨子》一书在一百年前，清朝的学者懂得此书还不多。到了近来，有人知道光学、几何学、力学、工程学等，一看《墨子》，才知道其中有许多部分是必须用这些科学的知识方才能懂的。后来有人知道了伦理学、心理学等，懂得《墨子》更多了。读别种书愈多，《墨子》愈懂得多。

所以我们也说，读一书而已则不足以知一书。多读书，然后可以专读一书。譬如读《诗经》，你若先读了北大出版的《歌谣周刊》，便觉得《诗经》好懂多了；你若先读过社会学、人类学，你懂更多了；你若先读过文字学、古音韵学，你懂得更多了；你若读过考古学、比较宗教学等，你懂得的更多了。

你要想读佛家唯识宗的书吗？最好多读点伦理学、心理学、比较宗教学、变态心理学。无论读什么书总要多配几副好眼镜。

你们记得达尔文研究生物进化的故事吗？达尔文研究生物演变的现状，前后凡三十多年，积了无数材料，想不出一个简单贯串的说明。有一天他无意中读马尔萨斯的《人口论》，忽然大悟生存竞争的原则，于是得着物竞天择的道理，遂成一部破天荒的名著，给后世思想界打开一个新纪元。

所以要博学者，只是要加添参考的材料，要使我们读书时容易得"暗示"；遇着疑难时，东一个暗示，西一个暗示，就不至于呆读死书了。这叫做"致其知而后读"。

第二，为做人计。

专工一技一艺的人，只知一样，除此之外，一无所知。这一类的人，影响于社会很少。好有一比,比一根旗杆,只是一根孤拐,孤单可怜。

又有些人广泛博览,而一无所专长,虽可以到处受一班贱人的欢迎,其实也是一种废物。这一类人,也好有一比,比一张很大的薄纸,禁不起风吹雨打。

在社会上,这两种人都是没有什么大影响,为个人计,也很少乐趣。

理想中的学者,既能博大,又能精深。精深的方面,是他的专门学问。博大的方面,是他的旁搜博览。博大要几乎无所不知,精深要几乎唯他独尊,无人能及。他用他的专门学问做中心,次及于直接相关的各种学问,次及于间接相关的各种学问,次及于不很相关的各种学问,以次及毫不相关的各种泛览。这样的学者,也有一比,比埃及的金字三角塔。那金字塔高四百八十英尺,底边各边长七百六十四英尺。塔的最高度代表最精深的专门学问,从此点以次递减,代表那旁收博览的各种相关或不相关的学问。塔底的面积代表博大的范围,精深的造诣,博大的同情心。这样的人,对社会是极有用的人才,对自己也能充分享受人生的趣味。宋儒程颢说得好:

须是大其心使开阔;譬如为九层之台,须大做脚始得。

博学正所以"大其心使开阔",我曾把这番意思编成两句粗浅的口号,现在拿出来贡献给诸位朋友,作为读书的目标:

为学要如金字塔,
要能广大要能高。

(《北大学者谈读书》,北京图书馆出版社 2002 年版)

论读书

林语堂

【林语堂(1895—1976)，福建龙溪（现福建省漳州市平和县坂仔镇）人。原名和乐，后改玉堂，又改语堂。笔名毛驴、宰予、岂青等，中国当代著名学者、文学家、语言学家。早年留学国外，回国后在北京大学等著名大学任教，1966年定居台湾，一生著述颇丰。】

　　读书本是一种心灵的活动，向来算为清高。说破读书本质，"心灵"而已。"万般皆下品，唯有读书高。"所以读书向称为雅事乐事。但是现在雅事乐事已经不雅不乐了。读书，开茅塞，除鄙见，得新知，增学问，广识见，养性灵。人之初生，都是好学好问，及其长成，受种种的俗见俗闻所蔽，毛孔骨节，如有一层包膜，失了聪明，逐渐顽腐。读书便是将此层蔽塞聪明的包膜剥下。能将此层剥下，才是读书人。一人在世上，对于学问是这样的：幼时认为什么都不懂，大学时自认为什么都懂，毕业后才知道什么都不懂，中年又以为什么都懂，到晚年才觉悟一切都不懂。

　　至于语言无味，都全看你所读是什么书及读书的方法。读书读出味来，语言自然有味，语言有味，做出文章亦必有味。有人读书读了半世，亦读不出什么味儿来，都是因为读不合的书，及不得其读法。读书须先知味。读书知味。世上多少强读人，听到此语否？这味字，是读书的关键。所谓味，是不可捉摸的，一人有一人胃口，各不相同，所好的味亦异，所以必先知其所好，始能读出味来。有人自幼嚼书本，老大不能通一经，便是食古不化勉强读书所致。袁中郎所谓读所好之书，所不好之书可让他人读之，这是知味的读法。若必强读，消化不来，必生疖积胃滞诸病。

口之于味,不可强同,不能因我的所嗜好以强人。先生不能以其所好强学生去读。父亲亦不得以其所好强儿子去读。所以书不可强读,强读必无效,反而有害,这是读书之第一义。有愚人请人开一张必读书目,硬着头皮咬着牙根去读,殊不知读书须求气质相合。人之气质各有不同,英人俗语所谓"在一人吃来是补品,在他人吃来是毒质"。因为听说某书是名着,因为,要做通人,硬着头皮去读,结果必毫无所得。过后思之,如作一场噩梦。甚且终身视读书为畏途,提起书名来便头痛。萧伯纳说许多英国人终身不看莎士比亚,就是因为幼年塾师强迫背诵神卜的果。许多人离校以后,终身不再看诗,不看历史,亦是旨趣未到学校迫其必修所致。

所以读书不可勉强,因为学问思想是慢慢胚胎滋长出来。其滋长自有滋长的道理,如草木之荣枯,河流之转向,各有其自然之势。逆势必无成就。树木的南枝遮荫,自会向北枝发展,否则枯槁以待毙。河流遇了矶石悬崖,也会转向,不是硬冲,只要顺势流下,总有流入东海之一日。世上无人人必读之书,只有在某时某地某种心境不得不读之书。警句。有你所应读,我所万不可读,有此时可读,彼时不可读,即使有必读之书,亦决非此时此刻所必读。见解未到,必不可读,思想发育程度未到,亦不可读。孔子说五十可以学易,便是说四十五岁时尚不可读《易经》。刘知幾几少读古文《尚书》,挨打亦读不来,后听同学读《左传》,甚好之,求授《左传》,乃易成诵。《庄子》本是必读之书,然假使读《庄子》觉得索然无味,只好放弃,过了几年再读。对《庄子》感觉兴味,然后读《庄子》,对马克思感觉兴味,然后读马克思。

且同一本书,同一读者,一时可读出一时之味道出来。其景况适如看一名人相片,或读名人文章,未见面时,是一种味道,见了面交谈之后,再看其相片,或读其文章,自有另外一层深切的理会。或是与其人绝交以后,看其照片,读其文章,亦另有一番味道。四十学《易》是一种味道,五十而学《易》,又是一种味道。所以凡是好书都值得重读的。自己见解愈深,学问愈进,愈读得出味道来。

由是可知读书有二方面,一是作者,一是读者。所以读书必以气质相近,而凡人读书必找一位同调的先贤,一位气质与你相近的作家,作为老师。因为气质性灵相近,所以乐此不疲,流连忘返,流连忘返,始可深入,深入后,如受春风化雨之赐,欣欣向荣,学业大进。

谁是气质与你相近的先贤,只有你知道,也无需人家指导,更无人能勉强,你找到这样一位作家,自会一见如故,苏东坡初读庄子,如有胸中久积的话,被他说出;袁中郎夜读徐文长诗,叫唤起来,叫复读,读复叫,便是此理。这与"一见倾心"之性爱同一道理。你遇到这样作家,自会恨相见太晚。一人必有一人中意的作家,各人自己去找去。找到了文学上的爱人,他自会有魔力吸引你,而你也乐自为所吸,甚至声音相貌,一颦一笑,亦渐与相似,这样浸润其中,自然获益不少,将来年事渐长,厌此情人,再找别的情人,到了经过两三个情人,或是四五个情人,大概你自己也已受了熏陶不浅,思想已经成熟,自己也就成了一位作家。若找不到情人,东览西阅,所读的未必能沁入魂灵深处,便是逢场作戏,逢场作戏,不会有心得,学问不会有成就。

知道情人滋味,便知道苦学二字是骗人的话。学者每为"苦学"或"困学"二字所误。读书成名的人,只有乐,没有苦。据说古人读书有追月法、刺股法、又丫头监读法。其实都是很笨。读书无兴味,昏昏欲睡,始拿锥子在股上刺一下,这是愚不可当。一人书本摆在面前,有中外贤人向你说极精彩的话,尚且想睡觉,便应当去睡觉,刺股亦无益。叫丫头陪读,等打盹时唤醒你,已是下流,亦应去睡觉,不应读书。而且此法极不卫生,不睡觉,只有读坏身体,不会读出书的精彩来。若已读出书的精彩来,便不想睡觉,故无丫头唤醒之必要。刻苦耐劳,淬励奋勉是应该的,但不应视读书为苦。视读书为苦,第一着已走了错路。天下读书成名的人皆以读书为乐;汝以为苦,彼却沉湎以为至乐。比如一人打麻将,或如人挟妓冶游,流连忘返,寝食俱废,始读出书来。以我所知国文好的学生,都是偷看几百万言的三国水浒而来,决不是一学年读五十六页文选,国文会读好的。试问在偷读三国水浒之人,读书有什么苦处?何尝算页数?好学的人,是书无所不窥,窥就是偷看。于书无所不偷看的人,大概学会成名。

有人读书必装腔作势,或嫌板凳太硬,或嫌光线太弱,这都是读书未入门路,未觉兴味所致。有人做不出文章,怪房间冷,恐蚊子多,怪稿纸发光,怪马路上电车声音太嘈杂,其实都是因为文思不来,写一句,停一句。一人不好读书,总有种种理由。"春天不是读书天,夏日炎炎最好眠,等到秋来冬又至,不知等待到来年。"其实读书是四季咸宜。古所谓"书淫"之人,无论何时何地可读书皆手不释卷,这样才成读书人样子。读书要为书而读,不是为读而读。顾千里裸体读经,便是一例,即使暑气炎热,至非裸体不可,亦要读经。欧阳修在马上厕上皆可做文章,因为文思一来,非做不可,非必正襟危坐明窗净几才可做文章。一人要读书则澡堂、马路、洋车上、厕上、图书馆、理发室,皆可读。而且必办到洋车上、理发室都必读书,才可以读成书。

读书须有胆识,有眼光,有毅力。胆识二字拆不开,要有识,必敢有自己意见,即使一时与前人不同亦不妨。前人能说得我服,是前人是,前人不能服我,是前人非。人心之不同如其面,要脚踏实地,不可舍己耘人。诗或好李,或好杜,文或好苏,或好韩,各人要凭良知,读其所好,然后所谓好,说得好的道理出来。或竟苏韩皆不好,亦不必惭愧,亦须说出不好的理由来,或某名人文集,众人所称而你独恶之,则或系汝自己学力见识未到,或果然汝是而人非。学力未到,等过几年再读,若学力已到而汝是人非,则将来必发现与汝同情之人。刘知幾几少时读前后汉书,怪前书不应有《古今人表》,后书宜为更始立纪。当时闻者责以童子轻议前哲,乃"赧然自失,无辞以对",后来偏偏发见张衡、范晔等,持见与之相同,此乃刘知幾之读书胆识。因其读书皆得之襟腑,非人云亦云,所以能着成《史通》一书。如此读书,处处有我的真知灼见,得一分见解是一分学问,除一种俗见,算一分进步,才不会落入圈套,满口滥调,一知半解,似是而非。

(《北大学者谈读书》,北京图书馆出版社 2002 年版)

谈读书

朱光潜

【朱光潜(1897—1986),安徽桐城人,笔名孟实、盟石。中国美学家、文艺理论家、教育家、翻译家。朱光潜是北京大学一级教授、中国社会科学院学部委员,被选为全国政协二、三、四、五届委员、六届政协常务委员,民盟三、四届中央委员,中国文学艺术界联合委员会委员,中国外国文学学会常务理事。】

十几年前我曾经写过一篇短文谈读书,这问题实在是谈不尽,而且这些年来我的见解也有些变迁,现在再就这问题谈一回,趁便把上次谈学问有未尽的话略加补充。

学问不只是读书,而读书究竟是学问的一个重要途径。因为学问不仅是个人的事而是全人类的事,每科学问到了现在的阶段,是全人类分工努力日积月累所得到的成就,而这成就还没有湮没,就全靠有书籍记载流传下来。书籍是过去人类的精神遗产的宝库,也可以说是人类文化学术前进轨迹上的里程碑。我们就现阶段的文化学术求前进,必定根据过去人类已得到成就做出发点。如果抹煞过去人类已得的成就,我们说不定要把出发点移回到几百年甚至几千年前,纵然能前进,也还是开倒车落伍。读书是要清算过去人类成就的总账,把几千年的人类思想经验在短促的几十年内重温一遍,把过去无数亿万人辛苦获来的知识教训,集中到读者一个人身上去受用。有了这种准备,一个人才能在学问途程上作万里长征,去发现新的世界。

历史愈前进,人类的精神遗产愈丰富,书籍愈浩繁,而读书也就愈不易。书籍固然可贵,却也是一种累,可以变成研究学问的障碍。它至少有两大流弊。第一,书多易使读书不专精。我国古代学者因书籍难得,皓首穷年才能治一经,书虽读得少,读一部却就是一部,口诵心惟,嘴嚼得烂熟,透入身心,变成一种精神的原动力,一生受用不尽。现在书籍易得,一个青年学者就可夸口曾过目万卷,"过目"的虽多,"留心"的却少,譬如饮食,不消化的东西积得愈多,愈易酿成肠胃病,许多浮浅虚骄的习气都由耳食肤受所养成。其次,书多易使读者迷方向。任何一种学问的书籍现在都可装满一个图书馆,其中真正绝对不可不读的基本著作往往不过数千部甚至于数部。许多初学者贪多而不务得,在无足轻重的书籍上浪费时间与精力,就不免把基本要籍耽搁了;比如学哲学的尽管看过无数种的哲学史和哲学概论,却没有看过一种柏拉图的《对话集》。学经济学的尽管读过无数种的教科书,却没有看过亚当·斯密的《原富》。做学问如作战,须攻坚挫锐,占住要塞。目标太多了,掩埋了坚锐所在,只东打一拳,西踢一脚,就成了"消耗战"。

读书并不在多,最重要的是选得精,读得彻底,与其读十部无关轻重的书,不如以读十部书的时间和精力去读一部真正值得读的书;与其十部书都只能泛览一遍,不如取一部书精读十遍。"旧书不厌百回读,熟读深思子自知",这两句诗值得每个读书人悬为座右铭。读书原为自己受用,多读不能算是荣誉,少读也不能算是羞耻。少读如果彻底必能养成深思熟虑的习惯,涵泳优游,以至于变化气质;多读而不求甚解,譬如驰骋十里洋场,随珍奇满目,徒惹得心花意乱,空手而归。世间许多人读书只为装点门面,如暴发户炫耀家私,以多为贵。这在治学方面是自欺欺人,在做人方面是趣味低劣。

读的书当分种类,一种是为获得现世界公民所必需的常识,一种是为做专门学问。为获常识起见,目前一般中学和大学初年级的课程,如果认真学习,也就很够用。所谓认真学习,熟读讲义课本并不济事,每科必须精选要籍三五种来仔细玩索一番。常识课程总共不过十数种,每种选读要籍三五种,总计应读的书也不过 50 部左右。这不能算是过奢的要求。一般读书人所读过的书大半不止此数,他们不能得实益,是因为他们没有选择,而静读时又只潦草滑过。

常识不但是现世界公民所必需,就是专门学者也不能缺少它。近代科学分野严密,治一科学者多固步自封,以专门为借口,对其他相关学问毫不过问。这对于分工研究或许是必要,而对于淹通深造却是牺牲。宇宙本为有机体,其中事理彼此息息相关,牵其一即动其余,所以研究事理的种种学问在表面上虽可分别,在实际上却不能割开。世间绝没有一科孤立绝缘的学问。比如政治学须牵涉到历史、经济、法律、哲学、心理学以至于外交、军事等等,如果一个人对于这些相关学问未曾问津,入手就要专门习政治学,愈前进必愈感困难,如老鼠钻牛角,愈钻愈窄,寻不着出路。其他学问也大抵如此,不能通就不能专,不能博就不能约。先博学而后守约,这是治任何学问所必守的程序。我们只看学术史,凡是在某一科学问有大成就的人,都必定于许多它科学问有深广的基础。目前我国一般青年学子动辄喜言专门,以至于许多专门学者对于极基本的学科毫无常识。这种风气也许是在国外大学做博士论文的先生们所酿成的。它影响到我们的大学课程,许多学系所设的科目"专"到不近情理,在外国大学研究院里也不一定有。这好像逼吃奶的小孩去嚼肉骨,岂不是误人子弟?

有些人读书,全凭自己的兴趣。今天遇到一部有趣的书就把预拟做的事丢开,用全副精力去读它;明天遇到另一部有趣的书,仍是如此办,虽然这两书在性质上毫不相关。一年之中可以时而习天文,时而研究蜜蜂,时而读莎士比亚。在旁人认为重要而自己不感兴味的书都一概置之不理。这种读法有如打游击,亦如蜜蜂采蜜。它的好处在使读书成为乐事,对于一时兴到的著作可以深入,久而久之,可以养成一种不平凡的思路与胸襟。它的坏处在使读书泛滥而无所归宿,缺乏专门研究所必需的"经院式"的系统训练,产生畸形的发展,对于某一方面知识过于重视,对于另一方面知识可以很蒙昧。我的朋友中有专读冷僻书籍,对于正经正史从未过问的,他在文学上虽有造就,但不能算是专门学者。如果一个人有时间与精力允许他过享乐主义的生活,不把读书当作工作而只当做消遣,这种蜜蜂采蜜式的读书法原亦未尝不可采用。但是一个人如果抱有成就一种学问的志愿,他就不能不有预定计划与系统。对于他,读书不仅是追求兴趣,尤其是一种训练,一种准备。有些有趣的书他须得牺牲,也有些初看很枯燥的书他必须咬定牙关去硬啃,久了他自然还可以啃出滋味来。

读书须有一个中心去维持兴趣,或是科目,或是问题。以科目为中心时,就要精选那一科的要籍,一部一部地从头到尾读,以求对于该科得到一个概括的了解,作进一步高深研究的准备。读文学作品以作家为中心,读史学作品以时代为中心,也属于这一类。以问题为中心时,心中先须有一个待研究的问题。然后采关于这问题的书籍去读,用意在搜集材料和诸家对于这问题的意见,以供自己权衡去取,推求结论。重要的书仍须全看,其余的这里看一章,那里看一节,得到所要搜集的材料就可以丢手。这是一般做研究工作者所常用的方法,对于初学不相宜。不过初学者以科目为中心时,仍可约略采取以问题

为中心的微意。一书作几遍看,每一遍只着重某一方面。苏东坡与王朗书曾谈到这个方法:

少年为学者,每一书皆作数次读之。当如入海百货皆有,人之精力不能并收尽取,但是其所欲求者耳。故愿学者每一次作一意求之,如欲求古今兴亡治乱圣贤作用,且只作此意求之,勿生余念;又别作一次求事迹文物之类,亦如之。他皆做此。若学成,八面受敌,与慕涉猎者不可同日而语。

朱子尝劝他的门人采用这个方法。它是精读的一个要诀,可以养成仔细分析的习惯。举看小说为例,第一次但求故事结构,第二次但注意人物描写,第三次但求人物与故事的穿插,以至于对话、词藻、社会背景、人生态度等等都可如此逐次研求。

读书要有中心,有中心才易有系统组织。比如看史书,假定注意的中心是教育与政治的关系,则全书中所有关于这问题的史实都被这中心联系起,自成一个系统。以后读其他书籍如经子专集之类,自然也常遇着关于政教关系的事实与理论,它们也自然归到从前看史书时所形成的那个系统了。一个心里可以同时有许多系统中心,如一部字典有许多“部首”,每得一条新知识,就会依物以类聚的原则,汇归到它的性质相近的系统里去,就如拈新字贴进字典里去,是人旁的字都归到人部,是水旁的字都归到水部。大凡零星片段的知识,不但易忘,而且无用。每次所得的新知识必须与旧有的知识联络贯串,这就是说,必须围绕一个中心归聚到一个系统里去,才会生根,才会开花结果。

记忆力有它的限度,要把读过的书所形成的知识系统,原本枝叶都放在脑里储藏起来,在事实上往往不可能。如果不能储藏,过目即忘,则读亦等于不读。我们必须于脑以外另辟储藏室,把脑所储藏不尽的都移到那里去。这种储藏室在从前是笔记,在现在是卡片。记笔记和做卡片有如植物学家采集标本,须分门别类订成目录,采得一件就归入某一门某一类,时间过久了,采集的东西虽极多,却各有班位,条理井然。这是一个极合乎科学的办法,它不但可以节省脑力,储有用的材料,供将来的需要,还可以增强思想的条理化与系统化。预备做研究工作的人对于记笔记做卡片的训练,宜于早下工夫。

(《天资与修养——朱光潜谈阅读与欣赏》,辽宁教育出版社 2006 年版)

我的读书经验

冯友兰

【冯友兰(1895—1990),河南南阳唐河人。著名哲学家,1924年获哥伦比亚大学博士学位,历任中州大学(现在的河南大学)、广东大学、燕京大学教授、清华大学文学院院长兼哲学系主任,西南联大哲学系教授兼文学院院长,清华大学校务会议主席,北京大学哲学系教授,其哲学作品为中国哲学史的学科建设做出了重大贡献,被誉为"现代新儒家"。】

我今年八十七岁了,从七岁上学起就读书,一直读了八十年,其间基本上没有间断,不能说对于读书没有一点经验。我所读的书,大概都是文、史、哲方面的,特别是哲。我的经验总结起来有四点:(1)精其选,(2)解其言,(3)知其意,(4)明其理。

先说第一点。古今中外,积累起来的书真是多极了,真是浩如烟海,但是,书虽多,有永久价值的还是少数。可以把书分为三类,第一类是要精读的,第二类是可以泛读的,第三类是仅供翻阅的。所谓精读,是说要认真地读,扎扎实实地一个字一个字地读。所谓泛读,是说可以粗枝大叶地读,只要知道它大概说的是什么就行了。所谓翻阅,是说不要一个字一个字地读,不要一句话一句话地读,也不要一页一页地读。就像看报纸一样,随手一翻,看看大字标题,觉得有兴趣的地方就大略看看,没有兴趣的地方就随手翻过。听说在中国初有报纸的时候,有些人捧着报纸,就像念五经四书一样,一字一字地高声朗诵。照这个办法,一天的报纸,念一天也念不完。大多数的书,其实就像报纸上的新闻一样,有些可能轰动一时,但是昙花一现,不久就过去了。所以,书虽多,真正值得精读的并不多。下面所说的就指值得精读的书而言。

怎样知道哪些书是值得精读的呢?对于这个问题不必发愁。自古以来,已经有一位最公正的评选家,有许多推荐者向它推荐好书。这个选家就是时间,这些推荐者就是群众。历来的群众,把他们认为有价值的书,推荐给时间。时间照着他们的推荐,对于那些没有永久价值的书都刷下去了,把那些有永久价值的书流传下来。从古以来流传下来的书,都是经过历来群众的推荐,经过时间的选择,流传了下来。我们看见古代流传下来的书,大部分都是有价值的,我们心里觉得奇怪,怎么古人写的东西都是有价值的。其实这没有什么奇怪,他们所作的东西,也有许多没有价值的,不过这些没有价值的东西,没有为历代群众所推荐,在时间的考验上,落了选,被刷下去了。现在我们所称谓"经典著作"或"古典著作"的书都是经过时间考验,流传下来的。这一类的书都是应该精读的书。当然随着时间的推移和历史的发展,这些书之中还要有些被刷下去。不过直到现在为止,它们都是榜上有名的,我们只能看现在的榜。

我们心里先有了这个数,就可随着自己的专业选定一些需要精读的书。这就是要一本一本地读,所以在一个时间内只能读一本书,一本书读完了才能读第二本。在读的时候,先要解其言。这就是说,首先要懂得它的文字;它的文字就是它的语言。语言有中外之分,也有古今之别。就中国的汉语笼统地说,有现代汉语,有古代汉语,古代汉语统称为古文。详细地说,古文之中又有时代的不同,有先秦的古文,有两汉的古文,有魏晋的古文,有唐宋的古文。中国汉族的古书,都是用这些不同的古文写的。这些古文,都是用一般汉字写的,但是仅只认识汉字还不行。我们看不懂古人用古文写的书,古人也不会看懂我们现在的《人民日报》。这叫语言文字关。攻不破这道关,就看不见这道关里边是什么情况,不知道关里边是些什么东西,只好在关外指手划脚,那是不行的。我所说的解其言,就是要攻破这一道语言文字关。当然要攻这道关的时候,要先作许多准备,用许多工具,如字典和词典等工具书之类。这是当然的事,这里就不多谈了。

中国有句老话说是"书不尽言,言不尽意",意思是说,一部书上所写的总要比写那部书的人的话少,他所说的话总比他的意思少。一部书上所写的总要简单一些,不能像他所要说的话那样啰唆。这个缺点倒有办法可以克服。只要他不怕啰唆就可以了。好在笔墨纸张都很便宜,文章写得啰唆一点无非是多费一点笔墨纸张,那也不是了不起的事。可是言不尽意那种困难,就没有法子克服了。因为语言总离不了概念,概念对于具体事物来说,总不会完全合适，不过是一个大概轮廓而已。比如一个人说，他牙痛。牙是一个概念，痛是一个概念，牙痛又是一个概念。其实他不仅止于牙痛而已。那个痛，有一种特别的痛法，有一定的大小范围，有一定的深度。这都是很复杂的情况，不是仅仅牙痛两个字所能说清楚的，无论怎样啰唆他也说不出来的，言不尽意的困难就在于此。所以在读书的时候，即使书中的字都认得了，话全懂了，还未必能知道作书的人的意思。从前人说，读书要注意字里行间，又说读诗要得其"弦外音，味外味"。这都是说要在文字以外体会它的精神实质。这就是知其意。司马迁说过："好学深思之士，心知其意。"意是离不开语言文字的，但有些是语言文字所不能完全表达出来的。如果仅只局限于语言文字，死抓住语言文字不放，那就成为死读书了。死读书的人就是书呆子。语言文字是帮助了解书的意思的拐棍。既然知道了那个意思以后，最好扔了拐棍。这就是古人所说的"得意忘言"。在人与人的关系中，过河拆桥是不道德的事。但是，在读书中，就是要过河拆桥。

上面所说的"书不尽言"，"言不尽意"之下，还可再加一句"意不尽理"。理是客观的道理；意是著书的人的主观的认识和判断，也就是客观的道理在他的主观上的反映。理和意既然有主观客观之分，意和理就不能完全相合。人总是人，不是全知全能。他的主观上的反映、体会和判断，和客观的道理总要有一定的差距，有或大或小的错误。所以读书仅至得其意还不行，还要明其理，才不至于为前人的意所误。如果明其理了，我就有我自己的意。我的意当然也是主观的。也可能不完全合乎客观的理。但我可以把我的意和前人的意互相比较，互相补充，互相纠正。这就可能有一个比较正确的意。这个意是我的，我就可以用它处理事务，解决问题。好像我用我自己的腿走路，只要我心里一想走，腿就自然而然地走了。读书到这个程度就算是能活学活用，把书读活了。会读书的人能把死书读活；不会读书的人能把活书读死。把死书读活，就能把书为我所用，把活书读死，就是把我为书所用。能够用书而不为书所用，读书就算读到家了。

从前有人说过："六经注我，我注六经。"自己明白了那些客观的道理，自己有了意，把前人的意作为参考，这就是"六经注我"。不明白那些客观的道理，甚而至于没有得古人所有的意，而只在语言文字上推敲，那就是"我注六经"。只有达到"六经注我"的程度，才能真正地"我注六经"。

（《北大学者谈读书》，北京图书馆出版社 2002 年版）

我的读书经验

曹聚仁

【曹聚仁(1900—1972),浙江金华人。字挺岫,号听涛,笔名袁大郎、陈思、彭观清、丁舟等。我国现代著名作家、学者,作品有《文思》《北行小语》等。】

中年人有一种好处,会有人来请教什么什么之类的经验之谈。一个老庶务善于揩油,一个老裁缝善于偷布,一个老官僚善于刮刷,一个老政客善于弄鬼作怪,这些都是新手所钦佩所不得不请教的。好多年以前,上海某中学请了许多学者专家讲什么读书方法读书经验,后来还出一本专集。我约略翻过一下,只记得还是"多读多看多做"那些"好"方法,也就懒得翻下去。现在轮到我来谈什么读书的经验,悔当年不到某中学去听讲,又不把专集仔细看一看;提起笔来,觉得实在没有话可说。

记得四岁时,先父就叫我读书。从《大学》、《中庸》读起,一直读到《纲鉴易知录》,《近思录》;《诗经》统背过九次,《礼记》、《左传》念过两遍,只有《尔雅》只念过一遍。要说读经可以救国的话,我该是救国志士的老前辈了。那时候,读经的人并不算少,仍无补于清朝的危亡,终于做胜朝的遗民。先父大概也是维新党,光绪三十二年就办起小学来了;虽说小学里有读经的科目,我读完了《近思录》,就读商务印书馆出版的《高等小学国文教科书》;我仿读史的成例,用红笔把那部教科书从头圈到底,以示倾倒爱慕的热忱,还挨了先父一顿重手心。我的表弟在一只大柜上读《看图识字》,那上面有彩色图画;趁先父不在的时候,我就抢过来看。不读经而爱圈教科书,不圈教科书而抢看图识字,依痛哭流涕的古主任古直、江博士江亢虎的"读经""存文"义法看来,大清国是这样给我们亡了的;我一想起,总觉得有些歉然,所以宣统复辟,我也颇赞成。

先父时常叫我读《近思录》,《近思录》对于他很多不利之处。他平常读《四书》,只是用朱注,《近思录》上有周敦颐、张载、邵雍、程明道、程伊川种种不同的说法,他不能解释为什么同是贤人的话,有那样的大不同;最疑难的,明道和伊川兄弟俩也那样不大同,不知偏向那一面为是。我现在回想起来,有些地方他是说得非常含糊的。有一件事,他觉得很惊讶:我从《朱文公全集》找到一段朱子说岳飞跋扈不驯的记载,他不知道怎样说才好,既不便说朱子说错,又不便失敬岳武穆,只能含糊了事。有一年,他从杭州买了《王阳明全集》回来,那更多事了:有些地方,王阳明把朱熹驳得体无完肤,把朱熹的集注统翻过身来,谁是谁非,实在无法下判断。翻看的书愈多,疑问之处愈多,一个十一二岁的小孩已经不大信任朱老夫子了。

我的姑夫陈洪范,他是以善于幻想善于口辩为人们所爱好,亦以此为人们所嘲笑,说他是"白痴"。他告诉我们:"尧舜未必有其人,都是孔子、孟子造出来的。"他说得头头是道,我们很爱听;第二天,我特地去问他,他却又改口否认了。我的另一位同学,姓朱的;他说他的祖先朱××于太平天国乱事初起时,在广西做知县;"洪大全"的案子是朱××所捏造的。他还告诉我许多胥吏捏造人证物证的故事。姑夫虽否认孔孟捏造尧舜的话,我却有点相信。

我带着一肚子疑问到杭州省立第一师范去读书,从单不庵师研究一点考证学。我才明白不独朱熹说错,王阳明也说错;不独明道和伊川之间有不同,朱熹的晚年本与中年本亦有不同,不独宋人的说法纷歧百出,汉、魏、晋、唐多代亦纷纭万状;一部经书,可以有打不清的官司。本来想归依朴学,定于一尊,而吴、皖之学又有不同,段、王之学亦有出入;即是一个极小的问题,也不能依违两可,非以批判的态度,便无从接受前人的意见。姑夫所幻设的孔、孟捏造尧、舜的论议,从康有为《孔子改制考》、《新学伪经考》找到有力的证据,而岳武穆跋扈不驯的史实,在马端临《文献通考》得了确证。这才恍然大悟,"前人恃胸臆以为断,其袭取者多谬,而不谬者反在其所弃"(戴东原语)。信古总要上当的。单师不庵读书之博,见闻之广,记忆力之强,足够使我们佩服;他所指示正统派的考证方法和精神,也帮助解决了不少疑难。我对于他的信仰,差不多支持十年之久。

然而幻灭期毕竟到来了。五四运动所带来的社会思潮,使我们厌倦于琐碎的考证。胡适的《中国哲学史大纲》带来实证主义的方法,人生问题、社会问题的讨论,带来广大的研究对象,文学哲学社会……的名著翻译,带来新鲜的学术空气,人人炽燃着知识欲,人人向往于西洋文明。在整理国故方面,梁启超的《中国历史研究法》，顾颉刚的古史讨论，也把从前康有为手中带浪漫气氛的今文学，变成切切实实的新考证学。我们那位姓陈的姑夫，他的幻想不独有康有为证明于前，顾颉刚又定谳于后了。这样，我对于素所尊敬的单不庵师也颇有点怀疑起来。甚而对于戴东原的信仰也大大动摇，渐渐和章实斋相接近了。我和单不庵师第二次相处于西湖省立图书馆（民国十六年），这一相处，使我对于他完全失了信仰。他是那样的渊博，却又那样地没有一点自己的见解；读的书很多，从来理不成一个系统。他是和鹤见祐辅所举的亚克敦卿一样，"蚂蚁一般勤劬的学殖，有了那样的教养，度着那么具有余裕的生活，却没有留下一卷传世的书；虽从他的讲义录里，也不能寻比一个创见来。他的生涯中，是缺少着人类最上的力的那创造力的。他就像戈壁的沙漠的吸流水一样，吸收了知识，却并一泓清泉也不能喷到地上面来"。省立图书馆中还有一位同事——嘉兴陆仲襄先生也是这样的。这可以说是上一代那些读古书的人的共同悲哀。

我有点佩服德国大哲人康德（Kunt），他能那样的看了一种书，接受了一个人的见解，又立刻能把那人那书的思想排逐了出去，永远不把别人的思想砖头在自己的周围砌起墙头来。那样博学，又能那样构成自己的哲学体系，真是难能可贵的！

我读了三十年，实在没有什么经验可说。若非说不可，那只能这样：

第一，时时怀疑古人和古书；

第二，有胆量背叛自己的父师；

第三，组织自我的思想系统。

若要我对青年们说一句经验之谈，也只能这样：爱惜精神，莫读古书！

（《文路沧桑：中国著名作家自述》，浙江大学出版社 2008 年版）

我的苦学经验

丰子恺

【丰子恺（1898—1975），浙江崇德（今桐乡）人。曾用名丰润、丰仁、婴行，字仁，号子恺。中国现代画家、散文家、美术教育家、音乐教育家、漫画家和翻译家，是一位卓有成就的文艺大师。】

　　我于1919年，二十二岁的时候，毕业于杭州的浙江省立第一师范学校。这学校是初级师范。我在故乡的高等小学毕业，考入这学校，在那里肄业五年而毕业。故这学校的程度，相当于现在的中学校，不过是以养成小学教师为目的的。

　　但我于暑假时在这初级师范毕业后，既不作小学教师，也不升学，却就在同年的秋季，来上海创办专门学校，而作专门科的教师了。这种事情，现在我自己回想想也觉得可笑。但当时自有种种的因缘，使我走到这条路上。因缘者何？因为我是偶然入师范学校的，并不是抱了作小学教师的目的而入师范学校的。故我在校中只是埋头攻学，并不注意于教育。在四年级的时候，我的兴味忽然集中在图画上了。甚至抛弃其他一切课业而专习图画，或托事请假而到西湖上去作风景写生。所以我在校的前几年，学期考试的成绩屡列第一名，而毕业时已降至第二十名。因此毕业之后，当然无意于作小学教师，而希望发挥自己所热衷的图画。但我的家境不许我升学而专修绘画。正在踌躇之际，恰好有同校的高等师范图画手工专修科毕业的吴梦非君，和新从日本研究音乐而归国的旧同学刘质平君，计议在上海创办一个养成图画音乐手工教员的学校，名曰专科师范学校。他们正在招求同人。刘君知道我热衷于图画而又无法升学，就来拉我去帮办。我也不自量力,贸然地答允了他。于是我就做了专科师范的创办人之一,而在这学校之中教授西洋画等课了。这当然是很勉强的事。我所有关于绘画的学识,不过在初级师范时偷闲画了几幅木炭石膏模型写生,又在晚上请校内的先生教些日本文,自己向师范学校的藏书楼中借得一部日本明治年间出版的《正则洋画讲义》,从其中窥得一些陈腐的绘画知识而已。我犹记得,这时候我因为自己只有一点对于石膏模型写生的兴味,故竭力主张"忠实写生"的画法,以为绘画以忠实模写自然为第一要义。又向学生演说,谓中国画的不忠于写实,为其最大的缺点;自然中含有无穷的美,唯能忠实于自然模写者,方能发见其美。就拿自己在师范学校时放弃了晚间的自修课而私下在图画教室中费了十七小时而描成的 Venus 头像的木炭画揭示学生,以鼓励他们的忠实写生。当 1920 年的时代,而我在上海的绘画专门学校中励行这样的画风,现在回想起来,真是闭门造车。然而当时的环境,颇能容纳我这种教法。因为当时中国宣传西洋画的机关绝少,上海只有一所美术专门学校,专科师范是第二个兴起者。当时社会上人士,大半尚未知道西洋画为何物,或以为美女月份牌就是西洋画的代表,或以为香烟牌子就是西洋画的代表。所以在世界上看来我虽然是闭门造车,但在中国之内,我这种教法大可卖野人头呢。但野人头终于不能常卖,后来我渐渐觉得自己的教法陈腐而有破绽了,因为上海宣传西洋画的机关日渐多起来,从东西洋留学归国的西洋画家也时有所闻了。我又在上海的日本书店内购得了几册美术杂志,从中窥知了一些最近西洋画界的消息,以及日本美术界的盛况,觉得从前在《正则洋画讲义》中所得的西洋画知识,实在太陈腐而狭小了。虽然别的绘画学校并不见有比我更新的教法,归国的美术家也并没有什么发表,但我对于自己的信用已渐渐丧失,不敢再在教室中扬眉瞬目而卖野人头了。我懊悔自己冒昧地当了这教师。我在布置静物写生标本的时候,曾为了一只青皮的橘子而起自伤之念,以为我自己犹似一只半生半熟的橘子,现在带着青皮卖掉,给人家当作习画标本了。我想窥见西洋画的全豹,我也想到东西洋去留学,做了美术家而归国。但是我的境遇不许我留学。况且我这时候已经有了妻子。做教师所得的钱,赡养家庭尚且不够,哪里来留学的钱呢?经过了许久烦恼的日月,终于决定非赴日本不可。我在专科师范中当了一年半的教师,在 1921 年的早春,向我的姊丈周印池君借了四百块钱(这笔钱我才于二三年前还他。我很感谢他第一个惠我的同情),就抛弃了家庭,独自冒险地到东京去了。得去且去,以后的问题以后再说。至少,我用完了这四百块钱而回国,总得看一看东京美术界的状况了。

但到了东京之后,就有许多关切的亲戚朋友,设法接济我的经济。我的岳父给我约了一个一千元的会，按期寄洋钱给我，专科师范的同人吴、刘二君，亦各以金钱相遗赠，结果我一共得了约二千块钱，在东京维持了足足十个月的用度，到了同年的冬季，金尽而返国。这一去称为留学嫌太短，称为旅行嫌太长，成了三不像的东西。同时我的生活也是三不像的。我在这十个月内，前五个月是上午到洋画研究会中去习画，下午读日本文。后五个月废止了日本文，而每日下午到音乐研究会中去学提琴，晚上又去学英文。然而各科都常常请假，拿请假的时间来参观展览会，听音乐会，访图书馆，看 opera（歌剧），以及游玩名胜，钻旧书店，跑夜摊（Yomise）。因为这时候我已觉悟了各种学问的深广，我只有区区十个月的求学时间，决不济事。不如走马看花，吸呼一些东京艺术界的空气而回国吧。幸而我对于日本文，在国内时已约略懂得一点，会话也早已学得了几声。到东京后，旅舍中唤茶、商店中买物等事，勉强能够对付。我初到东京的时候，随了众同国人入东亚预备学校学习日语，嫌其程度太低，教法太慢，读了几个礼拜就辍学。自己异想天开，为了学习日本语的目的，向一个英语学校的初级班报名，每日去听讲两小时。他们是从 A boy, A dog 教起的，所用的英文教本与开明第一英文读本程度相同。对于英文我已完全懂得，我的目的是要听这位日本先生怎样地用日本语来解说我所已懂得的英文，便在这时候偷取日本语会话的诀窍，这异想天开的办法果然成功了。我在那英语学校里听了一个月讲，果然于日语会话及听讲上获得了很多的进步。同时看书的能力也进步起来。本来我只能看《正则洋画讲义》一类的刻板的叙述体文字，现在连《不如归》和《金色夜叉》（日本旧时很著名的两部小说）都会读了。我的对于文学的兴味，是从这时候开始的。以后我就为了学习英语的目的而另入一英语学校。我报名入最高的一班，他们教我读伊尔文的 Sketch Book。这时候我方才知道英文中有这许多难记的生字（我在师范学校毕业时只读到《天方夜谭》）。兴味一浓，我便嫌先生教得太慢。后来在旧书店里找到了一册 Sketch Book 讲义录，内有详细的注解和日译文，我确信这可以自修，便辍了学，每晚伏在东京的旅舍中自修 Sketch Book。我自己限定于几个礼拜之内把此书中所有一切生字抄写在一张图画纸上，把每字剪成一块块的纸牌，放在一只匣子中。每天晚上，象摸数算命一般地向匣子中探摸纸牌，温习生字。不久生字都记诵，Sketch Book 全部都会读，而读起别的英语小说来也很自由了。路上遇见英语学校的同学，询知道他们只教了全书的几分之一，我心中觉得非常得意。从此我对于学问相信用机械的方法而下苦功。知识这样东西，要其能够于应用，分量原是有限的。我们要获得一种知识，可以先定一个范围，立一个预算，每日学习若干，则若干日可以学毕，然后每日切实地实行，非大故不准间断,如同吃饭一样。照我当时的求学的勇气预算起来,要得各种学问都不难:东西洋知名的几册文学大作品,我可以克日读完;德文法文等,我都可以依赖各种自修书而在最短时期内学得读书的能力;提琴教本《Homahmn》五册,我能每日练习四小时而在一年之内学毕;除了绘画不能硬要进步以外,其余的学问,在我都可以用机械的用功方法来探求其门径。然而这都是梦想,我的正式求学的时间只有十个月,能学得几许的学问呢?我回国之后,回想在东京所得的,只是描了十个月的木炭画,拉完了三本《IIomahmn》,此外又带了一些读日本文和读英文的能力而回国。回国之后,我为了生活和还债,非操职业不可。没有别的职业可操,只得仍旧做教师。一直做到了今年的秋季。十年来我不断地在各处的学校中做图画音乐或艺术理论的教师。一场重大的伤寒病令我停止了教师的生活。现在蛰居在嘉兴的穷巷老屋中,伴着了药炉茶灶而写这篇稿子。

故我出了中学以后,正式求学的时期只有可怜的十个月。此后都是非正式的求学,即在教课的余暇读几册书而已。但我的绘画音乐的技术,从此日渐荒废了。因为技术不比别的学问,需要种种的设备,又需要每日不断的练习时间。研究绘画须有画室,研究音乐须有乐器,设备不周就无从用功。停止了几天,笔法就生疏,手指就僵硬。做教师的人,居处无定,时间又无定,教课准备又忙碌,虽有利用课余以研究艺术的梦想,但每每不能实行。日久荒废更甚。我的油画箱和提琴,久已高搁在书橱的最高层,其上积着寸多厚的灰尘了。手痒的时候,拿毛笔在废纸上涂抹,偶然成了那种漫画。口痒的时候,在口琴上吹奏简单的旋律,令家里的孩子们和着了唱歌,聊以慰藉我对于音乐的嗜好。世间与我境遇相似而酷嗜艺术的青年们,听了我的自述,恐要寒心吧!

但我幸而还有一种可以自慰的事,这便是读书。我的正式求学的十个月,给了我一些阅读外国文的能力。读书不像研究绘画音乐地需要设备,也不像研究绘画音乐地需要每日不断的练习。只要有钱买书,空的时候便可阅读。我因此得在十年的非正式求学期中读了几册关于绘画、音乐艺术等的书籍,知道了世间的一些些事。我在教课的时候,常把自己所读过的书译述出来,给学生们做讲义。后来有朋友开书店,我乘机把这些讲义稿子交他刊印为书籍,不期地走到了译著的一条路上。现在我还是以读书和译著为生活。回顾我的正式求学时代,初级师范的五年只给我一个学业的基础,东京的十个月间的绘画音乐的技术练习已付诸东流。独有非正式求学时代的读书,十年来一直随伴着我,慰藉我的寂寥,扶持我的生活。这真是以前所梦想不到的偶然的结果。我的一生都是偶然的,偶然入师范学校,偶然欢喜绘画音乐,偶然读书,偶然译著,此后正不知还要逢到何种偶然的机缘呢。

　　读我这篇自述的青年诸君！你们也许以为我的读书生活是幸运而快乐的;其实不然,我的读书是很苦的。你们都是正式求学,正式求学可以堂堂皇皇地读书,这才是幸运而快乐的。但我是非正式求学,我只能伺候教课的余暇而偷偷隐隐地读书。做教师的人,上课的时候当然不能读书,开会议的时候不能读书,监督自修的时候也不能读书,学生课外来问难的时候又不能读书,要预备明天的教授的时候又不能读书。担任了它一小时的功课,便是这学校的先生,便有参加会议、监督自修、解答问难、预备教授的义务;不复为自由的身体,不能随了读书的兴味而读书了。我们读书常被教务所打断,常被教务所分心,决不能像正式求学的诸君的专一。所以我的读书,不得不用机械的方法而下苦功,我的用功都是硬做的。

　　我在学校中,每每看见用功的青年们,闲坐在校园里的青草地上,或桃花树下,伴着了蜂蜂蝶蝶、燕燕莺莺,手执一卷而用功。我羡慕他们,真像潇洒的林下之士！又有用功的青年们,拥着棉被高枕而卧在寝室里的眠床中,手执一卷而用功。我也羡慕他们,真像耽书的大学问家！有时我走近他们去,借问他们所读为何书,原来是英文数学或史地理化,他们是在预备明天的考试。这使我更加要羡慕煞了。他们能用这样轻快闲适的态度而研究这类知识科学的书,岂真有所谓"过目不忘"的神力么？要是我读这种书,我非吃苦不可。我须得埋头在案上,行种种机械的方法而用笨功,以硬求记诵。诸君倘要听我的笨话,我愿把我的笨法子一一说给你们听。

　　在我,只有诗歌、小说、文艺,可以闲坐在草上花下或偃卧在眠床中阅读。要我读外国语或知识学科的书,我必须用笨功。请就这两种分述之。

　　第一,我以为要通一国的国语,须学得三种要素,即构成其国语的材料、方法,以及其语言的腔调。材料就是"单语",方法就是"文法",腔调就是"会话"。我要学得这三种要素,都非行机械的方法而用笨功不可。

　　"单语"是一国语的根底。任凭你有何等的聪明力,不记单语决不能读外国文的书,学生们对于学科要求伴着趣味,但谙记生字极少有趣味可伴,只得劳你费点心了。我的笨法子即如前所述,要读 Sketch Book,先把 Sketch Book 中所有的生字写成纸牌,放在匣中,每天摸出来记诵一遍。记牢了的纸牌放在一边,记不牢的纸牌放在另一边,以便明天再记。每天温习已经记牢的字,勿使忘记。等到全部记诵了,然后读书,那时候便觉得痛快流畅,其趣味颇足以抵偿摸纸牌时的辛苦。我想熟读英文字典,曾统计字典上的字数,预算每天记诵二十个字,若干时日可以记完。但终于未曾实行。倘能假我数年正式求学的日月,我一定已经实行这计划了。因为我曾仔细考虑过,要自由阅读一切的英语书籍,只有熟读字典是最根本的善法。后来我向日本购买一册《和英根底一万语》,假如其中一半是我所已知的,则每天记二十个字,不到一年就可记完,但这计划实行之后,终于半途而废。阻碍我的实行的,都是教课。记诵《和英根底一万语》的计划,现在我还保留在心中,等候实行的机会呢。我的学习日本语,也是用机械的硬记法。在师范学校时,就在晚上请校中的先生教日语。后来我买了一厚册的《日语完璧》,把后面所附的分类单语,用前述的方法一一记诵。当时只是硬记,不能应用,且发音也不正确;后来我到了日本,从日本人的口中听到我以前所硬记的单语,实证之后,我脑际的印象便特别鲜明,不易忘记。这时候的愉快也很可以抵偿我在国内硬记时的辛苦。这种愉快使我甘心消受硬记的辛苦,又使我始终确信硬记单语是学外国语的最根本的善法。

关于学习"文法",我也用机械的笨法子。我不读文法教科书,我的机械的方法是"对读"。例如拿一册英文圣书和一册中文圣书并列在案头,一句一句地对读。积起经验来,便可实际理解英语的构造和各种词句的腔调。圣书之外,他种英文名著和名译,我亦常拿来对读。日本有种种英和对译丛书,左页是英文,右页是日译,下方附以注解。我曾从这种丛书得到不少的便利。文法原是本于论理的,只要论理的观念明白,便不学文法,不分 noun 与 verb 亦可以读通英文。但对读的态度当然是要非常认真。须要一句一字地对勘,不解的地方不可轻轻通过,必须明白了全句的组织,然后前进。我相信认真地对读几部名作,其功效足可抵得学校中数年英文教科。——这也可说是无福享受正式求学的人的自慰的话;能入学校中受先生教导,当然比自修更为幸福。我也知道入学是幸福的,但我真犯贱,嫌它过于幸福了。自己不费钻研而袖手听讲,由先生拖长了时日而慢慢地教去,幸福固然幸福了,但求学心切的人怎能耐烦呢? 求学的兴味怎能不被打断呢? 学一种外国语要拖长许久的时日,我们的人生有几回可供拖长呢? 语言文字,不过是求学问的一种工具,不是学问的本身。学些工具都要拖长许久的时日,此生还来得及研究几许学问呢? 拖长了时日而学外国语,真是俗语所谓"拉得被头直,天亮了!"我固然无福消受入校正式求学的幸福;但因了这个理由,我也不愿消受这种幸福,而宁愿独自来用笨功。

关于"会话",即关于言语的腔调的学习,我又喜用笨法子。学外国语必须通会话。与外国人对晤当然须通会话,但自己读书也非通会话不可。因为不通会话,不能体会语言的腔调;腔调是语言的神情所寄托的地方,不能体会腔调,便不能彻底理解诗歌小说戏剧等文学作品的精神。故学外国语必须通会话。能与外国人共处,当然最便于学会话。但我不幸而没有这种机会,我未曾到过西洋,我又是未到东京时先在国内自习会话的。我的学习会话,也用笨法子,其法就是"熟读"。我选定了一册良好而完全的会话书,每日熟读一课,尅期读完。熟读的方法更笨,说来也许要惹人笑。我每天自己上一课新书,规定读十遍。计算遍数,用选举开票的方法,每读一遍,用铅笔在书的下端划一笔,便凑成一个字。不过所凑成的不是选举开票用的"正"字,而是一个"读"字。例如第一天读第一课,读十遍,每读一遍画一笔,便在第一课下面画了一个"言"字旁和一个"士"字头。第二天读第二课,亦读十遍,亦在第二课下面画一个"言"字和一个"士"字,继续又把昨天所读的第一课温习五遍,即在第一课的下面加了一个"四"字。第三天在第三课下画一"言"字和"士"字,继续温习昨日的第二课,在第二课下面加一"四"字,又继续温习前日的第一课,在第一课下面再加了一个"目"字。第四天在第四课下面画一"言"字和一"士"字,继续在第三课下加一"四"字,第二课下加一"目"字,第一课下加一"八"字,到了第四天而第一课下面的"读"字方始完成。这样下去,每课下面的"读"字,逐一完成。"读"字共有二十二笔,故每课共读二十二遍,即生书读十遍,第二天温五遍,第三天又温五遍,第四天再温二遍。故我的旧书中,都有铅笔画成的"读"字,每课下面有了一个完全的"读"字,即表示已经熟读了。这办法有些好处:分四天温习,屡次反复,容易读熟。我完全信托这机械的方法,每天像和尚念经一般地笨读。但如法读下去,前面的各课自会逐渐地从我的唇间背诵出来,这在我又感得一种愉快,这愉快也足可抵偿笨读的辛苦,使我始终好笨而不迁。会话熟读的效果,我于英语尚未得到实证的机会,但于日本语我已经实证了。我在国内时只是笨读,虽然发音和语调都不正确,但会话的资料已经完备了。故一听到日本人的说话,就不难就自己所已有的资料而改正其发音和语调,比较到了日本而从头学起来的,进步快速得多。不但会话,我又常从对读的名著中选择几篇自己所最爱读的短文,把它分为数段,而用前述的笨法子按日熟读。例如 Stevenson 和夏目漱石的作品,是我所最喜熟读的材料。我的对于外国语的理解,和对于文学作品的理解,都因了这熟读的方法而增进一些。这益使我始终好笨而不迁了。——以上是我对于外国语的学习法。

第二,对于知识学科的书的读法,我也有一种见地:知识学科的书,其目的主要在于事实的报告;我们读史地理化等书,亦无非欲知道事实。凡一种事实,必有一个系统。分门别类,原原本本,然后成为一册知识学科的书。读这种书的第一要点,是把握其事实的系统。即读者也须原原本本地谙记其事实的系统,却不可从局部着手。例如研究地理,必须原原本本地探求世界共分几大洲,每大洲有几国,每国有何种山川形胜等。则读毕之后,你的头脑中就摄取了地理的全部学问的梗概,虽然未曾详知各国各地的细情,但地理是什么样一种学问,我们已经知道了。反之,若不从大处着眼,而孜孜从事于局部的记忆,即使你能背诵喜马拉雅山高几尺,尼罗河长几里,也只算一种零星的知识,却不是研究地理。故把握系统,是读知识学科的书籍的第一要点。头脑清楚而记忆力强大的人,凡读一书,能处处注意其系统,而在自己的头脑中分门别类,作成井然的条理;虽未看到书中详叙细事的地方,亦能知道这详叙位在全系统中哪一门哪一类哪一条之下,及其在全部中重要程度如何。这仿佛在读者的头脑中画出全书的一览表,我认为这是知识书籍的最良的读法。

但我的头脑没有这样清楚,我的记忆力没有这样强大。我的头脑中地位狭窄,画不起一览表来。倘教我闲坐在草上花下或偃卧在眠床中而读知识学科的书,我读到后面便忘记前面。终于弄得条理不分,心烦意乱,而读书的趣味完全灭杀了。所以我又不得不用笨法子。我可用一本 note book 来代替我的头脑,在 note book 中画出全书的一览表。所以我读书非常吃苦,我必须准备了 note book 和笔,埋头在案上阅读。读到纲领的地方,就在 note book 上列表,读到重要的地方,就在 note book 上摘要。读到后面,又须时时翻阅前面的摘记,以明此章此节在全体中的位置。读完之后,我便抛开书籍,把 note book 上的一览表温习数次。再从这一览表中摘要,而在自己的头脑中画出一个极简单的一览表。于是这部书总算读过了。我凡读知识学科的书,必须用 note book 摘录其内容的一览表。所以十年以来,积了许多的 note book,经过了几次迁居损失之后,现在的废书架上还留剩着半尺多高的一堆 note book 呢。

我没有正式求学的福分,我所知道于世间的一些些事,都是从自己读书而得来的;而我的读书,都须用上述的机械的笨法子。所以看见闲坐在青草地上,桃花树下,伴着了蜂蜂蝶蝶、燕燕莺莺而读英文数学教科书的青年学生,或拥着棉被高枕而卧在眠床中读史地理化教科书的青年学生,我羡慕得真要怀疑!

(《文路沧桑:中国著名作家自述》,浙江大学出版社 2008 年版)

我的读书经历

杨宪益

【杨宪益(1915—2009),生于天津,祖籍安徽盱眙。中国著名翻译家、外国文学研究专家、诗人。与夫人戴乃迭合作翻译全本《红楼梦》、全本《儒林外史》等多部中国历史名著,产生了广泛影响。】

我小时读书的条件很好,家里有不少先辈留下来的旧书,可以偷着自由翻看。这些各式各样的旧书,从一些经史子集的专著到明清近代的笔记小说,还有整套的林译"说部丛书"。

我没上过小学,相当于别家孩子上小学的年纪,家里给我请了一位中文老师,是个秀才。我在老师的指导下读书。初读的书是《三字经》《百家姓》《龙文鞭影》《千家诗》。10岁以后读"四书",然后是《诗经》《书经》《左传》。此外还有《古文观止》《古文释义》《唐诗三百首》《楚辞》,这些都是要背诵的。我小时记性不错,一般的书分段读个二三遍,就可以背下来了,所以并不感到吃力。

上了中学以后,古文就放下来了。在初中时,兴趣主要是英文以及中外史地和自然科学知识声光化电之类。到了高中阶段,我主要花时间在课外阅读方面。当时天津有两家外文书店,我经常去买书,看了不少外文书,因此兴趣也就转到西方文学方面去了。同时我有一个要好的同学廉世聪爱写一些旧体诗,我因此向他学习,也写了不少古诗。英文诗也试译过一些,同时也模仿写过几首。

中学毕业时,家里同意让我去英国读大学。我决定考牛津大学,读希腊拉丁文学。在这期间又读了不少书,不限于外国文学方面,还有历史、地理、音乐、美术、民俗学、心理学、哲学等等,我对什么都有兴趣。也开始读了一些马恩列斯的马克思主义的经典著作。

回国以后,头几年在内地教书,当时是抗日战争期间,外国的新书不容易看到,读书就限于中国文学方面。后来在重庆到了一个国立编译馆做翻译工作。编译馆有一个不错的图书馆,收藏了不少过去人编辑的各种丛书,这样又读了不少文史杂集、笔记小说之类。由于一些偶然的条件和朋友们的鼓励和启发,开始写一些有关文史考据和古代中外史地方面的笔记。

建国后这三十多年,主要时间和精力都放在翻译工作方面,尤其是外文翻译方面,聊以自慰的是搞文字翻译的时间多了,在这方面也算做出了一定成绩。

在学习方法上,重要的一条是首先要启发学习者对某方面知识的兴趣,并且主要靠自学。英国牛津大学的教学,实行的是导师制,每个学生被指定有一个或两个导师,每星期只约定时间谈个一两小时,让导师了解一下这个星期读了哪些书,看看所写的短篇论文或笔记,指点一下,提供一些在所学方面需要读的书,此外时间完全由自己支配,上午或下午愿意去听一些公开讲课也可以,不愿听课,去图书馆自己读书也可以。一般读书都在晚上到深夜,或找些同学彼此交换意见,互相启发。我觉得这种启发式读书方法比坐在课堂里听许多课的死灌方法要好得多。其次就是博与专的问题,我认为开始读书,范围还是广泛一些为好。兴趣开头广泛点总比一开头就专门研究一个小的方面要好。开头涉猎群书,总不免要杂一些。问题在于要先博后专。也许有人会说,天下学问那么多,怎么能读尽所有的书? 实际上,读书也不是那么难的事,只要对一门学问感到兴趣,就会钻进去,把问题弄懂。专门研究一行,觉得搞不清楚的时候,就要去看看其他方面的材料,天下事物都是互相联系的。研究一个文学方面的问题,往往要查一下当时的历史资料,也许还需要研究一下地理,也许还要点外文知识,也许还要研究一下古代和现代的天文历法、民间风俗习惯等等,有时甚至要一点自然科学常识。在治学上,广泛的知识总是必要的,广泛要与专精相辅相成。

(《文史知识》1986 年第 2 期)

谈谈怎样读书

王 力

【王力（1900—1986），广西博白县人。中国现代语言学奠基人之一，著名语言学家、教育家、翻译家、散文家和诗人，北京大学中文系一级教授。曾担任中国文字改革委员会委员、副主任，国家语言文字工作委员会顾问，中国科学院哲学社会科学部委员，中国语言学会名誉会长，中国逻辑与语言函授大学名誉校长。】

中国的书是很多的，光古书就浩如烟海，一辈子也读不完，所以读书要有选择。清末张之洞写了一本书叫《书目答问》，是为他的学生写的，他的学生等于我们现在的研究生。他说写这本书有三个目的：第一个目的是给这些学生指出一个门径，从何入手；第二个目的是要他们选择良莠，即好不好，好的书才念，不好的书不念；第三个目的是分门别类，再加些注解，以帮学生念书。从《书目答问》看，读书就有个选择的问题，好书才读，不好的就不用读。他开的书单子是很长的，我们今天要求大家把他提到的书都读过也不可能，今天读书恐怕要比《书目答问》提出的书少得多。我们没有那么多时间，因此，选择书很重要。不加选择，如果读的是一本没有用处的书，或者是一本坏书，那就是浪费时间。不只是浪费时间，有时还接受些错误的东西。到底读什么不读什么？这要根据各人的专业来定。如对搞汉语史的来说，倘若一本书是专门研究"六书"的，或者专门研究什么叫"转注"的，像这样的书就不必去读，因为对研究汉语史没什么帮助。而像《说文段注》、《马氏文通》这样的书就不可不读了。因为《马氏文通》是我国最早的一部语法书，而读了《说文段注》，对《说文解字》就容易理解多了,这对研究汉语史很有帮助。读书要有选择,这是第一点,可以叫去粗取精。

第二点,叫由博返约。对于由博返约,现在大家不很注意,所以要讲一讲。我们研究一门学问,不能说限定在那一门学问里的书我才念,别的书我不念。你如果不读别的书,只陷在你搞的那一门的书里边,这是很不足取的,一定念不好,因为你的知识面太窄了,碰到别的问题你就不懂了。过去有个坏习惯,研究生只是选个题目,这题目也相当大,但只写论文了,别的书都没念,将来做学问就有很大的局限性。如果来做老师,那就更不好了。搞汉语史的,除了关于汉语史的一些书要读,还有很多别的书也要读,首先是历史,其次是文学。多啦,还是应该从博到专,即所谓由博返约。

第三点,要厚今薄古。这是什么意思呢?因为前人的书,如果有好的,现代人已经研究,并加以总结和发挥了。我们念今人的书,古人的书也包括在里边了。如果这书质量不高,没什么价值,那就大可不念。《书目答问》中就提到过这一点,张之洞说,他选的大多是清朝的书,有些古书,也是清朝人整理并加注解的,比如经书,十三经,也是经清朝人整理并加注解的。从前,好的书经清朝人整理就行了,不好的书,清朝人就不管它了。他的意思,也就是我上面说的那个意思。他的话可适用于现在,并不需要把很多古书都读完,那也做不到。

其次谈怎样读书。

首先应当读书的序例,即序文和凡例。过去我们有个坏习惯,以为看正文就行了,序例可以不看。其实序例里有很多好东西。序常常讲到写书的纲领,目的。替别人作序的,还讲书的优点。凡例是作者认为应该注意的地方。这些都很好,我们却常常忽略。《说文段注》的序是在最后的,我建议你们念《说文段注》时应该把序提到前面来念。《说文序》,段玉裁也加了注,更应该念,《说文段注》有王念孙的序,很重要。主要讲《说文段注》之所以写得好,是因为作者讲究音韵,掌握了古音,能从音到义。王念孙的序把段注整部书的优点都讲了。再如《马氏文通》的序和凡例是很好的东西,序里有句话:"会集众字以成文,其道终不变。"序里讲了语法的稳定性,给语法下了定义。凡例说明了人们为什么要学语法,他为什么要写一本语法书。不单是《说文段注》和《马氏文通》这两部书,别的书也一样,看书必须十分注意序文和凡例。

其次,要摘要作笔记。现在人们喜欢在书的旁边圈点,表示重要。这个好,但是还不够,最好把重要的地方抄下来。这有什么好处呢?张之洞《书目答问》中有一句话很重要,他说:"读书不知要领,劳而无功。"一本书什么地方重要,什么地方不重要,你看不出来,那就劳而无功。现在有些人念书能把有用的东西吸收进去,有的人并没有吸收进去,看是看了,却都忘了。为什么?因为他就知道看,不知道什么地方是好的,什么地方是最重要的,精采的,这个书就白念了。这些人就知道死记硬背,背得很多,背下来有没有用处呢?有些人并不死记硬背,有些地方甚至马马虎虎就看过去了,但念到重要的地方他就一点不放过,把它记下来。所以读书要摘要作笔记。

第三点,应当考虑着作眉批,在书的天头加自己的评论。看一本书,如果自己一点意见都没有,可以说你没有好好看,你好好看,总会有些意见的。所以最好在书眉,又叫天头,即书上边空的地方作些眉批。试试看,我觉得这本书什么地方好,什么地方不合适,都可以加上评论。从前我念过的那本《马氏文通》,上边都写有眉批,那时我才 26 岁,也是在清华当研究生。我在某一点上不同意书里的意见,有我自己的看法,就都写在上边了。今天拿来看,有些批的是对的,有些批错了,但没关系,因为这经过了自己的考虑。批人家,自己就得用一番心思,这样,对那本书的印象就特别深。自己作眉批,可以帮你读书,把书的内容吸收进去。也可用另外的办法,把记笔记和写书评结合在一起,把书评写在笔记里边,这样很方便。准备一个笔记本,一方面把书里重要的地方记下来;另一方面,也把自己对书里的某些讲法的不同意见记下来。

另外,要写读书报告。如果你作了笔记,又作了眉批,读书报告就很好写了。最近看了一篇文章,一篇很好的读书报告,就是赵振铎的《读〈广雅疏证〉》,可以向他学习。《广雅疏证》没有凡例,他给它定了凡例,《疏证》是怎么写的,有什么优点,他都讲到了。像这样写个读书报告就很好,好的读书报告简直就是一篇好的学术论文。

(《读书文摘》2007 年第 3 期)

读书的方法

钟敬文

【钟敬文(1903—2002),广东海丰人。他毕生致力
于教育事业和民间文学、民俗学的研究和创作工作,贡
献卓著。是我国民俗学家、民间文学大师、现代散文作
家。首任全国民俗学会理事长。】

　　读书,顾名思义,就是同书本打交道。也许有人会问,这也需要方法
吗? 当然需要。琢磨一套适当的方法,会有利于增进读书的效果。

　　假如一个同学天天读书,投入的精力很多,读什么记什么,这是不是
最好的阅读之道呢? 这样读书,也是一种读书法,古人叫做"记诵之学",
他这样用功地读书,绝对比不读书、不记诵要好。但这种读书,不能成为
一种学问,不算是上乘的读书。因为他得来的知识是死的。我认为,正确
的读书方法,既要记诵,也要思考。读书多是好事;但还要用种种科学知
识来帮助理解书本的内容;重要的是,要使书本上的知识"活"起来,这就
要想,要思考。记诵与思考,二者不可偏废。

　　在读书的过程中,要给思考留下余地。你在求知时,学进来的东西,
如果没有同你原有的知识碰头,就只能摆在那里,不发生化学作用,无法
变成你自己的养料。人的胃能够处理各种食物,自动地把它们划分为营
养和废料,再根据人体的需要,分别输送给不同的器官。读书者需要动
脑,吸收书本上的知识,为增长学问所用,这也和胃功能的原理是一样的。
读书而能消化,书本知识就能与原有的知识融合在一起,产生化学变化,
然后把需要补进的知识变成自己的学问,把不需要的东西排除掉,当做垃
圾处理。

200

读书之法，还要量力，要有节奏。人胃口的吞吐量是有限的，读书也如此，贪多求快，不讲章法，便会出现反作用，过犹不及。我年轻的时候就吃过这种贪读的亏。30年代，我在日本留学，有一阵子废寝忘食地读西方理论书，雄心很大，以为争分夺秒地看书，就能把这些书都吞下去，其实我搞错了。我所在城市的书店，当时出了一套世界社科名著，很轻易地就吊起了我这个书呆子的胃口。这套书的作者，都是世界第一流的学者，我看了真是爱不释手。因为读得快，来不及思考、咀嚼，结果后来能用上的很少。它们没有成为我的血肉，成为我知识上宝贵的东西，倘若我当年且读且思，以后它们对我的帮助可能就会大些。

我读马列主义的著作较早，大概在20年代后期就接触到了。但马列主义成为我思维上的一种要素，成为我的马克思主义观，而不是客观的附属物，是在40年代以后。当时日军侵略中国，民族的生死存亡到了最危险的时刻，我这个一向被认为是书斋学者的人，也丢下书本，来到前线。那场伟大的民族解放斗争彻底改变了我，从此我的思想也"活"起来了。再回头看马克思主义的理论，它也跟着"活"起来了，脑瓜子里的思想与从前不一样了。以后，马列主义的书，对我来说，已不是单纯摆在书架上的，而是同我的思想观念、认识结构、乃至感情联系在一起的。我在自己的著作中能够比较真正应用它。

现在年轻人的学历、经历和我们那一代人不一样了。新中国成立后一个时期，由于严峻的国际局势，自己关门搞建设，同世界文化沟通得很少。改革开放以来，国外的思想、学说也涌进了国门，一时令人应接不暇。青年人对新事物敏感，这当然是好现象。但也有些青年学生，对外来的理论没经过认真的思考和消化，就盲目地追逐，结果让自己的头脑成了外国理论的跑马场。里面即使有好东西也不能好好地加以利用，更不要说分辨良莠了。这种情况，应该引起警惕。古人说，"学而不思则罔，思而不学则殆"。这些青年人，对自己不熟悉的东西，几近"不思"、"不学"，那就不可避免地要陷入"罔"和"殆"的危机。我看是不能这样继续下去的。大家要有清醒的意识，要在读书上多用脑。读外国书如此，读中国书也如此。

书，是写书的专家学者记载下来的社会、人生、自然界的情况，或者思想家、艺术家的观念和情感。对读者来讲，它是间接的，是书的作者对现实生活的感应的记录。对读书人说来，这些记录，都不是自己所亲历感受而得的，它是第二手的知识。我认为，更重要的是要得到第一手知识。我们既要读人家所写的书，也要自己去体验生活。有了自己的体验，再去读书，那收获就大不一样了。这时，能吸收，也能分辨，能批评，还能增加自信心。刚才说到我学习马克思主义著作的方法，能从一般阅读到应用，就是在我参加了重大的社会活动后，才达到这一步的。强调读书人的实践，不等于说读书得来的第二手知识不重要，因为第二手知识也是真理的组成部分。我的意思是说，读书决不可废，但是不能光凭书本知识。现在的研究生，大都是"三门"型的，有的读书很勤奋，但轻视社会知识；有的甚至搞理论与实践倒挂，结果是妨碍了自己的学术创造力。从我近年招收研究生的情况看，社会实践这一课，还是要补的。一些年轻的博士生走上教学科研工作岗位后也感到，只会念书，不懂社会，就很难有出色的学术后劲，更不要说很好地报效国家了。

　　以上，我从正反两个方面讲了读书的方法和道理。现在我以九十多岁的高龄，保证这些道理是正确的，决不是假话和一般的说教。

　　在大学里，学生读书，老师也在读书。老师要教好书，就要多读书，不能天天在那里吃老本，不进步。对大学老师来讲，读书，也牵扯到目的、态度和方法，上面这三方面的道理，对他们也应该适用。

《中国教育报》2002 年 3 月 6 日）

关于读书的学问

余英时

【余英时（1930—　），祖籍安徽潜山。曾师从钱穆、杨联升，是当代华人世界著名历史学者，被部分学界人士认为是第三代新儒家的代表人物之一。】

读书方法因人而异、因目的而异、因学科而异、因书而异……所以读书方法是很不容易写的题目。而且一提到"读书方法"，好像便给人一种印象，以为读书有一定的方法，只要依之而行，便可读通一切的书。这是会发生误导作用的。

交互为用的读书方法

在构思这篇短文时还是不免踌躇，因为我从来没有系统地考虑过：我这几十年究竟是用哪些方法来读书的。现在回想起来，我似乎变换过很多次的读书方法，这和我自己的思想变迁以及时代思潮的影响都有关系。但是所谓"方法的变换"并不是有了新的方法便抛弃了旧的方法，而是方法增多了，不同的方法在不同的研读对象上可以交互为用。我从前提出过："史无定法"的观念，我现在也可以扩大为"读书无定法"。不过这样说对于青年读者似乎毫无用处。如果详细而具体地讲，那便非写一部很长的"读书自传"不可。

中国传统的读书法，讲得最亲切有味的无过于朱熹。《朱子语类》中有《总论为学之方》一卷和《读书法》两卷，我希望读者肯花点时间去读一读，对于怎样进入中国旧学问的世界一定有很大的帮助。朱子不但现身说法,而且也总结了荀子以来的读书经验,最能为我们指点门径。

我们不要以为这是中国的旧方法,和今天西方的新方法相比早已落伍了。我曾经比较过朱子读书法和今天西方所谓"诠释学"的异同,发现彼此相通之处甚多。"诠释学"所分析的各种层次,大致都可以在朱子的《语类》和《文集》中找得到。

读书的专精和博览

古今中外论读书,大致都不外专精和博览两途。

"专精"是指对古代经典之作必须下基础工夫。古代经典很多,今天已不能人人尽读。像清代戴震,不但十三经本文全能背诵,而且"注"也能背诵,只有"疏"不尽记得;这种功夫今天已不可能。因为我们的知识范围扩大了无数倍,无法集中在几部经、史上面。但是我们若有志治中国学问,还是要选几部经典,反复阅读,虽不必记诵,至少要熟。近人余嘉锡在他的《四库提要辨证》的《序录》中说:"董遇谓'读书百遍,而义自见'。固是不易之论。百遍纵或未能,三复必不可少。"至少我们必须在自己想进行专门研究的范围之内,作这样的努力。经典作品大致都已经过古人和今人的一再整理,我们早已比古人占许多便宜了。不但中国传统如此,西方现代的人文研究也还是如此。从前芝加哥大学有"伟大的典籍"的课程,也是要学生精熟若干经典。近来虽稍有松弛,但仍有人提倡精读柏拉图的《理想国》之类的作品。

精读的书给我们建立了做学问的基地;有了基地,我们才能扩展,这就是博览了。博览也需要有重点,不是漫无目的地乱翻。现代是知识爆炸的时代,古人所谓"一物不知,儒者之耻",已不合时宜了。所以我们必须配合着自己专业去逐步扩大知识的范围。这里需要训练自己的判断能力:哪些学科和自己的专业相关?在相关各科之中,我们又怎样建立一个循序发展的计划?各相关学科之中又有哪些书是属于"必读"的一类?这些问题我们可请教师友,也可以从现代人的著作中找到线索。这是现代大学制度给我们的特殊便利。

博览之书虽不必"三复",但也还是要择其精者作有系统的阅读,至少要一字不遗细读一遍。稍稍熟悉之后,才能"快读"、"跳读"。朱子曾说过:读书先要花十分气力才能毕一书,第二本书只用花七八分工夫便可完成了,以后越来越省力,也越来越快。这是从"十目一行"到"一目十行"的过程,无论专精和博览都无例外。

读书要虚心和谦逊

读书要"虚心",这是中国自古相传的不二法门。

朱子说得好:"读书别无法,只管看,便是法。正如呆人相似,挨来挨去,自己却未先要立意见,且虚心,只管看。看来看去,自然晓得。"

这似乎是最笨的方法,但其实是最聪明的方法。我劝读者诸君暂且不要信今天从西方搬来的许多意见,说什么我们的脑子已不是一张白纸,我们必然带着许多"先入之见"来读古人的书,"客观"是不可能的等等昏话。正因为我们有主观,我们读书时才必须尽最大的可能来求"客观的了解"。事实证明:不同主观的人,只要"虚心"读书,则也未尝不能彼此印证而相悦以解。如果"虚心"是不可能的,读书的结果只不过是各人加强已有的"主观",那又何必读书呢?

"虚"和"谦"是分不开的。我们读经典之作,甚至一般有学术价值的今人之作,总要先存一点谦逊的心理,不能一开始便狂妄自大。这是今天许多中国读书人常犯的一种通病,尤以治中国学问的人为甚。他们往往"尊西人若帝天,视西籍如神圣",凭着平时所得的一点西方观念,对中国古籍横加"批判",他们不是读书,而是像高高在上的法官,把中国书籍当作囚犯一样来审问、逼供。如果有人认为这是"创造"的表现,我想他大可不必浪费时间去读中国书。倒不如像鲁迅所说的"中国书一本也不必读,要读便读外国书",反而更干脆。不过读外国书也还是要谦逊,也还是不能狂妄自大。

古人当然是可以"批判"的,古书也不是没有漏洞。朱子说:"看文字,且信本句,不添字,那里原有罅缝,如合子相似,自家去抉开,不是浑沦底物,硬去凿。亦不可先立说,拿古人意来凑。"读书得见书中的"罅缝",已是有相当程度以后的事,不是初学便能达得到的境界。"硬去凿"、"先立说,拿古人意来凑"却恰恰是今天中国知识界最常见的病状。有志治中国学问的人应该好好记取朱子这几句话。

(《法制日报》2011 年 6 月 8 日)

在读书中思考

赵汀阳

【赵汀阳(1961—),广东汕头人。博士,现任中国社会科学院哲学研究所研究员。中国社会科学院互动知识中心主持。】

书对于我基本上就是劳动工具,就像工人的车床士兵的枪,而不是一种趣味。在书房读书和在外面坐在一块石头上读书没什么区别。不管一本书的作者是多么伟大的人,我都把他看成是一个对话者。只有这样才能看清楚,他哪些地方说对了,哪些地方不对。读书有助于思考问题,所以才读书。一旦产生了思想,就把书忘了。如果是无助于思想的书就不读了,没工夫读,我是个劳动者,要先考虑劳动。当然,在少年儿童时候,还没有学会思想和劳动,书大概就算是趣味和娱乐了。

一、《三国演义》看的次数最多

在"文革"期间上小学和中学的时候,好像那时人人都看书,可能是因为生活太贫乏。能看到的书,和现在没法比,许多书由于政治理由而不让看。但是,对于小孩来说,马马虎虎也够看的。家里本来有很多书,"文革"期间被抄走一大半。记得人人都看《钢铁是怎样炼成的》、《林海雪原》、《红岩》等革命小说。《红岩》很好看。还有一类就是古典小说。四大名著当时没有禁。我看得最多的是《红楼梦》和《三国演义》。最早看《红楼梦》是在小学四五年级的时候,《三国演义》看的时间更早些。看完一遍以后,还想看,又看一遍,看完了又想再看一遍,这样,《红楼梦》大概看了

206

六七遍,《三国演义》大概看了二十多遍。当时在学写格律诗词,所以经常看看《红楼梦》里面的诗词。当时眼光不行,以为《红楼梦》的诗词和唐诗宋词等古典诗词水平好像差不太多,中学时才看出《红楼梦》诗词其实比较一般,华丽有余,意境不够,文胜其质。就几乎不再看《红楼梦》了。至于《水浒》和《西游记》。《西游记》好长时间才断断续续地看完,看到一半就不想看了,千篇一律,妖怪都看混了,不知道哪个是哪个。许多年之后,看了周星驰的《大话西游》,比《西游记》有趣多了,唐僧是宣传家,唠里唠叨的。《水浒》倒是连贯地看完了,但感觉一般,一些土匪抢来抢去的,杀人如麻又没有正当理由。相比之下最支持《三国演义》,场面宏大,计谋复杂,人物有智慧。对刘备集团没有兴趣,诸葛亮其实没有大智慧。从来都支持曹操以及曹操集团中的人物,还有其他各种相对次要的人物。曹操、司马懿、郭嘉、贾诩、邓艾、钟会、张辽、徐晃等人,这些人都是大气能成事的人。曹操打过一些败仗,那是因为他有创造力,胜仗打太多了,智者也有失误。诸葛亮胆小,所以失误少,但也没干成什么漂亮事。《三国演义》里有些小故事尤其有趣,例如"秦宓答问",以《诗经》句子为典故巧妙回答关于天的问题,实在很强。此类智慧故事很多。

二、从文学到历史

上初中之后看《史记》。按照今天的眼光来看,《史记》属于学术著作,我那时是把它当文学著作来看的,觉得《史记》比《三国演义》更丰富,更加波澜壮阔,成王败寇,英雄一批批死去,不是英雄的也一批批死去,都有理由。项羽本纪、高祖本纪以及许多列传之类都非常好看。

在刺客列传中,荆轲名气最大,其实武艺不怎么高强,连秦始皇都打不过,他自己知道,所以开始向燕太子丹推荐了一个武功非常好的剑客去刺杀秦王,因为找不到这个人,他才去的,他很怕,但为了兑现诺言而去死,所以悲壮。豫让的故事是刺客里最深刻的,最有思想意味。豫让多次跳槽,原先在范氏、中行氏手下办事,后来投到智伯门下,智伯对他十分赏识,以国士待之。智伯又被赵襄子剿灭,全族被杀,就他一个人逃亡。他要杀赵襄子报仇,第一次暗杀赵襄子被抓住了,赵襄子觉得豫让讲义气,把他放了。后来豫让把漆涂抹在脸上身上,伪装患有严重皮肤病,第二次暗杀又被赵襄子抓住了,赵襄子说:你以前也侍奉范氏、中行氏,智伯把他们灭了,你怎么不向智伯报仇反而投奔他呢?豫让说,以前的几个主人把我看作一般人,我就以一般人的行为回报他们,智伯以国士待我,把我看作杰出人才,我就以杰出人才的行为回报他。赵襄子说,我因为你讲义气饶恕过你,也是对你有恩了,你又怎样解决问题呢?豫让的解决是,要求赵襄子脱下衣服,让他用剑刺衣,表示已经为智伯报仇,也算是回报赵襄子的宽恕,但这样的做法毕竟不是真的报仇,于是豫让以自杀作为最后的解决。当时就觉得这个解决非常诡异又非常深刻,后来在《论可能生活》中讨论过这个问题。

除了史记之类,也读一些国外的小说。当时图书馆已经被封了,但如果有熟人的话,还是可以拿书看。我有一个亲戚在图书馆工作,所以看了一些世界文学名著。像托尔斯泰、巴尔扎克、雨果之类的。西方小说更会写人,尤其是心理描写,精神反思深刻,是中国小说远远不及的,但有些太啰唆,俄国小说就看得不耐烦。在外国作家中,最喜欢莎士比亚的作品。先看了朱生豪的译本,后来又看了方平的译本。据说方平的译本更准确,但朱生豪文笔太好了,似乎更传神,更有气氛。大学时找来英文本看过几段,古英文读起来太费力,就算了,那时已经对文学作品没有热情了。

三、康德激发了哲学兴趣

1978年上大学之后文学作品看得不多,应该说很少。也看了一些现代作品。博尔赫兹的都很好,马尔克斯的《百年孤独》以及一些中短篇也很好,还有卡森·麦克勒斯的《伤心咖啡馆之歌》很动人,前几年又出过她的《心是孤独的猎人》。还有迪伦·马特的非标准侦探小说,看起来在写案件,实际上在写人性。爱伦坡的侦探小说也喜欢。后来认识了艾柯,于是读了他的《玫瑰之名》。这本小说太有名,人人见了他就要说这本书,艾柯好像比较烦,他更喜欢谈论学术而不是小说。不过我问他书里的毒药,类似中国传说的迷魂药,这他喜欢说,他说是一个化学家给的货真价实的配方,后来考虑到留着配方可能有点违法乱纪,就给烧了。国内作家的作品看得少,一时想不起来了,不过刘恒的《四条汉子》很有趣,这我记得。还读过王朔的《无知者无畏》,里面关于大众文化的分析令人佩服,像王朔这样全都是实话的书恐怕世所罕见。

因为学哲学做哲学,所以主要看的是哲学的书。读真正的哲学书是在大学从康德的《纯粹理性批判》开始的,蓝公武的文言译本,开始看不太懂,但觉得这是一种真正的哲学,它讨论分析问题,而不是告诉人一些可以背诵的据说是“原理”的东西。哲学原来是讨论问题的,这个发现对我是个觉悟。由此知道了那些原理和所谓哲理为什么都看不下去,那些原理和哲理都想充当标准答案,假如真是标准答案和真理,那还想什么?思想就不再需要了,人人都该歇着了,脑子也就废了。意识形态和宗教都希望人们不再思考,只想让人们去相信和背诵,这我就不乐意了。当我发现哲学其实是在讨论问题,就知道有事可做了。当时读康德的《纯粹理性批判》,不是字面上看不懂,而是不明白他为什么要讨论这些问题而不是那些问题,为什么这样分析而不是那样分析。我们班的盛晓明同学帮了我很大的忙,他的康德读得好,听他解说康德,感觉懂了。一旦搞清楚问题和目的,书就好读了。接着又读了康德其他的著作如《实践理性批判》和《道德形而上学》之类的。后来有了自己的哲学思路,就不同意康德理论了,但始终对康德充满敬意。

大学毕业后很长时间里没什么钱买书,也没有书架,书就堆地上,也没有什么书房。但这对思考问题没有影响,思考就是思考。现在留下来的旧书不多了,有一些后来发现对研究工作没什么用的被当做废品卖掉了,书已经淘汰好几轮了,因为没有足够的空间存放图书,只好淘汰一些书,把用得着的书剩下来。在有钱买书之前,主要是借图书馆的书看,尤其是英文版的专业书。1985 年到 1993 年左右,由于研究的是西学,就很少读中国书,都是在社科院图书馆借英文书读,其中维特根斯坦读得最多,至今对《逻辑哲学论》和《哲学研究》保持敬意。康德、胡塞尔以及别的也读得一些。后来对中国问题感兴趣,又重新读中国书,好像与读了费孝通的《乡土中国》有关,这本书读了许多遍,真是好书。近些年来读得多的是《尚书》、各种《春秋》、《礼记》、《国语》、《战国策》、《逸周书》、《仪礼》以及先秦诸子之类。年轻时候以为孔孟的书是最好的国学,后来发现管子、荀子、商鞅、韩非甚至吕不韦所讨论的问题比孔孟丰富多了,孔孟的思路其实很狭隘的。当然,最好的还是《尚书》。

读书也是一种劳动,而不是享乐。读书就是与书中思想进行对话,和作者一起讨论分析问题,不仅要提出自己的论证,还要替作者想下一步的反论以便反驳自己,问题越难就越有兴趣,当然也就变成了艰苦的劳动。由于哲学问题都是几乎不可能彻底解决的难题,所以最适合成为劳动对象。不过如果是想读本能够休息的书,可能会选择读非常荒谬的书,但一定是有幽默感的,假如荒谬又认真,就恐怖了。我有一本这样的好书,叫《这本书叫什么》,其中有许多逻辑推论的笑话。奇怪的是,这本书如此有趣,却一直没有看到再版。我的书都是能够买得到的或者借得到的,没有什么孤本古本之类,稀奇的书也许珍贵,但对于我的工作没有意义。对于我,书只是途径和手段,只具有功能性的意义,书是拿来用的,不是拿来玩的。

有些好书是师长和朋友们送的。李泽厚老师给过我许多本书,不过我最喜欢的他的几本思想史是自己买的。艾科也送我几本书,我和艾科都是欧盟跨文化研究院的成员,他是学术主席,送我的都是学术书,没送《玫瑰之名》。哈贝马斯也送过我几本书,我与他关于他的交往理论有过讨论,我说他的理论在逻辑上少了一个环节,所以会有困难,需要把这个环节加上,这样他的理论就不得不有大的改动,不过他仍然坚持认为他的理论足够有效,应该说得过去。这说起来话长,就不说了,总之他说得高兴,就送了我几本书,包括有 *Between Facts and Norms* 和 *The Inclusion of the Other*。他不能读中文书,于是我送了他一张漫画,画的是他的交往理论的笑话,我看他挺高兴的。法国公使郁白先生是汉学家,送了我一本中文版的《悲秋》,是研究中国文学与思想的,很有中国功力,让人佩服。

（《学术界》2007 年第 6 期）

我的快乐读书观

余三定

【余三定(1956—)，湖南岳阳人。现为湖南理工学院党委副书记、中文系教授，中国作家协会会员，研究方向为文艺学和当代学术史。兼任《云梦学刊》主编、湖南师大文艺学硕士生导师、湖南文学学会副会长、湖南省社会科学界联合会常务理事、岳阳市作家协会副主席等。】

一、关于快乐读书的界定

传统的读书观其实还是有快乐的，只是这快乐不在读书的过程中。我们有一个很好听的词叫做"刻苦读书"。把"苦""刻"掉去读书，从而得到快乐。中国传统读书观中还有另外三句很有名的话，"书中自有黄金屋，书中自有千钟粟，书中自有颜如玉。"书本本身真有这些东西吗？没有！古代科举考试使读书很苦很苦，苦不堪言。但是一般人读出来之后，他得到的"结果"是什么呢？就是三个东西："黄金屋"（那现在可能是别墅了）；"千钟粟"，那就是吃的东西；还有"颜如玉"。综合起来看就是，读书过程很苦，但目的很快乐。所以虽然读书过程苦，虽然是"头悬梁"，"锥刺股"，但还是要读。为什么呢？因为最后你们能得到"黄金屋"、"千钟粟"、"颜如玉"那三个东西。这就是中国传统的读书观。我认为这也是一种快乐读书，这个快乐是什么快乐呢？我们给他一个名词叫做"目的的快乐"。就像我前面讲的，中国的读书观就是目的的快乐读书观，经历各种苦读最后得到的目的很快乐,最后的目的是"黄金屋"、"千钟粟"、"颜如玉"。这肯定高兴啦! 这个快乐也是读书的快乐,也是快乐的读书,但它不是"过程"的快乐。

我认为主要不是目的的快乐,而是过程的快乐。我看过两个漫画,我觉得很好地描绘了读书过程的快乐。一幅漫画是两张图片组成的,第一张图片是父母亲两个都在吃饭,小孩子在房子外面,趴在地上看书。父母亲喊小孩吃饭,小孩不予理睬。第二张图片是小孩母亲要他父亲去喊他,父亲把小孩喊来吃饭了,可是这个父亲自己却趴到地上看书去了。我想这个对于读书过程的描绘已经很到家了,已经很典型地展示了读书过程的快乐、书籍的无限吸引力和魅力。另一幅漫画是单幅漫画,就是一个人在洗脚,一边洗脚一边看书,但他是怎么洗的呢,他把椅子的前面两个脚放在了洗脚盆里,自己的一双脚却放在地上。这是完全沉浸在书中去了。我认为这两幅漫画很好地描述了读书过程的快乐,那么有吸引力,那么能够把你全部的注意力集中到上面去,这就是读书过程的快乐。

读书快乐、快乐读书的内涵。概括地说,包括"过程的快乐"与"目的的快乐"两种界定。我们应该特别追求的是过程的快乐。当然,读书好了,成绩好了,有学问了,通过工作收入增加了,为家庭做了贡献,同时也为社会做了贡献,这个目的也是快乐的,也很好。所以我们要努力做到过程的快乐与目的的快乐相统一,但我个人更看重读书过程的快乐。这是我讲的第一个大问题。就是对于快乐读书、读书快乐的一个界定。

二、快乐读书的具体表现

狭义的读书就是阅读文章和书籍,就是看书。广义的读书呢? 我认为不只是阅读,应该还包括藏书,藏书中间当然包括买书、赠书。当然,还有一个重要方面,就是著书,就是写作。读书人不可能说只读,应该还包括购买、写,这才够得上是个完整意义上的读书人。我讲的读书,广义上应该包括读书、藏书、著书,藏书里还包括购书和赠书。我们要通过这样三个途径来实现快乐读书。

1.读书的快乐

现在的青少年可能电子文本读得多,而纸质书读得少。《云梦学刊》在2008年第3期发表了一篇北京大学中文系中国当代文学博士生刘伟的文章,题目很有诗意,《从"纸间灵韵"到"屏中风景"》。文章发表以后反响很大,《中国社会科学文摘》2008年第9期转载了这篇文章。该文的基本意思是讲现在信息发达了,网络发达了,我们很多时候是一天到晚就在网上看材料。他认为这个"屏中风景"固然很美,但"纸间灵韵"是"屏中风景"不可替代的。我把这篇文章的相关段落念一下,看你们能不能产生共鸣。

身处e时代的人文学者,在史料搜集上,除借助工具书外,又多了一个选择,那就是电子数据库。台湾学者黄一农在其著作《两头蛇——明末清初的第一代天主教徒》中,引用文献1099种,正是得益于数据库的方便快捷。许多人以为这是一个划时代的变革,似乎学术研究从此可以省去翻阅工具书的辛苦,这不能不说是一种盲目的乐观。因为,数据库的出现并不意味着就会出现一个学术研究的黄金时代,作为辅助学术研究的工具,它和工具书一样,各有短长。当代人文学者大可不必"喜新厌旧",追赶时代步伐。

工具书和数据库与我们的身心构成的关系也不相同。在翻阅工具书的过程中,读者的身心始终处于一种高度参与的状态,每翻阅一页,不仅有纸香扑面,更有知识的应接不暇,它始终与我们的身心相呼应。与此同时,它还会带给我们许多不期然的相遇。本是查阅甲事,乙事却闯进视野,恰如采菊东篱,南山忽见。如若此一"南山"恰中读者灵关,许多疑难阻塞的地方,便可能豁然通透,文思如涌。……数据库则难有这种使人开蒙顿悟的可能,因为它深藏屏幕之内,须有关键词做舟楫,方有抵达的可能。

刘伟还说:"和工具书比起来,数据库终是为用不为体的,它缺少一种'逸趣',冷冰冰、硬邦邦,只能做工具,无助于性灵的养成。"所以,我希望同学们在阅读电子文本的同时,继续阅读纸质文本。这是我讲的快乐读书的第一个表现。

2.藏书的快乐

藏书实际上包括四个部分:购书、淘书、赠书、藏书。

其一,购书的快乐。

我们逛书店的时候,一面看书、品书,一面小声地聊着,离店的时候买好各自喜欢的书离去,真是其乐无穷。

其二,淘书的快乐。

淘书就是到旧书市场去选书。那些书一般是收破烂的人收进来的,但是这中间也有一些好书。

其三,赠书的快乐。

赠书方面也有让我感到有些遗憾而又有趣的事。有一次在北京跟几个学界朋友吃饭,其中一位朋友,是很有名的学者,出书很多。这位朋友很喜欢喝酒,我们热烈地谈着出书、藏书的问题。那位朋友酒一喝兴致就上来了,他就对我说,他家里有一本特别有价值的书要送给我,我就问他是什么书?他说是一本清朝出的书,是某历史名人收藏的,上面有该历史名人题书的名字和签章,还有时间记载。他说送给我,我当然很高兴,甚至很激动。第二天,这位老兄酒已经醒了,他就对我说那本书要过些时再送给我,他还要欣赏一段时间。我一听知道他这是酒醒后舍不得送我了。所以我当时心里有些遗憾,但我完全理解他,因为他也是爱书人。

这里要特别提到李元洛老师和张文定老师给我赠书。李老师在深情写道:"禽鸟尚且择良木而栖,何况与我相伴多年的这些书香佳丽?思前想后,我只能为它们另择'良人',以不负它们未老的青春。""我认定他(指鄙人)是我'散'书的最佳对象,于是我一通电话,他数次来车,先行遣散的一千多'书国佳人',便随他载欣载奔而去,还有许多不及随行的便在书架上纷纷呼问:何日君再来?"李老师还对我说,我这个书送给你啊,希望不是明珠暗投,希望到你这里发挥作用。这是对我的鼓励和鞭策。北京大学出版社副社长兼副总编辑张文定老师给我赠送过不少北大版人文类书籍。我和张老师是1988年相识的,从那时到今天的二十余年里,我到北京出差或开会,大多会去看望张老师,他每次都会赠书我;他来长沙或岳阳出差,也必定带书过来送我。

其四,藏书的快乐。

我个人也建了南湖藏书楼。北京大学中文系教授龙协涛为我撰写了《南湖藏书楼记》,《南湖藏书楼记》中写道:"是君嗜书、读书、购书、淘书、著书、教书、评书,以书为友,以书为乐,以书为生,真书癖书痴也。平生不藏富、不藏娇,情所独钟唯藏书,日就月将,积册盈箱;几案罗列,床头摊放。相对展玩,情往似赠,会心如答,乐在声色禄位之上。"这里实际是对广义"读书"的快乐的精彩描写,我很同意,很欣赏。楼名由沈鹏、王蒙、王朝闻等多人题书。还有郑欣淼(文化部副部长兼故宫博物院院长)等撰写了诗、联。

藏书的目的大概是两种类型,我这里指的是私家藏书。一种就是为收藏而藏书,这些人藏书就是把书收藏下来,并不一定要自己看,并不是为了自己的研究,或者说他们是为社会而收藏。像宁波的天一阁,是为社会、为后世而藏书。还有邹光忠,他以收藏字典、词典见长。他的字、词典收藏很齐全。他自己也编写了一部大辞典,叫《世界节日大辞典》。这部辞典好像有四百多万字,他全部用手写的,誊写好的稿子堆起来有很高。很遗憾,这部书到现在还没有出版出来,主要原因是没有出版经费。

第二种类型就是为读书、为自己的学术研究而藏书。我个人就是这样的。

比如说我要买书,这本书对我的研究有关系(当然人家送的又是另外一回事)我才会买。所以我收藏的书主要是三大类:文学(主要是文学研究)方面的、史学方面的、哲学方面的。而尤其以哲学方面的书较多,我最喜爱的是哲学。有一种书我不主动购买收藏,就是畅销书我不收藏。特别畅销的书我特别不收藏。原因有二:一方面是因为在目前这种条件下,不少畅销书是炒作起来的,往往夸大(甚至无限夸大)宣传。另一方面,畅销书往往是大众化、通俗性的书,它可能适合一般大众的需要,但不一定适合我们作学术研究的人的需要,毕竟我们作为大学里的老师和一般的读者是不一样的啊。

关于藏书话题,我还要专门谈三个观点。

观点之一,就是对藏书比较少的人,不是为收藏而藏书,而是为读书、为研究而藏书的人,我有一个忠告:就是家有藏书赶快读,不要把书放在家里做摆设。

观点之二,就是借书要还。这点我是深有感触的。所以我办公室、我家里的书橱上都贴了条子:"教研用书,恕不外借。"我记忆力也算可以,尤其在书方面的记忆力更好一点。我宁愿我的记忆力差一点,比如说谁借了我的书要是忘掉了就算了。但很遗憾,忘不掉。

观点之三,就是关于藏书将来留存的问题。据我所知,历史上私家藏书楼的主人一般有两种处置方法。一种是晚年将藏书处置好,主要是捐献给社会或转赠给他人。比如胡绳就在1995年春,将自己的14478册藏书赠送给襄樊图书馆(抗日战争时期,胡绳在襄樊主编过《鄂北日报》),他幽默地说:"这好比是为我的女儿找到了一个很好的婆家。"襄樊图书馆专门设立了"胡绳藏书室"。据《人民日报·海外版》1998年3月16日报道:1997年4月,胡绳来到"胡绳藏书室",慈爱的目光停留在"女儿"身上。这里的许多书已跟了他大半个世纪,战乱中,许多东西都丢了,而这些图书却像命根子一样,跟着他颠沛辗转,须臾不可分离。另一种处置方法是留存给自己的后代。这又表现为两种不同的态度。第一种态度是定出规矩、条文,严格要求子孙后代必须把藏书一代一代流传下去。极端者甚至预先诅咒可能卖掉祖宗藏书的不肖子孙"不孝"、"不如禽犊"。第二种态度则与第一种态度完全不同。《书林清话》(近代著名的版本目录学家叶德辉著)"藏书家印记之语"条讥笑第一种态度为"不达",写道:"藏书与藏书法名画不同,子孙能读贻之,不能读则及身而散之,亦人生大快意事,此吾生平所持论也。"陈平原教授对此赞叹道:"好书存留天地间,流入他人书房,总比被不读书的子孙白白糟蹋好。""如此襟怀,如此见识,古往今来藏书家中尚不多见。"

3.著书的快乐

著书的快乐我想可以这样概括,一个人从著书中获得的快乐,是进取的快乐,是探索的快乐,是发现的快乐,是创造的快乐,是成功的快乐。学者潜心著书,全身心地研究问题,探索真理,他不会感到生活枯燥,不会感到生活单调,更不会感到生活的空虚、无聊,他感受到的是时间的宝贵,是生活的充实,是人生的美好,是生命的魅力。

北京大学哲学系教授冯友兰,他活了95岁。他1895年出生,1990年去世。他90岁的时候双目失明,但是他仍然坚持写书,他自己口述,由他的助手记下来,整理好后成书。有人问他为什么要这么坚持写书啊,你到底为什么啊?冯友兰回答,他是"春蚕吐丝,欲罢不能"。意思是说,我只有不停地写书,我才能感到生活的充实,生命的意义。就像春蚕要吐丝一样,你不要我写书了,那我就一天都过不了。北京大学中文系现任系主任陈平原教授在《小说史:理论与实践》小引中写道:"学者一旦真能沟通'学'与'道',自有一种旁人无法理解的乐趣。这时候读书,不算什么苦差事,根本用不着'黄金屋'或'颜如玉'来当药引。"

三、关于快乐读书的方法

常言道:"千个师傅千种法",我的方法不一定适用于你,你的方法也不一定适用于他,我讲的方法只能供大家参考。我提四条建议。

第一条建议,立足当前。立足当前就是不要企望有更好的学习条件,不要企望有更好的读书条件,当前就是最好的条件。比如讲哪个季节读书好吧,冬天太冷、夏天太热、春天容易让人犯困、秋天又容易让人多愁善感。这样说起来似乎没有一个季节是好读书的了。那么是不是搞一个第五季,一年弄五季,再弄个读书的季节?所以说,要读书的话一年四季都好读书,不想读书的话一年四季都不好读书。相比较而言,大学阶段是最好读书的阶段,所以我们一定要立足当前,利用当前的时间和条件好好读书。

第二条建议,要有自主性。就是要有战略眼光,我的意思是说你不要跟着其他人跑,不要跟着时尚跑,不要跟着畅销书跑。对于大学生的四年时间,各位同学要做好科学安排,我认为大致上分为两个时期,即一、二年级跟着老师学,跟着课堂学,要全面打好基础;三、四年级则要根据未来发展(毕业后是就业还是考研)需要学,要突出重点。

第三条建议,要选读好书。有这样一句话我送给你们:"好读书、读好书、读书好"。"读好书",就是要选择那些有水平、有档次的书去读。北京一位知名学者在演讲中曾借用毛泽东的一句话"书读得越多越蠢"来谈选择读书的重要性。为什么读书会越读越蠢呢？肤浅的、庸俗的、甚至是污七八糟的地摊上的东西都拿来读，肯定是越读越蠢，把自己的品位都降低了。

第四条建议，要理论联系实际。所谓理论联系实际，有两个意思。第一，是要联系社会实际，特别是文科生读书要联系社会实际和专业实际来思考问题，也包括联系将来就业的实际思考问题，选择读与专业相关的书。第二，联系实际就是要参与实践。搞理科的要做实验，不能老是从书本到书本；学文科的要学会写文章，要学习研究带学术性的问题。

（《云梦学刊》2009 年第 2 期）

选择与鉴别

——怎样阅读文艺书籍

老 舍

【老舍（1899—1966），北京人。本名舒庆春，字舍予，满族。中国现代著名小说家、文学家、戏剧家。小说主要有《骆驼祥子》、《四世同堂》等；话剧有《茶馆》、《龙须沟》等。】

吃东西要有选择：吃有营养的，不吃有毒的。

对精神食粮也必须选择：好书，开卷有益；坏书，开卷有害，可能有很大的害。

在旧社会里，有些人以编写坏书或贩卖坏书为职业。有不少青年受了骗，因为看坏书而损害了身体，或道德败落，变成坏人。今天，我们还该随时警惕，不要随便抓起一本书就看，那会误中毒害。至于故意去找残余的坏书阅读，简直是自暴自弃的表现，今日的青年一定知道不该这么做。

特别应当注意选择文艺作品。有的人管小说什么的叫作闲书，并且以为随便看看闲书不会有什么害处。这不对。"闲书"可能有很大的危害。旧日的坏书多数是利用小说等文学形式写成的，只为生意兴隆，不管害人多少。我们千万不可上当。

俗话说：老不读《三国》，少不看《水浒》。这并不是说《三国》与《水浒》不好，而是说它们有很强的感染力，能够左右读者的思想感情，去摹仿书中人物。确是这样：一部好小说会使读者志气昂扬，力争上游；一部坏小说会使读者志气消沉，腐化堕落。留点神吧，别采取看闲书的态度，信手拾来，随便消遣。看坏书如同吸鸦片烟，会使人上瘾，越吸越爱吸，也就受毒越深。

还有一种书，荒诞无稽，也足以使人——特别是青年与少年，异想天开，作出荒唐的事来。如剑侠小说。我们从前不是听说过：十四五岁的中学生因读剑侠小说而逃出学校，到深山古洞去访什么老祖或圣母，学习飞剑杀人，呼风唤雨等等本领。结果呢，既荒废了学业，也没找到什么老祖或圣母——世界上从来没有过什么老祖和圣母啊！使人不务正业，而去求仙修道，难道不是害处么？

怎么选择呢？不需要开一张书目，这么办就行：要看，就先看当代的好作品。我们的确有许多好小说，好剧本，好诗集，好文学刊物，好革命回忆录……为什么不看这些，而单找些无聊的东西浪费时光，或有害的东西自寻苦恼呢？生活在今天，就应当关心今天的国家建设与革命事业的大事，而我们这几年出版的好作品恰好是反映这些的。它们既足以使我们受到鼓舞，争取进步，又能获得艺术上的享受，有多么好呢！

或者有人说：新的作品读起来费力，不如某些剑侠小说、言情小说、公案小说等等那么简单省劲儿。

首先就该矫正这个看法。在我自己的少年时期，最先接触到的就是《施公案》一类的小说。到二十岁左右，我才看到新小说。读了几本新小说之后，再拿起《施公案》来看，便看不下去了。从内容上说，新小说里所反映的正是我迫切要知道的，《施公案》没有这样亲切。从文笔上说，新小说中有许多是艺术作品，而《施公案》没有这样的水平。新小说唤醒我对社会的关切，提高了我的文艺欣赏力。我没法子再喜爱《施公案》。后来，我自己也学习写小说，走的是新小说的路子，不是《施公案》的路子。不怕不识货，就怕货比货。比一比就知道谁高谁低了。我相信，谁都一样：念过几本新作品，就会放弃了《施公案》。

一个研究文学的人，自然要广为阅览，以便分析比较。但是，这是专家的工作，一般人不宜借口要博阅广见而一视同仁，不辨好坏，抓住什么读什么。

现代题材的作品读了不少以后，再去看古典作品，就比较妥当。因为，若是一开始就读古典作品，心中没有底，不会鉴别，往往就容易发生误解，以为古典作品中的英雄人物，不管是18世纪的，还是19世纪的，都是模范，值得效仿。这一定会出毛病。不论多么伟大的作家也没有一眼看到几百年后的本领。他的成功是塑造了他的时代的典型人物。但这只是那个时代的典型人物，并不足以典范千古。即使这个人物是正面的人物，是好人，他也必然带着他那个时代必不可免的缺点，不应该也不可能成为我们的模范。是呀，一个18世纪的人怎会能够成为社会主义建设者呢？正面人物尚且如此，何况那反面人物呢？

　　阅读古典作品而受到感动是当然的，这正好证明古典作品之所以为古典作品，具有不朽的价值。但是，因受感动而去摹仿书中人物的行为就是另一回事了。这证明读者没有鉴别的能力，糊糊涂涂地作了古代作品的俘虏。

　　我们能够从古典的杰作了解到某一个历史时期的男女是怎么生活着的，明白一些他们的思想感情，志愿与理想，遭遇与成败。小说等文艺作品虽然不是历史，却足以帮助我们明白些历史的发展，使我们通达，因而也就更爱我们自己的时代与社会。我们的社会制度是最进步的制度，我们的社会现实曾经是多少前哲的理想。以古比今，我们感到幸福，从而意气风发，去建设我们的社会主义。我们读过的现代好作品帮助我们认清我们的社会，鼓舞我们努力建设社会主义的雄心壮志。有了这个底子，再看古典作品，我们就有了鉴别力，叫古为今用，不叫今为古用，去作古书的俘虏。假若我们看了《红楼梦》，而不可怜那悲剧中的贾宝玉与林黛玉，不觉得我们自己是多么幸福，反倒去羡慕"大观园"中的腐烂生活，就是既没有了解《红楼梦》，也忘了自己是什么时代的人。这不仅荒唐可笑，而且会使个人消沉或堕落，使个人在社会主义建设工作上受到损失。这个害处可真不小！历史是向前进的，人也得往前走，不应后退！假若今天我们自己要写一部新《红楼梦》，大概谁也会想得到，我们必然是去描写某工厂或某人民公社的青年男女怎样千方百计地增产节约，怎样忘我地劳动，个个奋勇争先，为集体的事业去争取红旗。我们的《红楼梦》里的生活是健康的，愉快的，民主的，创造的，不会有以泪洗面的林黛玉，也不会有"大观园"中的一切乱七八糟。假若不幸有个林黛玉型的姑娘出现，我们必然会热诚地帮助她，叫她坚强起来，积极地从事生产，不再动不动地就掉眼泪。假若她是因读老《红楼梦》而学会多愁善感的，我们就会劝她读读《刘胡兰》，看看新电影，叫她先认清现代青年的责任是什么，切莫糊糊涂涂地糟蹋了自己。有选择就不至于浪费时间或遭受毒害。

　　有鉴别就不会认错了时代，盲目崇拜古书，错误地摹仿前人，使自己不向前进，而往后退。

　　在这里，我主要谈到文艺作品，因为阅读文艺作品而不加选择与鉴别，最容易使人受害。我并没有验看别种著作，说别种著作不需要选择与鉴别的意思，请勿误会。

（《解放军战士》1961 年 1 月号）

怎样读宋词

谢桃坊

【谢桃坊(1935—),四川成都人。四川省文史研究馆馆员,中国民主同盟成员。四川省社会科学院文学研究所研究员、硕士生导师。著有《中国词学史》、《宋词辩》、《唐宋词谱粹编》、《柳永》、《敦煌文化寻驿》、《中国市民文学史》、《苏轼诗研究》等书。】

　　宋王朝(960—1279)在中国历史上存在了 320 年。这段时期的文学以词为极盛,其艺术成就亦最突出,因而被誉为"时代文学"。词调今存八百余调,其中百分之八十是为宋人创制和使用的。宋代词人一千四百余家,词存二万余首。宋词的作家作品的数目与唐诗相比约少一半,若与宋诗相比约少五至六倍。这是因为词体文学样式的"调有定格,字有定数,韵有定声,法严而义备",故创作起来比诗困难得多。它是倚声而作的,要求作者精通音律,否则便可能遭到"不当行"之讥,而那种不谐音律的作品就被视为"句读不葺之诗"了。所以像这样精巧严密的古典格律诗体能有如此众多的作家作品,在世界文学史上都属罕见的文学现象。

　　在中国文学史上的几种时代文学之中,宋词的解读是较困难的,这因词体比其他的时代文学更为细腻、婉曲、深隐和微妙。宋词是我国珍贵的文学遗产,它距我们约一千年,词乐散佚了,背景模糊了,历史线索散乱了,语言环境变迁了。我们解读宋词必须具备一定的相关知识,这包括阅读现代词学家关于宋词研究概况、词学、词史的著述,以及对有关宋词文献的阅读。这样,就能对宋词的渊源、体制、内容、发展过程、重要词人和词籍等将会有基本的认识了。我们将宋词视为一个整体,它与唐五代词比较,显然较为细致深刻,甚至有许多晦涩难解的作品,因而自有特色。关于宋词的解读,我在这篇小文里表述一些自以为切实的意见,这样或许对读者更有启发意义。

(一)词体的性质。中国古代凡与音乐相结合的文学称为音乐的文学。词是产生于唐代的配合通俗的流行的燕(宴)乐的歌词。它与古代音乐文学的相异之处是"以词从乐",以音乐为准度而改变了"以乐从诗"的状况。词的形式是长短句,但它不同于古代的杂言体,因为此种长短句是按某燕乐曲——词调的规定有独特的字数、句数、分片、用韵、平仄的严密格律,它是律化的。从音乐文学的观点来理解词体,它是流行音乐的歌词,由女艺人——歌妓在花间尊前以小唱的方式表演,使受众赏心悦目,析醒解愠,满足美感的需要。在这种场合,人们是不愿意以严肃的态度来接受政治教化的,总是喜爱听到歌妓语娇声颤地歌唱文学的永恒主题——爱情。所以宋词在本质上是属于艳科,继承了唐五代词的传统。在宋词的发展过程中,虽然经历了北宋中期苏轼的改革和南宋以来的复雅运动,但艳科的性质并未根本改变;所以词体在宋代因托体甚卑,始终被排斥于正统文学之外。我们明白了词体的性质,在解读宋词时便没有必要从恋情词或抒情之作中挖空心思去发掘重大的社会意义或政治寄托,也没有必要从诗歌政治教化的观点来推尊词体,或者以曲解的方式认为它们是符合古代诗人之旨的。这样,我们便可摆脱诸种传统词论的影响而见到宋词的真实面目。

在宋代以后,词乐散佚,通行的音谱无一幸存。南宋姜夔的《白石道人歌曲》虽然保存了其自度曲十七旁谱,亦难复词乐之原貌。词体早已丧失了音乐文学的性能,成为纯文学而不能付诸歌喉了。然而词又是中国古典格律诗体之一,当其音乐性丧失之后,宋人倚声填词所形成的声韵格律却有辙可寻,有法可依;这已由清初词学家作了总结,编订为《词律》和《词谱》。当我们现在吟诵宋词时,仍能感到声韵的和谐优美,而且每一词调各有声韵的特点。我们现在解读宋词,必须具有一定的词律知识,学会辨识每一词调声情的特点。词的格律比唐代格律诗(近体)复杂得多,给作者带来的束缚与限制也愈多,但正因如此它便愈益形式精巧,变化多样,艺术表现力特强,故为中国格律诗体中之最完美者。

(二)创作的历史线索。唐诗除极少数的无题诗而外,一般是有诗题的,这就留下了诗人创作时的历史线索,使我们可由此去追寻作品的主旨。宋词则大多数作品无词题,特别是小令,这造成作品线索的隐伏。我们解读宋词时,以选择现代词学家的宋词别集笺注本为宜,有助于了解某些历史背景、词的本事、创作的环境。这些可从查阅注释和参考文献而得。我以为在解读时最感困惑的是往往判断某词的抒情对象和具体的时空,而对它们判断的失误便可能导致迷乱。

宋词是音乐文学样式,在小唱盛行之时,许多词人应歌妓之求,即兴挥毫,制作新词以付演唱,或者竟是专供歌妓演唱而作。这些词一般是模仿歌妓的语气,此为代言体,表述她们思想情绪以取悦于男性受众。柳永的代言体如《定风波》《迷仙引》《锦堂春》《少年游》等,其抒情对象是明显的,表达市民女性的离情别绪。宋人词话有许多是记述词之本事的,它是词坛的一则佳话或词人的一个艳遇故事。这虽为我们解读时提供了线索,但是很不可靠,可能出于附会而编造的。例如苏轼的《卜算子》传说是为邻女超超而作,《贺新郎》传说是为杭州歌伎秀兰而作,凡此前人已有辨析。我们切莫轻信词话的误导,必须深入理解文本并参考文献而作出判断。宋词的恋情之作,因为其抒情对象基本上是歌伎或其他婚外的女子,于是构成甚为暧昧的关系。作者有意隐去抒情对象,以在一定的程度上保留自己的隐私。这样就造成我们难作实质性的判断。北宋名臣如晏殊、范仲淹、欧阳修、王安石、司马光等都有艳词,其对象模糊,让人不易猜测。我们解读一首词时,判断其抒情对象是具首要意义的。

当我们去进一步理解词意,则主体创作的特定时间与具体空间便成为必不可少的线索。词人深知一首小词的容量非常有限,又力图将思想情感通过形象较为生动地展开。因此,作者在叙事、抒情或写景时总是选择一个具体的空间以表达瞬间的感受,它是现实生活中的一个小点。我们须从文本辨析其具体环境与时间,但作者常将现实与往昔、抒情与叙事、幻觉与景物,交互混杂,于是造成重重迷障。李清照的名篇《一剪梅》其抒情环境是室内或津渡,时间是白昼或夜晚,这即是很费考究的。我以为此词的抒情环境是西楼的深秋之夜。词中的"兰舟"为理解全词的紧要之处。若以为"兰舟"即木兰舟,为什么女主人公深夜要坐船出游呢?为什么当其"独上兰舟"时要"轻解罗裳"呢?"兰舟"当是借指床榻。主体解衣将眠,闻北雁南归,此时西楼月满,引起一片离愁。作品中留下特定时空的线索是我们解读时的重要依据。当对某词的抒情对象与特定时空有所判断,便可理解作品的主旨了。

(三)宋词的艺术表现。中国的音乐文学和古典格律诗发展至宋代已积累了丰富的艺术经验,宋词对此皆有所继承,却又有创新。宋词的艺术表现方法和手段多种多样,我于此仅就有助于解读作品略谈几种。

句法。词体的形式是律化的长短句,句子的构成自由而多变,句法与诗体相异。周邦彦《渡江云·春词》过变的"堪嗟",姜夔《月下笛》过变的"凝伫",它们都是两字句,独立完整,承上启下,表示词意的转折。李清照《声声慢》的起三句"寻寻觅觅,冷冷清清,凄凄惨惨戚戚",连用七个叠字,语意贯串,表现失落与感伤的情绪逐渐加深,至于难以忍受。陆游《钗头凤》的两结"错! 错! 错!"和"莫! 莫! 莫!"每字意义独立,一再重复,表示悲痛与悔疚的强烈情感。宋词中最具特色的是突破句与韵的界限,形成意义丰富、绵密完整的长句,例如:

倚危亭,恨如芳草,萋萋刬尽还生,念柳外青骢别后,水边红袂分时,怆然暗惊。(秦观《八六子》)

黯凝伫,因念个人痴小,乍窥门户;侵晨浅约宫黄,障风映袖,盈盈笑语。(周邦彦《瑞龙吟》)

落日楼头,断鸿声里,江南游子,把吴钩看了,栏干拍遍,无人会,登临意。(辛弃疾《水龙吟》)

杜郎俊赏,算而今重到须惊,纵豆蔻词工,青楼梦好,难赋深情。(姜夔《扬州慢》)

传统词学所讲的句法,尚值得我们细细琢磨。

虚字。某些表示主体意向、情事转折的或语意连接的字,在传统词学中称为"虚字",例如:任、看、正、待、乍、怕、总、问、爱、奈、以、但、料、想、更、算、况、怅、倩、嗟、凭、叹、将、应、若、莫、念、甚。它们在词中作领字使用,连接意群,转换词意,可使词的意脉连贯,空灵多姿。柳永的名篇《八声甘州》使用了"对"、"渐"、"叹"、"想",周邦彦的《兰陵王》使用了"曾"、"又"、"愁"、"渐"、"念",张炎的《解连环》使用了"怅"、"正"、"料"、"想"、"怕"。这样,全词意脉清晰,章法严整,因而成为典范之作。我们善于抓住"虚字"在作品中的意义和作用,由此去理解作品的内容层次,词意便会渐渐显露出来。

结构。词体有单调、双调、三叠、四叠,常用的双调分为上下两片,体制结构与诗体相异。单调如《十六字令》、《忆王孙》、《如梦令》、《望江南》等是点式结构,表述主体短暂单一的某点情绪。长调作品因体制增大,结构趋于复杂,除通常的上片写景、下片抒情,或上片感旧、下片伤今,此外还有情景交互,今昔混杂,幻觉与现实叠合,反复曲折等情形。宋代被誉为"当行"的词人如柳永、秦观、周邦彦、李清照、姜夔、吴文英、张炎,他们作品的结构都是谨严精整的。我们在分析结构时,自然应了解时空的关系、叙述的层次、词意的转折变化,等等,但最关键的是找到词人的勾勒之处。勾勒本是国画技法术语,指画叠石分山时,在周边一笔,以使画面清晰。周邦彦的《大酺》咏春雨之作,过变的"行人归意速"使我们可知此词是抒写旅途的感怀;《瑞龙吟》第三片首句"前度刘郎重到"表明词是故地重游的感旧之作;《浪淘沙慢》上片结句"经时信音绝"表明词是抒写别后的思念之情。这些都是勾勒之处,可使我们找到全词的主旨,但勾勒在词中的位置是不固定的,这须我们善于寻找。

(四)宋词的文化意义。词之为时代文学,虽然因体性的局限,不可能像宋诗那样反映广阔的社会现实生活而获得重大的意义,但仍有不少言志遣怀、登临怀古、感时伤世或歌颂升平的题材,也有表达林泉逸兴、善良祝愿、情操高尚、人格伟大的作品,尤其当汉民族国家处于危难之时,词人发出了悲壮激烈的时代强音,汇为一股振奋人心的爱国思想的潮流。凡此种种,我们都易于认识,亦易于见到它们深刻的意义。在宋词里,估计最少有百分之六十的作品都属艳科,即涉及恋情的。我们对于这部分作品应当怎样认识呢?我以为应从文化的意义去理解。爱情是文学中的永恒主题,各个时代的人们却赋予它以特定的内容与色彩,因此我们可见到那个时代人们情感的一般历史,还可见到一种很真实的时代精神。宋人相信"人生自是相情痴,此恨不干风与月",时常流露"天涯海角有穷时,只有相思无尽处"的思念,表现"衣带渐宽终不悔,为伊消得人憔悴"的执著,流连"杏花疏影里,吹笛到天明"的情致,当壮志不酬而期待"红巾翠袖,揾英雄泪"。自然,宋人多在小词里赞赏女性的形态之美,大胆地描述男欢女爱,表现心灵的颤动,歌颂甜蜜的幸福。正因宋人在词里写出了个体生命的真实,服从了新的规律,它才成为时代文学的。在艳科题材里,作者流露了真实情感,于是往往不自觉地表现了主体的精神品格。因此这类作品就其品格而言,是存在各种等级的。宋人许多春愁闺怨与离别相思之作,虽然表示了蔑视礼法,冲破传统道德观念的束缚,争取爱情自由,敢于向阻碍获取幸福的社会因素斗争,但他们并不坚决,没有付出最大的代价,结成的是苦涩的果实,留下了永生的遗憾。他们幽会时总是"落絮无声春堕泪,行云有影月含羞";他们注定缘悭,"东风恶,欢情薄,一怀愁绪,几年离索";他们魂牵梦萦,再见无因,"系我一生心,负你千行泪",只得以"两情若是久长时,又岂在朝朝暮暮"作为慰藉;他们往往辛酸地饮下人生这杯苦酒,"到头难灭景中情",未了今生,亦不希望于来生,因为"欲将恩爱结来生,只恐来生缘又短"。从这里可见到我们民族曾经遭受过的精神生活的压抑与不幸。因社会性的制约势力过于强大,宋代词人不能充分展示个人的本质力量而高唱胜利之歌的。

词为艳科,这是词体文学所产生的社会环境与它传播的文化条件所决定的,表明它就体性而言最适于表达爱情题材,而且是宋词题材内容的基本情形。宋人思想的活跃与欲望的增强,尤其受到新兴市民思潮的影响而有鲜明的个体生命意识,这在词体文学里表现得鲜明而深刻。

(《文史知识》2001 年第 10 期)

"浏览式阅读法"与"精研式阅读法"

陈 亮

【陈亮,中国阅读学研究会秘书长兼网络阅读研究部主任、《悦读时代》编委、南京艺术学院图书馆副馆长。】

在互联网时代,信息爆炸知识更新加快,人们需要读的书越来越多,掌握阅读技巧与方法,提高阅读效率,就显得很有必要。在阅读过程中,有不少阅读的技巧与方法可资借鉴,我们在实际应用中,应有所选择,有所侧重。根据不同的读物,灵活地运用各种阅读技巧,阅读将是非常快乐且容易的事情。按照阅读程度的深浅可以分为浏览式阅读法和精研式阅读法,这两种阅读法是任何人在阅读中都绕不过去的。

浏览式阅读法的主要方式是博览浏览泛读等,一般常识性的书刊杂志,既作消遣又能扩大知识面,比较适合浏览阅读。浏览,就是大略地看,快速地扫描。"浏"的本意是深而清,可以直视水底,就阅读而言,把要阅读的内容大略地翻翻,泛泛地读一遍。

浏览对材料的整体内容不求仔细,只求了解大概,阅读的速度较快。浏览一般采取默读方式,用目光扫视。在扫视时,注意力要高度集中浏览篇名(包括书名)作者序跋前言目录后记大小标题插图图表段落的起句结句参考文献索引等,通过浏览这些内容,对全书的概貌可以有基本的认识,了解读物的主要内容,特别留意有特点有新意的内容。浏览的目的是为了确定接下来的阅读策略,是全读,还是选读,或者不读,为下一步的精读做准备,如果发觉其中有值得深读的东西,再作进一步阅读。根据具体阅读方法的不同,浏览可分泛读略读跳读和速读四种。

泛读求广。广泛博览，开拓视野。由于知识内容太丰富，有的时候需要广泛阅读图书，扩大知识面。在一定时间内要使用许多书，而又不能把它们细读的情况下，可采用泛读法；阅读与自己的专业毫不相干的其他书，也可进行泛读。泛读作为快速了解和掌握知识的方式，能够高效率地博览群书，获取更多的知识量。

　　略读求粗。走马观花，了解概貌。这是一种粗略读书的方法，阅读时可以随便翻翻，略观大意。这种阅读方法，拿到一本书后，迅速地翻一遍，以便对全书有个总的印象。不纠缠细枝末节，直接抓住书中的要点，掌握全篇大意和纲目，知道书中有多少章节，每章的大概内容是什么，有哪些重点和难点，并对全书的主旨、写作意图加以正确地理解。提纲挈领地把握全书的结构，提取内容要点，选择阅读的重点，为进一步阅读打下基础。

　　跳读求活。择其大要，沙里淘金。对书中最重要内容的跳跃性寻求，有意识地抓住关键的地方，略去次要细节，把握对全书的理解。着重扫视段落的开头、结尾，注意标题、特殊字句、专门用语，把书中的引文、推理过程等略过，有的段落根本不看，甚至整页翻过去，只选读书中的关键之处，整个阅读过程呈现出不同幅度的跳跃性。如果书中许多内容已经基本掌握，并且没有新观点新材料，阅读时可以跳过去，只读不了解或者没有掌握的内容。遇到现在不想读的、不需要读的、无关紧要的内容，也可以跳过去，只读现在迫切需要的内容。有时读书遇到有疑问的、不懂的地方，反复思考仍不得其解，也可以跳开它，绕过去，不被卡壳问题所纠缠，继续阅读，之后将相关内容及各种联系都梳理清楚并理解后，再回过头来会发现问题已经迎刃而解。使用跳读法，抓住重要的部分，跳过不必要的内容，有利于越过无关紧要的细节或不必了解的部分，直接把握书中的主要内容。对内容熟悉层次分明重点突出的读物，阅读时跳跃的幅度可以大些；对结构复杂内容精深的书籍，跳读的幅度则应小些。最好在一次阅读期间就完成对全书的跳读，这样可以确保连贯、系统。

　　速读求快。一目十行，高屋建瓴。速读是一种经过训练可以达到的阅读技巧。通常采用扫描法，要求快速扫视阅读材料，用较短的时间对文章作大体了解，通读一遍，得到总体印象，获取大量信息，能够概括了解文章的主题、大意或观点、材料，然后根据阅读需要进行具体的阅读。这种方法可以加快阅读速度，扩大阅读量，适用于阅读同类的书籍或参考书等。快速阅读的奥妙在于眼睛停一次能抓住较多字数，根据阅读的意图，开展积极思维，集中精力抓住书中最关键的词句，扫视是否有自己所需的重要内容，尽快读出意义来。快速阅读可以由少到多进行循序渐进的训练，按行按段扫视读物，逐步加大视读的范围和速度。在阅读的时候,根据自己的需要,快速选择阅读内容,这种方法比浏览还要快,因为不逐行逐字地阅读,有些内容直接一闪而过,放过无关紧要的东西,捕捉书中主要观点和线索,迅速进入所需要的部分,重点关注书中的某些主要内容。

精研式阅读法是对读物逐字细读并反复揣摩研究的阅读方法,通过浏览筛选之后,所进行的深层次的阅读。一些必须掌握的经典书或重要章节需要采用此方法进行阅读。精研式阅读法要求按顺序看清每一个字和每一行字,防止错认和漏认;了解每一个词的含义,以及它在语境中的具体意思;了解每一句话的准确含义,以及句子与句子之间的紧密联系。在此基础上进一步感知段落的基本意义、段落在篇章中的位置、段落的重要作用等。在篇章上进行深入的分析和思考,准确掌握主题、结构,仔细体会、揣摩其思想内容和表达方法。对于整本书而言,要能够吃透全书内容,形成整体概念。精研式阅读大致包含朗读、熟读、诵读、精读四种。

朗读求准。大声地读,清晰响亮。把文章逐字逐句地通过口中念出来,化无声的文字为有声的语言,通过对声、韵、调和音变的综合运用进行创造性地读书,朗读是与文本对话的最直接方法,朗读的语言接近自然真实的生活语言,在忠实于原文的基础上做到文本的再现,在朗读时要把准文本的脉络,融入自己的情感,在理解的基础上读出自己的个人体验,把握节奏、情感、重音、押韵,有利于语言的积累和培养语感。朗诵则具有表演的意味,是一种再创造,其语言形式比较夸张,有时要借助表情手势或配乐等手段来增强效果。朗诵法尤其适合领会和理解诗歌、散文等名著名篇。

熟读求记。读书百遍,其义自见。熟读可以出声,也可以不出声,主要是要反复阅读,通过不断强化阅读行为,达到对阅读内容理解与熟练的程度,最终达到读熟、读透,相关内容烂熟于心。对一本书、一篇文章,通过反复阅读抓住其筋骨脉络,弄清全书的主要内容,继而弄清各章节的要点及其内在联系,掌握该书的特点和结构,从而达到对作品的真正理解。熟读可以更好地熟悉读物、体会读物的语言美、领悟读物的内容,有助于提高阅读素养和读写能力,通过重复阅读,强化阅读,提高阅读效果,巩固阅读成果。熟读不是完全地死记硬背,而是主张记忆和理解的统一,在充分理解的基础上透彻地掌握,达到经久不忘。熟读法一般用于阅读专业书籍等。

诵读求品。吟哦不绝,熟读成诵。诵表示以口发声,用一定的语调念,声音适中。读熟以后,就不会忘记,很容易脱口而出。诵读是对文本内容自我感受、自我体验、自我欣赏的一种读书方式。读者置身于作者的地位,用自己的口代作者讲话,揣摩吟味作品的思想感情。常见的与诵读有关的词有:吟诵、过目成诵、背诵、诵经、记诵、诵诗等。古代的学生非常注重诵读,诵读时"不可误一字,不可少一字,不可多一字,不可倒一字,不可牵强暗记,只是要多诵遍数,自然上口,久远不忘。"而且要集中心力,"心不在此,则眼不看子细;心眼既不专一,却只漫浪诵读,决不能记,记亦不能久也。"诵读通过视觉与听觉的训练,加深读物在大脑中的印象,有利于加强记忆,通过对读物的行文、气势、节奏、神韵和意境等仔细领会,有助于加深理解和体会,达到融会贯通的程度。

精读求悟。细读深思,如切如磋。精读就是要多读、多思考,从部分到整体,由整体到部分,反复研读,领悟精义,读深读透,读得精通。精读是在熟读的基础上更高的一个层次。精读重在质量,读书时要精神集中和勤于思考。在阅读中运用探索性思维,循着作者的思路,通过欣赏妙词佳句、体会立意构思,揣摩布局谋篇,对作品的重要细节、关键情节等静心细读,消化读物的基本内容,对书中的主要观点、结论加以理解和掌握,把握读物的艺术特点,体会作者的情感,探究其深层内容,最后达到明白透彻,了然于胸,最终达到汲取知识的精髓,让知识"为我所有",甚至能够有自己独到的见解。精读法一般用于阅读学术价值比较高的专业书籍、名篇佳作、经典作品等。

此外,还有一些常用的阅读法,如选择式阅读法,选择最有价值最适合自己所需要的读物;比较式阅读法,将不同观点不同学派的书籍放在一起加以分析比较,有同类书比较,同一书的不同版本比较,从目录序跋注解或个别章节内容比较等;梯次式阅读法,根据读物的水平层次组成一段时期内理想的读物结构,循序渐进,一步一步地展开阅读,不断提高阅读的层次;拓展读书法,围绕一个目标,选择一本书,然后由这本书拓展到多本书,再拓展到一类书,再拓展到其他类别,不断地拓展深度和范围;读书笔记法,有助于加深对作品的理解,增强记忆,提高分析问题解决问题和综合表达的能力,还可以积累不少资料,常用的读书笔记方式有摘抄批注读后感等。

(《山东图书馆学刊》2011年第4期)

随风潜入夜　润物细无声

——朗读与情操的陶冶

鲁景超

【鲁景超,黑龙江人。1983 年毕业于北京广播学院。1983 年至今,中国传媒大学教师。2007 年加入中国作家协会。现任中国传媒大学播音主持艺术学院院长、教授,博士生导师。】

我们倡导朗读,不仅因为它是中小学语文教学中的一个环节,更在于它是提升感受能力,培养感性素质,启迪审美思维的重要方式。

古人读书讲求"三到",即"眼到、口到、心到"。所谓"口到",即指朗读。钱理群先生潜心研究鲁迅多年,也得出了这样的结论:"鲁迅的作品不能只是默看,非得朗读不可,靠读来进入情境,靠读来捕捉感觉,产生感悟,在朗读中感受其中的韵味、气势"。

面对精美的文字,为什么会产生"非得朗读不可"的欲望?因为,朗读是在对词语产生具体感受的基础上进行的。随着文字的起伏流淌,朗读者会不断引发想象和联想,不断还原和丰富文字描画的世界,不断地把感受、感悟恰切生动地融入到声音的细腻变化当中。设身处地、如临其境、触景生情、有感而发,并于声情并茂的表达中体会文字背后的韵味和妙义,从而获得一种高雅的审美感受和审美愉悦。

时代发展到今天,虽然学校语文教育中一直提倡听说读写并重,但在高考的"指挥棒"下,朗读根本就没有得到应有的重视。课文中生动鲜活的语言文字被肢解为一个个考点、一道道训练题。简单便捷、实用功利的"浅阅读",填平了联想和想象的空间,消解了文本阅读带给人的抚慰和乐趣。

疲惫的心灵需要滋养,民族的想象力需要培育。一个不读书的民族是走不远的,"读书养性"是亘古不变的道理。我们如何改变国人阅读的现状?这是教育工作者应该考虑的大问题。

当我们在众声喧哗中心神不宁的时候,阅读严肃庄重的经典文本是获得心灵皈依的门窗,而朗读则是开启这扇门窗的一把钥匙。当你独自体会着夜晚的寂寥与空灵,情不自禁地感叹:"晓镜但愁云鬓改,夜吟应觉月光寒"的时候;当你面对苍翠的山峦脱口而出:"闲上山来看野水,忽于水底见青山"的时候;当你历尽世事沧桑,探寻生命归宿,按捺不住地抒发:"落红不是无情物,化作春泥更护花"之情怀的时候,你会发现,有感而发、酣畅淋漓的声音,是如此动人心扉,蕴藉深厚。

朗读作为一种有声语言参与的阅读方式,不仅仅是积累语言、培养语感的手段,更是朗读者自身的一种情感置换和梳理,如春风化雨,是"随风潜入夜,润物细无声"般的美感提升。

一个民族使用的语言,决定着这个民族的思维方式、文化风貌。汉语是中华民族文化的摇篮,蕴含、拓展着民族的思想观念、价值取向和生存智慧。其含蓄的表达、丰富的想象、深远的审美意象、丰富的词汇、灵活的语法,以及富于音乐性的声调变化,都为朗读者提供了广阔的发挥空间。我们中小学语文课本中,精选了历代名篇佳作,无论是合辙押韵的诗歌、古文,还是通俗流畅的现代白话文,都是中华民族上下五千年的文化经典,是历代先贤留给我们的宝贵精神财富。小小的三尺讲台,无疑是传承中华文化的圣坛。我们传播的是漫长岁月里本民族坚忍、执着、美好、崇高的心灵历程,是正宗文脉孕育出的黄钟大吕的华夏正声。我们引导学生朗读,就是引导学生向中华民族深厚悠久的文化回归,向汉语言庄重、含蓄、融通、质朴、规范、严整和充满美感的回归。

手捧书卷,面对优美的文字,用汉语倾情地朗读,任何一个中国人,都会油然萌生对于自己民族语言的喜爱和眷恋,在声音的流转中,体会汉语独特的美感。朗读,让你在丰富的精神世界中吸收养分,让你在与高贵的心灵对话中得到陶冶,让你在大气、高昂、雍容、华彩的乐章中感受美好的人生。阅读是教育的核心,因为每一科的知识都是通过阅读来学习的。学校的教学目标是培养出终身的阅读者。一个从小热爱朗读的人,始终会怀有阅读经典文本的渴望。帮助学生养成朗读的习惯,如同帮他存了一笔巨额财富,让他一辈子都受用不尽。朗读习惯的养成,可以使一个人拥有情趣和情调,会使一个民族更加雅致、文明。

《中国教师报》2010 年 1 月 13 日)

读书·读人·读物

金克木

【金克木（1912—2000），安徽寿县人。字止默，笔名辛竹。著名的梵语文学家、语言学家、文学家、翻译家。和季羡林、张中行、邓广铭一起被称为"燕园四老"。历任湖南大学、武汉大学、北京大学教授，第三至七届全国政协委员，九三学社中央参议委员等职。主要著作有《梵语文学史》、《印度古诗选》、《孔乙己外传》等。】

据说现在书籍正处于革命的前夕。一片指甲大的硅片就可包容几十万字的书，几片光盘就能存储一大部百科全书；说是不这样就应付不了"信息爆炸"；又说是如同兵马俑似的强者打败病夫而大生产战胜小生产那样，将来知识的强国会胜过知识的弱国，知识密集型的小生产会胜过劳动力密集型的大生产。照这样说，像过去有工业殖民地那样会不会出现"知识殖民地"呢？这种"殖民地"是不是更难翻身呢？有人说目前在微型电子计算机和机器人方面已经有这种趋势了。从前农业国出产原料廉价供给工业国加工以后再花高价买回来，将来在知识方面会不会出现类似情况呢？不管怎么说，书是知识的存储器，若要得知识，书还是要读的，不过读法不能是老一套了。

我小时候的读书法是背诵，一天也背不了多少。这种方法现在大概已经被淘汰了。解放初，有学生找我谈读书方法。我当时年轻，大胆，又在学习政治理论，就讲了些什么"根据地"、"阵地战"、"游击战"之类的话。讲稿随后被听众拿走了，也没有什么反应，大概是没多大用处，也没有多

233

大害处。后来我自知老经验不行了，就不再谈读书法。有人问到，我只讲几句老实话供参考，却不料误被认为讲笑话，所以再也不谈了。我说的是总结我读书经验只有三个字：少、懒、忘。我看见过的书可以说是很多，但读过的书却只能说是很少；连幼年背诵的经书、诗、文之类也不能算是读过，只能说是背过。我是懒人，不会用苦功，什么"悬梁"、"刺股"说法我都害怕。我一天读不了几个小时的书，倦了就放下。自知是个懒人，疲倦了硬读也读不进去，白费，不如去睡觉或闲聊或游玩。我的记性不好，忘性很大。我担心读的书若字字都记得，头脑会装不下，幸而头脑能过滤，不多久就忘掉不少，忘不掉的就记住了。我不会记外文生字；曾模仿别人去背生字，再也记不住；索性不背，反而记住了一些。读书告一段落就放下不管，去忘掉它；过些时再拿起书来重读，果然忘了不少，可是也记住一些；奇怪的是反而读出了初读时没有读出来的东西。忘得最厉害的是有那么十来年，我可以说是除指定必读的书以外一书不读，还拼命去忘掉读过的书。我小学毕业后就没有真正上过学，所以也没有经历过考试。到六十岁以后，遭遇突然袭击，参加了一次大学考试，交了白卷，心安理得。自知没有资格进大学，但凭白卷却可以。又过几年，这样不行了，我又捡起书本来。真是似曾相识，看到什么古文、外文都象是不知所云了。奇怪的是遗忘似乎并不比记忆容易些。不知为什么，要记的没有记住，要忘的倒是忘不了；从前觉得明白的现在糊涂了，从前糊涂的却好像又有点明白了。我虽然又读起书来，却还离不开那三个字。读得少，忘得快，不耐烦用苦功，怕苦，总想读书自得其乐；真是不可救药。现在比以前还多了一点，却不能用一个字概括。这就是读书中无字的地方比有字的地方还多些。这大概是年老了的缘故。小时候学写字，说是要注意"分行布白"。字没有学好，这一点倒记得，看书法家的字连空白一起看。一本书若满是字，岂不是一片油墨？没有空白是不行的，像下围棋一样。古人和外国人和现代人作书的好像是都不会把话说完、说尽的。不是说他们"惜墨如金"，而是说他们无论有意无意都说不尽要说的话。越是啰嗦废话多，越说明他有话说不出或是还没有说出来。那只说几句话的就更是话里有话了。所以我就连字带空白一起读，仿佛每页上都藏了不少话，不在字里而在空白里。似乎有位古人说过："当于无字处求之。"完全没有字的书除画图册和录音带外我还未读过，没有空白的书也没见过，所以还是得连字带空白一起读。这可能是我的笨人笨想法。

我读过的书远没有我听过的话多，因此我以为我的一点知识还是从听人讲话来的多。其实读书也可以说是听古人、外国人、见不到面或见面而听不到他讲课的人的话。反过来，听话也可以说是一种读书。也许这可以叫做"读人"。不过这决不是说观察人和研究人。我说的是我自己。我没有那么大的本事，也不那么自信。我说的"读人"只是听人说话。我回想这样的事最早可能是在我教小学的时候。那时我不过十几岁，老实说只是小学毕业，在乡下一座古庙里教一些农村孩子。从一年级到四年级都在大殿上课，只有这一间大教室。一个教师一堂课教四个年级，这叫做"复式教学法"。我上的小学不一样，是一班有一个教室的；我的小学老师教我的方式这里用不上。校长见我比最大的学生大不了多少，不大放心，给我讲了一下怎么教。可是开始上课时他恰恰有事走开了，没有来得及示范。我被逼出了下策，拜小学生为老师，边教边学。学生一喊："老师！先教我们，让他们做作业。"我就明白了校长告诉的教学法。幸而又来了两位也不过二十岁出头的教师做我学习的模范。他们成了我的老师。他们都到过外地，向我讲了不少见闻。有一位常在放学后按风琴唱郑板桥的《道情》，自己还照编了一首："老教师，古庙中，自摇铃，自上课……"这一个学期我从我教的小学生和那两位青年同事学到了很多东西，可是工资除吃饭外只得到三块银洋拿回家。家里很不满意，不让我再去教了。我觉得很可惜。现在想起来才明白，我那时是开始把人当作书（也就是老师）来读了。现在我身边有了个一岁多的小娃娃。我看她也是一本书，也是老师。她还不会说话，但并不是不通信息。我发现她除吃奶和睡觉外都在讲话。她发出各种各样信号，不待"收集反映"就抓回了"反馈"，立刻发出一种反应，也是新信号。她察言观色能力很强，比大人强得多。我由此想到，大概我在一岁多时也是这样一座雷达，于是仿佛明白了一些我还不记事时的学习对我后来的影响。

我听过的话还没有我见过的东西多。我从那些东西也学了不少。可以说那也是书吧，也许这可以叫做"读物"。物比人、比书都难读，它不会说话；不过它很可靠，假古董也是真东西。记得我初到印度时，在加尔各答大学本部所在的一所学院门前，看到大树下面有些大小石头，很干净，像是用水洗过，有的上面装饰着鲜花。后来才知道这是神的象征。又见到一些庙里庙外的大小不同的这样的神像石头以后，才知道这圆柱形石头里面藏着无穷奥妙。大家都知道这是石头，也知道它是像什么的，代表着什么，可是有人就还能知道这里面有神性，有人就看不出。对于这石头有各种解说。我后来也在屋里桌上供了一个这样的石头，是从圣地波罗奈城买来的。我几乎是天天读它，仿佛学习王阳明照朱熹的"格物"说法去"格"竹子那样。晚清译"科学"一词为"格致"，取《大学》说的"格物致知"之意。我"格物"也像王阳明一样徒劳无功，不过我不像他那样否定"格物"，而是"格"出了一点"知"，觉得是应当像读书一样读许多物。我在印度鹿野苑常去一所小博物馆(现在听说已扩大许多倍),看地下挖出的那些石头,其中包括现在作为印度国徽的那座四狮柱头,还常看在馆外的断了的石柱和上面的刻字。我很想明白,两千多年前的人,维持生活还很困难,为什么要花工夫雕刻这些石头。我在山西云岗看过石窟佛像,当时自以为明白其实并不曾明白其中的意义,没有读懂。我幼时见过家里的一块拓片,是《大秦景教流行碑》,连文字也没有读懂。读《呐喊·自序》也没明白鲁迅为什么要抄古碑。有些事情实在不好懂。例如我们现在有很多博物馆,却没有听说设博物馆专业和讲博物馆学,像设图书馆专业和讲图书馆学那样。有的附在考古专业里,大概只讲古,不讲今。听说南京大学和杭州大学有,但只是半个,叫做"文博"(文物考古和博物馆)专业。北京大学曾有过半个,和图书馆学在一起,不知为什么取消了。我孤陋寡闻,不知别处,例如中山大学,还有没有。我们难道只是办展览会把古物、今物给别人去读么?可见"读物"不大被重视,似乎是要"物"不要"读","读物"不如读书。记得小时候一位老师的朋友带给他一部大书看,说是只能当时翻阅,随即要带还原主。老师一边翻看,一边赞叹不已。我没见过那么大的书,也夹在旁边站着看。第一页有四个大篆字,幸而我还认得出是《西清古鉴》。里面都是些古董的画。我不懂那些古物,却联想到家中有个奇怪的古铜香炉,是我哥哥从一个农民那里花两块银洋买来的,而农民是耕地耕出来的。还有一把宝剑,被人先买走了。我想,如果这些刻印出来的皇宫古物的画都得到老师赞叹,那个香炉若真是哥哥说的楚国的东西,应是很有价值了。我却只知那像个青铜怪兽,使我想到《水浒》中杨志的绰号"青面兽"。我家只用它来年节烧檀香。这个香炉早已不知何处去了。我提到这个,只希望不再出现把殷墟甲骨当作龙骨,当药卖掉,吃掉;只想说明到处有物如书,只是各人读法不同。即便是书中的"物"也不易读。例如《易经》的卦象,乾、坤等卦爻符号,不知有多少人读了多少年,直到十七世纪才有个哲学家莱布尼兹,据说读了两年,才读出了意思。这位和牛顿同时发明微积分的学者说,这是"二进位"数学。又过了两百多年,到二十世纪四十年代才出来了第一台电子计算机,用上了我们的祖宗画八卦的数学原理。听说《河图》、《洛书》中的符号在外国也有人正在钻研,有些是科学家、工程师,是为了实用目的。读《易经》、《老子》的外国人中也有科学家,各有实际目的,不是无事干或为了骗人。物是书,符号也是书,人也是书,有字的和无字的也都是书,读书真不易啊!我小时念过《四时读书乐》,到老了才知读书真不易。

从读书谈到读人、读物,越扯越远,终于又回到了读书。就此打住。

(《人生与学问》,陕西师范大学出版社 2008 年版)

漫谈读书与治学

蒋 凡

【蒋凡(1939—),福建泉州人。上海复旦大学中文系教授,中国古典文学与古代文论专业博士生导师。兼任中国古代文论学会顾问、中国文心雕龙研究学会常务理事、韩愈、柳宗元、李商隐诸研究学会理事、中国古代文论研究丛刊编委、文心雕龙研究学刊编委。】

读书是治学的基础,治学是读书的升华,二者既是一分为二,又可合二为一,是一个事物的不同方面。读书治学有益人生,古人津津乐道。宋西昆诗派领袖钱惟演,曾说:"平生唯好读书,坐则读经史,卧则读小说,上厕则阅小辞。"抓紧空隙,无时不读,乐此而不疲。南宋中兴四大诗人之一的尤袤更强调说:"吾所抄书,今若干卷,将汇而目之:饥读之以当肉,寒读之以当裘,孤寂而读之以当友朋,幽忧读之以当金石琴瑟也。"读书之乐,一至于斯。人们要丰富自己的精神生活,提高修养境界,离不开读书与治学。但书海无涯,人生有限,又将如何读法呢? 这是很现实的问题。只要识字,谁不读书? 但又不尽然,古往今来,真正善读书而读书活的成功者,又有几人? 书海茫茫,如不善于摸索读书的门径与方法,虽然整天沉溺其中,也可能称为一无所用的书呆子。清初冯班《钝吟杂录》卷二云:"儒有好学而不能立功立事者,不是读书无益,不会看书。观其尚论古人处,皆是以意是非,只是不曾实实体验,如此则读书无益。"他以为读书有益与否,关键在于是否会"看书"——即熟悉读书方法门径的善读书。他以自己的读书实际为例加以说明:"少壮时读书多记忆,老成后见识进,读书多解悟,温故知新,由识进也。"所称"读书多解悟",就是要善于读书,有自己的独立思考与心得体会,此谓"识"进,才能达到"温故知新"的效果;同时,读书所形成的"识",还必须进一步在生活中"实实体验",在实践中检验其所"解悟"是否合乎真理的认识。前贤所言,对后人的读书治学,颇有借鉴价值。事实说明,读书治学必须掌握一定的方法门径,才能收到举一反三而事半功倍的效果。

不过,读书治学之法,在变动的历史条件下,在各异的具体环境中,又是千变万化,人自作法,很难绳以一律,可说是何尝有法,又何尝无法,其巧妙在有法无法之间。有人才气纵横,读书十行俱下,在快速浏览中获取丰富的知识琼浆;有的人则喜经典重读,反复推敲,仔细体味,从中体悟人生真谛,不仅思虑迟重者如此,即使天才如苏轼,也曾一遍遍地读《汉书》、抄《汉书》,东坡诗文如行云流水,妙悟人生,当与其经典重读的经验有关。因此,读书治学虽是你法我法,因人而异,但细加比勘,又发现不少相似、甚或暗合之处,其中自有其内在规律或潜规则存在。掌握这些潜规则,加以神明变化,对读书治学将大有助益,关键还在广泛学习与借鉴前贤的方法与经验,并能量体裁衣,形成适用于自我条件的独特门径方法。读书治学的方法是否合乎科学,的确重要。艾思奇在《二十年前之中国哲学思潮》中说:胡适之所以称为近代学界的"天之骄子",其"功绩仅仅在于新方法方面的提出"。所论虽然不够全面,但操斧伐柯,取则不远。为了学习与借鉴前贤,我曾编著《近现代学术大师治学方法比较》以资参考。对于读书治学来说,摸索到一套适用自我的科学方法,就是在攀登学术的道路上前进了一大步。而方法合乎科学,就决定了在读书治学的漫长征途中不迷失方向。英国哲学家培根曾说:"正如俗话所说,一个能保持正确道路的瘸子,总会把跑错了路的善跑的人赶过去。"方法科学,事半功倍;方向错误,则将南辕北辙而迷途不返。受此启悟,汲取前贤在读书治学方面的经验,特别是先师朱东润、郭绍虞的教导,并结合自己半个世纪平素所学,谈谈自己的浅见,来和大家交流,以资参考。

要务实,先务虚。人或以为这是不切实际的老生常谈,其实不然,因为方法是受观念指导的。读书再苦,治学再难,但若具有自觉精神,则将以苦为乐,积极寻找新的方法来克服困难。北宋文坛宗师欧阳修在《读书》诗中形容说:"是非自相攻,去取在勇断。初如两军交,乘胜方醋战。当其旗鼓催,不觉人马汗。至哉天下乐,终日在几案。"近人徐珂在《康居笔记汇函范园客话》中也谓读书有益身心,说是"人心不可过劳,亦不可过逸,唯读书可以养之……(读书)则心有所寄,不患寂寞矣。"也就是说,一旦进入了自觉境界,就会化为无穷的动力,读书也就成了安息人类灵魂的精神家园。反之,如乏自觉,或为父母读书,或逐名利而读,整天追求"黄金屋"和"颜如玉",就会把读书治学的本质扭曲异化,而生二大弊端:一是自暴自弃,一是自傲自满。二病貌似相反,但究其病源实同根而生,实质一样:自满骄人者强不知以为知,终于和自暴自弃而不学者一样走向了无知。总之,读书治学一旦丧失了内在的自觉动力,就会失掉恒心,不思考,不钻研,走浅尝辄止的思想懒汉之路。这样一来,他们还会去摸索那适应自我的科学方法吗?读书为求学问。"学问"一词,是由"学"与"问"二字组成的并列词组,"学"指读书,"问"指思考,二者缺一不可。如孔子指出:"学而不思则罔,思而不学则殆。"(《论语·为政》)如果只埋头读书而不动脑筋,书上怎么写就怎么信,就容易上当受骗,故《孟子·尽心》有"尽信书不如无书"之诫。反之好幻想而不认真读书学习,也同样危险。既要读书,更重独立思考,推敲书中所提出的"为什么",以求得问题的解决,才是真正的读书做学问。因此,要摸索读书的门径方法,着重启其独立思考的自觉。如《周易·蒙卦》讨论儿童启蒙教育,与读书治学之道相通,其卦辞云:"蒙,亨,匪我求童蒙,童蒙求我。初筮告,再三渎,渎则不告。利贞。"意谓有启蒙教育才会道路亨通。不是老师求学生学习,而是学生自觉向老师求教。童蒙初问决疑则教之,再三不假思索地胡乱发问,则不予回答。启蒙教育应持贞守正而反对不良学风。对此,苏轼《东坡易传》有极佳的阐发:"蒙者,有蔽于物而已,其中固有自正也。蔽虽甚,终不能没其正,将战于内以求自达,因其欲达而一发之,迎其正心,彼将沛然而自得焉。苟不待其欲达而强发之,一发不达,以至于再三,虽有得,非正矣……圣人之于蒙也,时其可发而发之,不可则置之,所以养其正心而待其自胜也。"所论颇为辩证,直揭读书治学之道的本源而启人至深。所称己所"欲达"之"正心",正是一种发自内心需求的自觉精神。读书学习,首先必启自觉,重在读者的"自胜"、"自得"与"自达"之道,从而抛弃思想懒汉而不作独立思考之恶习。东坡扬"三自"而迎"正心",启人自觉,动力自内而发,故能源源力至而不知疲倦。学而后思,思有自得,则所获坚结于内而牢不可破矣,当然就有能力抗拒一切外物不良之诱惑。如此读书学习,所获不仅是知识,而且是启发思考的活智慧,其所追求的将是一把打开知识宝库的金钥匙。

一、三个"一条龙"

这是就读书治学的范围而言。新中国成立后的高等教育,受苏联模式影响,专业愈分愈细,结果走了大弯路。现已改变,重视通识教育,以培养综合性人才为主,强调交叉领域与边缘学科的交流渗透。培养目标变化,直接影响了对于读书治学之道的思考。这样拨乱反正,很有必要。过去先师朱东润、郭绍虞等著名"五四"时代学者曾教导我说,学习和研究中国古代文学,不能孤陋寡闻而就事论事,如果仅仅就文学论文学,眼光狭隘,肯定不会成为优秀的学者,甚至连做个合格的中文系学生都有困难。这话给我很大的触动。不论文、理、工、医诸科学生,具有一定的人文素养,既提高服务社会的本领,同时又可以提高自己的生活质量。个人修养好,生活丰富,社会和谐,不就是为时代进步作贡献吗?因此,中文系及广大文科学生,一定要开拓视野,转益多思,打下坚实的学业基础。在此基础上,朱、郭二位先师曾撰出了三个"一条龙"读书治学方法作参考:

一是必须重视文、史、哲"一条龙"。

与西方不同,中国古代几乎无所谓职业作家,文人多为士大夫,他们可以集思想家、史学家、政治家、美学家于一炉。因此,中国古代文章,常是文、史、哲不分家,一旦脱离了经、史基础,就不成其文学,难以思考文学创作的文化内涵及其精深哲思。如读《庄子》,你能脱离作者所处春秋战国百家争鸣的历史年代及先秦道家哲学,来欣赏其《逍遥游》《齐物论》的艺术光彩吗?又如读《史记·李将军列传》、《汉书·李广苏建传》,你能脱离那激烈惨酷的汉匈民族大战的历史大背景,来理解李广、李陵及苏武等生动如画的人物形象吗?又如读《世说新语》,你能脱离魏晋玄学思潮来赏识何(晏)、王(弼)、嵇(康)、阮(籍)的名士风流吗?而站在 21 世纪的时代高度,我想还可补充,提出文、史、哲与理工科普知识"一条龙"的新要求,从历史大文化的角度,来适应网络时代的新需要。

二是必须重视文学与语言"一条龙"。

文学是语言的艺术,不懂语言艺术,当然无法理解文学。刘勰《文心雕龙·章句》云:"夫人之立言,因字而生句,积句而成章,积章而成篇。篇之彪炳,章无疵也;章之明靡,句无疵也;句之清英,字不妄也。振本而末从,知一而万毕矣。夫裁文匠笔……随变适会,莫见定准……然章句在篇,如茧之抽绪,原始要终,体必鳞次。启行之辞,逆萌中篇之意;绝笔之言,追媵前句之旨;故能外文绮交,内义脉注,跗萼相衔,首尾一体。"于此可见,语言艺术之于文学创作,厥功伟哉。文学与语言,分之为二,合则实一。但今天大学中文系,语言与文学分道扬镳,各立专业,已成各不相关态势,这正常吗?治文学者,大多轻忽语言在文学中的重要地位,不懂或无暇顾及古代"小学"(指文字、训诂、音韵之学),因而无法真正读懂和欣赏古代作品;学语言者,又忽略文学,讲语法则强行肢解语法、修辞和逻辑的内在联系,以至于把文学的意境创造,犹如七宝楼台——拆卸开来,化为一顿毫无用处的语言碎片。这合理吗？施蛰存教授论语法,曾批评脱离文学范文名篇来讲语法,唯恐文章有违语法规范,结果是"文句呆滞,千人一面","语法导入,实是卡人"。所论一语中的。

三是必须重视文学与艺术"一条龙"。

艺术门类繁多,书法、绘画、雕刻、建筑、戏剧、音乐等,其物质手段及创作技巧各异,但论其本质,则与文学相通,因为文学也属于艺术,他们亲如兄弟姐妹,具有共同的文明血脉关系。因此,多少懂点艺术,有助于加深文学的理解。如唐诗人王维,同时也是杰出的画家,他的诗如有声之画,他的画如无声之诗,诗画双向交流融合。如《山居秋暝》"明月松间照,清泉石上流",《山中》"荆溪白石出,天寒红叶稀",《使至塞上》"大漠孤烟直,长河落日圆",诗情更兼画意而声色俱佳,如东坡所誉,是"诗中有画"、"画中有诗"。

文学语言由形音义三者组成,视觉形色与听觉音声共同传达了文学内容,如果我们对汉语的音乐性特征及文学的音乐性缺乏了解,任随散文朗诵及诗词吟唱等传统教学方法的丧失,那么人们对于文学的审美能力,将大打折扣,岂不是十分遗憾的事。

二、读书治学的三步骤

南宋杨万里《习斋论语讲义序》:"读书必知味外之味,不知味外之味,而曰我能读书者,否也。《国风》之诗曰:'谁谓荼苦,其甘如荠。'吾取以为读书之法焉。"读书治学不能只看文字表面,而应透过现象见本质,"味外之味",是活读书而读书活,应取以为法。反之,只见表面,则是死读书而读书死,应引以为戒。

研读古代文史,我力遵三个原则,也可称三个步骤:首先是知其然,即弄清楚"是什么"的问题,第一步力求还原历史,尽量接近事实,窥其真貌。我们称"力求",是说历史真貌难以全然还原,只能端正态度,尽力而为。其次是进一步知其所以然,也即追究"为什么"的问题,必须弄清作者的言外之意及其良苦用心之所在,以便深入挖掘其内在的丰富内涵。第三步则要求明其所当然,回顾历史,立足现在,展望未来。思考今人该"怎么想"的问题。这就意味着在前二步骤的基础上,梳理其内在规律,分清精华与糟粕,重新给予理性评判,并对其参考价值和借鉴意义,进行深刻的现代反思。总之,求"味外之味"的三步骤,从弄清事实的层面,可概括为"是什么?"→"为什么?"→"怎么想?"而从哲理思考的层面,则可概括"知其然"→"知其所以然"→"明其所当然"。这样读书,环环相扣,步步深入,自然有所收益。

三、读书要法举隅

读书治学的方法很多,各有巧妙而难以尽述,只能举其要而略加说明以资参考。

一是博约法。博即广博,博览群书,广泛浏览;约即精约,精细阅读,深入挖掘。善读书者,于此法莫不运用自如。有事没事,一入书店或图书馆,或是网上图书,随心浏览,一目十行,或看要目提要,或看序跋前言,开卷有益,不知哪一天著书立说之时,突然灵光一闪,忆及某天所看某书某报,重新找来细读而获益匪浅。治学如建高塔,基础要打得深广,方能高耸云端。书到用时方恨少,博览为日后治学作必要的基础铺垫。读书博则见多识广,有能力进入多学科或边缘交叉学科研究,可另辟蹊径而自发新意。具有了深广的基础之后,则由博返约,反复推敲而精细梳理,构建那富于理论个性的学术珍品。

二是比较法。善于把同类或异类事物加以比较梳理,是一种行之有效的读书治学方法。如古今比较、中外比较、横向比较等,名目繁多而各有巧妙。读者也可把学风相似或学风相异的学术大师,置于历史发展或同一时代思潮中去考察,通过比较,见其学风之异同优劣,仔细辨析其合理存在的价值。通过比较,广泛汲取前贤的经验教训,化为养料而消化吸收,以壮大自己的学术肌体。

三是模糊法。读书治学既要有力求还原历史原貌来精确解读的恒心与勇气,但同时又必须有一定的模糊认识而不可拘执死板。因为人类反映世界的认识能力,既有精确的一面,同时也有模糊的一面,以此产生了模糊哲学、模糊数学、模糊美学、模糊文学等,都是有一定科学根据的。

四是打桩法。我曾研究中国文学批评史,属通史性质,上下纵横五千年,范围太广,因而无法像研究断代史者那样详尽全面。据此,我就因势利导,采用了适合专业要求的跳跃打桩法,即每个时段通过建立几个重要学术点,由点连成线,由线连成面,从而形成了对古代文化较为全面的认识。

五是八面受敌读书法。这是苏轼的发明,其《与王庠书》(之五)云:"但卑意欲少年为学者,每一书皆作数过尽之。书富如入海,百货皆有之。人之精力,不能兼收尽取,但得其所欲求者耳。故愿学者每次作一意求之。如欲求古今兴亡治乱、圣贤作用,但作此意求之,勿生余念。又别作一次,求事迹故实、典章文物之类,亦如之。他皆仿此。此虽愚钝,而他日学成,八面受敌,与涉猎者不可同日而语也。甚非速化之术，可笑，可笑。"这一读书法，我终生凛遵奉行而受益。

六是实证与阐释的辩证统一法。这是借鉴清儒今、古文学家的治学方法而加以提升。乾嘉古文学是"我注六经"法，重实证，用事实说话，言必有据是其优点；但就事论事，少作理论升华，是其不足。今文学是"六经注我"法，善议论而重理论思考，是其优点；但望文生义，妄臆微言大义而少顾事实是其所蔽。今人读书治学，则应结合二派之法，取其优点而弃其弊端，加以辩证运用。"我注六经"的重事实重证据是理解问题实质的基础，而"六经注我"的义理阐释和思想升华，同样必要。把势不两立的今、古文二法稍加会通，辩证统一，成为接近科学的新法，很有必要。陈寅恪先生的学术就是学习的典范。

以上浅见，仅供参考，如有谬误，望不吝批评指正。

（《北京大学学报（哲学社会科学版）》，2010 第 3 期）

写什么书和读什么书

朱 正

【朱正(1931—)，湖南长沙人。1949年肄业于
长沙长郡中学。历任《新湖南报》编辑，湖南人民出版
社编辑、编审，第六届全国人大代表。1956年开始发
表作品。1985年加入中国作家协会。已出版的著作
有：《鲁迅传略》、《鲁迅回忆录正误》、《鲁迅手稿管窥》、
《人和书》、《留一点谜语给你猜》、《一个人的呐喊——
鲁迅1881—1936》、《序和跋》等。】

一个作者写书，要写什么样的书呢？顾炎武的说法是："其必古人之
所未及就，后世之不可无，而后为之，庶乎其传也与？"（见《日知录》卷十九
"著书之难"条）接着，他举了实例："宋人书如司马温公《资治通鉴》，马贵
与《文献通考》，皆以一生精力成之，遂为后世不可无之书，而其中小有舛
漏，尚亦不免，若后人之书愈多而愈舛漏，愈速而愈不传，所以然者，其视
成书太易，而急于求名故也。"其实他自己的这部《日知录》，也就是他"以
一生精力成之"的"后世不可无之书"。

他提出的这个标准是两条，一条是前人没有来得及做或者没有想到
要做，一条是后人需要这样一本书。这标准是太高了，如果每个作者都按
照这个标准来写书，书店里的那些货架也就摆不满了。本来嘛，顾炎武说
的是传世之作的标准，做不到这一点就难得流传下去。如果作者所追求
的只是眼前的功利，或者为稻粱谋，弄点稿费，或者为了提交给评委会，上
个职称评个奖项，不过让它起个敲门砖的作用，并无意于经营他的名山事
业，但求速成，不怕速朽。顾炎武提出的标准当然用不上了。

太高的标准用不上，最低的标准却还是不能少的。最起码的一条，你写的必须是你自己的东西。署上你大名的著作享有著作权，受到法律保护。假如你写的不是或者不全是自己的东西，侵犯了他人的知识产权，那怎么行呢？现在媒体不时报道学术腐败的案例，那些抄袭者中甚至还有名人名教授的。你抄了，印出来了，成名获利，一应俱全。这时候，被你抄袭的那位真正的作者出现了，把事捅了出来。轻则丢脸，重则犯法，悔之晚矣。

还有一条最低标准，就是只写自己确实知道确实懂得的东西。一些读者看待著作家，是把他看做传道授业解惑的师长那个档次的。在著作者当然不能这样妄自尊大，但至少也应该把自己看做同读者平等切磋讨论交换意见的益友吧。你就应该有一种责任感和敬业精神，有一种尊重读者的态度，你贡献给读者的，应该是自己真正的心得。现在有的作者却不是这样，尽写些自己并不懂得的东西。讲中国历史的看不懂文言文，连对联和骈文都点出破句。这种作品只好拿去蒙哄一些不很读书的官员，谋取若干名利。至于书呢，不要说传世，就是在出书的当时也没有几个人要看的。或者说只能给外行去看，看了之后，无知的变得更加无知而已。充斥在书店货架上的，有一些就是这种货色。

既然是这样，读者读书就不能不有所选择了。读什么书，从来就是读者们特别是青年读者们关心的事情。他们期待前辈的指导。说到这个题目，我就想起鲁迅的名篇《青年必读书》来了。这篇是他应《京报》副刊的征答而写的。去年王世家兄将当年《京报》副刊这次征答活动的全部资料搜集起来，编为一册，在河南大学出版社出版，从其中可以看到一些学者名流所开的"必读书目"，看过之后，我就不能不佩服鲁迅答卷的高明了。一些专家开列的十部"青年必读书"，正如鲁迅在《读书杂谈》（见《而已集》）中说的，它不过是"开书目的先生自己想要看或者未必想要看的书目"。鲁迅的答卷没有写出任何一本具体的书名，却提出了一个选读的原则："我以为要少——或者竟不——看中国书，多看外国书。"这表示了他对几千年来中国专制主义的文化传统有甚深的理解和甚深的憎恶。他这态度，也就是他在《热风·随感录四十六》中说的："与其崇拜孔丘关羽，还不如崇拜达尔文易卜生，与其牺牲于瘟将军五道神，还不如牺牲于 Apollo。""全盘西化"这个提法有人不喜欢。胡适就换了个说法，叫做"充分世界化"。鲁迅的这篇"随感录"，大约也有"充分世界化"的意思吧。

鲁迅的这份答卷只表示了他的价值取向，只画了一个大的范围。却并没有回答在这个大范围里选择读物的标准问题。就说读外国书吧，总也得有个选择呀。

我想,不论中国书也好,外国书也好,古书也好,新书也好,是不是可以提出这样一个标准:如果一本书,你没有读,就算你少读了一本书,那就是你的必读书,你就去好好攻读吧。有一类书,你即使读了一万本,也不算你是读了书的,例如那些作者写的时候就不认真的,那些格调很低的,你看得再多也不算,又何苦花时间在这上面,何不去读点必读书呢?我过去荒废的时间太多,买回来了的必读书还有多少没有读过,看来这一辈子也是读不完的了,哀哉!

(《书摘》2007 年第 6 期)

哲学:多读多思

叶秀山

【叶秀山(1936—　)江苏扬中县人,祖籍江苏镇江。1952年考入北京大学哲学系本科。中国社会科学院学部委员,哲学研究所研究员,博士生导师;西方哲学学会理事。学术专长为西方哲学,兼及美学及中西哲学会通。】

　　读书不是一件技艺性的事,没有一定的程式,个人的悟性和天分不同,聪明人读一遍就能领悟了的书,一般人则要多念几遍才能达到一定的理解;我们一般总是把自己定位在"一般"的水平上,这样,许多重要的书,经典性的书,一定要多念几遍,有的甚至要反复地念,才能有所得。所以我说,读书也有个熟能生巧的问题。

　　"熟读经典"本是中国读书人比较好的传统,过去的人讲究"背书"。

　　"背书"不是读书的唯一办法,也不是最好的办法,背得滚瓜烂熟的书,不一定就理解了,故黑格尔有"熟知"非"真知"之说。我国从近代引进新的学习方法之后,那些光会背书的老学究,被嘲笑为"冬烘先生"。大概在我们的老师一代人中,背大量的书的,就很少了,我们这一代更缺少这方面的训练,从总体讲,应是一个进步;不过,我们也要注意不要把好的因素也丢掉,这就是对于重要的经典还是要多读几遍,要熟读它们,只要每遍都是用心读的,久而久之,也会得到"熟能生巧"的效果。

　　什么叫"巧"?"巧"是一种"贯通"的能力,能把一种精神原则灵活地"贯通"到具体的、实际的问题中去的这样一种能力,也就是一种"运用"的能力。

工匠之巧在"运斤",书家之巧在"运笔",哲学之巧在"运思",就一般的人来说,都要在"熟"了之后才能"巧"。"哲学"之"运思"在"深思熟虑"之后,自有"巧思"。

在五六十年代的时候,我试图去读尼采的书,我相信,既然有那么多的有识之士重视他,自然是有些道理的,可是读来读去似乎无所得;"文革"期间又一次萌发读尼采的念头,结果仍以无所获而搁浅,此后就不敢再去碰它。大前年,因为要写关于王国维的文章,我重读叔本华的书,觉得我过去对他的理解过于表面了,遂对他的"意志"概念做了一些思考,由此又想起要再读尼采。这一回跟过去几次不同了,似乎觉得有些懂了。原来他写的书,表面看很怪,有时候还很乱,实际上还是有他自己的思路的,你找对了这条路,就能跟他走下去,也就能把他的各个关节沟通起来,看出他的问题所在,虽然很费劲,但决不是不可理喻的。我们可以把他的"权力意志"、"超人"、"道德谱系"等等别出心裁的观念,贯串起来,连成一线,然后归于他的"永恒轮回",作为他的学说的整体面貌而与西方从古代希腊柏拉图以来的理念论传统对应起来,那么对尼采的思路以及它在西方哲学史上的历史地位,就会有一个清楚的把握;与此相应,西方哲学上从伊壁鸠鲁以来的这条思路,过去认为比较简单、哲学思辨不够的这条思路,由于尼采的出现,也会展现新的面貌,它们也就不再显得只是简单的"常识"了。这样说来,尼采居然成了打通西方哲学的历史通道的关键人物了,对我说来,真有"相见恨晚"之感。

我对尼采的书,绝谈不上"熟",写了两篇文章,更谈不到有什么"巧思",只是学习笔记而已;这里只是想说,对于公认的经典之作,当你读不懂的时候,不要轻易否定它,而要一遍一遍地读下去,相信总有懂的时候。

当然,并不是说永远就读一本书。为了读懂一本书,或许我们要去读别的许多的书,在自身总体学养增加以后,再来读这本书,理解力自然有所提高。读不懂康德,先去读叔本华对他的批评,这是中国学者从王国维以来共同的体会。我读尼采的经验,近年稍有体会,大概也是因为这几年对于西方哲学的问题稍更熟悉的缘故。所以在这个意义上,所谓"熟",就读书来说,乃是一个比技艺性训练更广泛的概念;当然,技艺的训练也不是单一的。

康德、黑格尔的书,在我的读书经历中算是比较熟的了,他们着重讨论的"思(维)"和"(存)在"的关系,也是学哲学的耳熟能详的,然而,近读黑格尔《法哲学原理》,一开头就碰到了一句费解的话,让我感到,原来我对这个命题竟然是太不熟悉了。

黑格尔《法哲学原理》"导论"第一节就说:"存在和概念、身体和灵魂的同一是理念。它(同一)不只是和谐,而是完全的渗透。"

第一句话好懂,因为我们都知道黑格尔"理念"的意思,问题出在第二句话:为什么灵魂和身体、思和在已经"和谐"了,还不够?什么叫"完全的渗透"?

不知道别人怎样,反正我长期以来模模糊糊总是把思在同一性理解为和谐性的,我也说互相渗透,但是也总觉得"和谐"与"渗透"是相同的说法,黑格尔却说,它们不同。可见,自以为熟的,不熟悉了。

复习这个哲学命题的意思,我有了一点新的体会。

从西方哲学来说,"和谐"是古代希腊就有的概念,早先是说"声音"的,是音乐的概念,后来成为哲学性的,"宇宙"就是"和谐"。

问题在于:"和谐"是两个(以上)"事物"之间的关系,而"思(想)"不是一个"事物",于是它和"身体"的关系,就不"止于""和谐"。

"思"和"在"不是两件事物搭配得好、相处得好的问题,所以它们不是古代希腊人所想象的众多事物和谐相处、有规律运行的那种"宇宙",那是"诸存在者"之间的关系;"思""在"的关系,是"非存在"和"存在"的关系,如何理解这种关系,就得另辟途径。

就经验科学的眼光来看,"思"是"大脑"的一种"功能"。于是,从这个意义竟可以说,思和在的关系,可以是"大脑"和其他身体部分以及身外之物的关系。这些关系,当然是很有意义的,需要专门的研究,但是似乎仍是一种"物"与"物"的关系,而不是"思"与"物"的关系。"物"与"物"的关系,是"有(存在)"与"有(存在)"的关系,而思与在的关系,则是"无(非存在)"与"有(存在)"的关系。

之所以会有"有""无"的关系,关键在于有"变"。"有(在)"不是像古代巴门尼德说的那样铁板一块的"大箍"。"变"是"有""无"的发展。这是黑格尔的思想。我们看到,把"变"引入哲学的思路,是黑格尔很重要的贡献。世界"有"一个"变",也就是世界"有"一个"无"。就物理的关系来看,一切的"变",都是"物"的形态的转化,仍是"物""物"关系,而"无"不(非)存在";但就人文的眼光来看,"(存)在"恰恰就是"变",所以,"无"同样是"存在"。

在这个意义上,并不是有一个"无"和"有(在、存在)""对立"、"对应"、"并列",而"有""无"皆在"变"中。

"变"也是大家很熟悉的观念。"变"就是"历史",就是"时间"。我们也很熟悉"时空"乃事物存在的形式这一命题;事物的变化,不仅是空间中的位移,而且也是时间中的"有""无""生""灭"。"而今安在"乃是诗人经常的叹息。

"事物—存在"在"历史"、"时间"中"开显"自己,开显自己的兴亡、生灭,又在死灭中获得重生,于是有黑格尔的"现象学"问世;而事物的历史,也就是"精神—思想"的历史,于是黑格尔名之曰"精神现象学"。

人们当然可以而且应该批评黑格尔的哲学,不过关于思和在的同一性命题,仍有其不可忽略的思路在。

思和在的同一和互相渗透,我们还可以从认识论的角度加以体会,在这方面,对于我们理解,似乎会更加清楚些,当然知识论以本体论为其基础。

我们知道,哲学史上有一个很有名但备受批评的命题,叫做"存在即被感知"。暂时不去全面评论这个命题,只是想说明,自从巴克莱提出这个命题以后,"存在"一定要"可感知"就成了哲学家们绕不过去的问题。

然而,这个思路与希腊的传统似乎不很协调。希腊人觉得,感觉是不可靠的,而只有理性才把握实质性的东西——实体,这样他们就逐渐地把"理性"和"感性"分离开来,而理性越来越成了一些抽象的形式,反倒不好说它是"存在"的了。

西方哲学的运思,到了黑格尔那个时代,"感性"和"理性"也有了"同一性",也就是说,感性和理性是互相渗透的,"感性"中有"理性","理性"中也有"感性",于是有"理性直观"、"直观理性"之说;"理性"的过程,也就是"感性"的过程,反之亦然。这样,如果把"理性"和"感性"绝对对立起来、分割开来,那么巴克莱那个命题就真的是荒谬到无可救药了。

黑格尔这个思路,后来被胡塞尔有意无意地发展了。按他的现象学,我们"看"到的世界,并不是纯粹的"感觉"的世界,也不是抽象概念的世界——这些都是科学和形式逻辑发展起来以后的事,"理智直观(或直观理智)"的世界是"理念"的世界,是"意义"的世界,这是最原始的。

于是我们看到,和"思"和"在"一样,在知识论里,"理性"和"感性"也是"同一"的,相互渗透的。

这样,对于"思维和存在同一性"这一哲学的基本命题的理解,在反复地读书,反复地思考之后,似乎比以前的理解深入了一些,不过也还是说不上"巧"。

我们在欣赏艺术品时,常常赞叹艺术家之匠心独运。我年轻时看到我的长辈对着颜真卿的《争座位》只说了一句话:怎么写出这样好的字!近来我在听音乐时,也时有"怎么写出这么美的曲子来!"之感。而我们在读书时,又何尝没有这种感叹:怎么会有这么好的思想!

殊不知,"巧思"来自"拙学"。尤其是对"哲学"这样一门比较艰深的学问、又有了几千年的积累来说,要想不读书光靠聪明灵感而求"巧思",则往往只能落个"投机取巧"而已。

(《中国教育报》2001 年 5 月 10 日)

阅读，与经典同行

王余光

【王余光（1959—　），安徽无为人。1983年毕业于北京大学图书馆学系（现信息管理系），后师从华中师范大学历史文献学研究所张舜徽先生，获历史学博士学位。1993年任教授，1995年兼任武汉大学图书情报学院副院长，1996年起担任博士生导师。现任北京大学信息管理系教授兼系主任。另兼任教育部高等学校图书馆学学科教学指导委员会主任，中国图书馆学会副理事长，全国古籍保护工作专家委员会委员。】

何为经典：需要具备
影响力、历史性和广泛性三个因素

我们常说的经典，是指那些具有重要影响的、经久不衰的著作，其内容或被大众普遍接受，或在某专业领域具有典范性与权威性。

如果我们不讨论专业经典，仅就一般意义而言，那么经典具有三重特性或三要素：

影响力：

影响力体现了作品内容的吸引力。那些成为经典的作品，无不在一定区域具有重要影响力，如《周易》、《孙子兵法》等。当然，影响力分积极的与消极的，也有长期的与短暂的。那些"影响一时"的作品可称之为名著。而影响力，应当说并不完全出自作品的自身，或者说绝对自然发生的影响力是不存在的。我们每个人的阅读都受到很多因素的影响,如政治形态、家庭、个人的素质和兴趣、老师与同学、环境以及广告等等。

历史性:

一部作品,或许影响一时,或许在某一特定的时期被人顶礼膜拜,但时过境迁,很快就被人们遗忘或抛弃。经典,需经得起时间的检验,需经久而不衰。也就是说,一切著作,若要成为经典,我想它必须要经得起历史的考验。

广泛性:

我所理解的经典(非专业领域的经典),必须是广泛的,即它所讨论的问题是人们所普遍关心的,是大家普遍接受的。比如《诗经》、《论语》、《史记》、《三国演义》等等,它们的内容是广泛的。《诗经》三四千年以来,它讨论的话题我们今天仍然关心,有不少诗在今天还成为流行歌曲,像邓丽君唱过的《在水一方》等。

中国人的阅读传统:经典崇拜

中国阅读传统的一个重要内容,是阅读的思想与方法,然而阅读的目的与动力还有着强烈的现实需求,这种需求深刻而广泛地影响着读书人的阅读价值观。

在读书人心目中,经典具有力量,经典或阅读经典具有重要的象征性意义。唐代魏征在《隋书经籍志序》中,对经典的力量与象征意义作了极为精彩的概括,他认为:经籍是圣贤智慧的结晶,可以用来领悟宇宙的奥妙,探究天地、阴阳的消息,端正世间的纲纪,弘扬人类的道德。经籍显则可救济世人,经籍藏则可独善其身。读经籍可令人进步,否则就会落后。成大业者能推崇经籍,则将有令人敬重的光明德性;普通人能以经籍为念,则将为世人所重。统治者若要树立政声、显扬德威、敦励教化、移风易俗,哪有不从经籍而来呢?

首先,经籍是知识的宝库,古今中外的读书人,在这方面都持有相同或相似的看法。苏轼在《李氏山房藏书记》中说:经籍是取之不竭、用之不弊的,人的天分不同,贤或不肖,读书都会各有所获。英国哲学家波普尔曾说:假使我们所有机器和工具,连同我们所有的主观知识都被毁坏了,然而,只要图书馆和我们从中学习的能力依然存在,我们的世界就会重新前进。经籍贮存知识,并为人们的创造提供基础。

其次,在中国科举时代,经书,特别是四书五经,再加上朱熹的注解,一直成为科举的最重要的教科书,成为读书人踏入官场的阶梯。千余年间,读书人无不深受其影响。

第三，经籍有助于甚或影响着国家的治理。我们现在是否能同意这一看法并不重要，至少我国古代学人是这样看的。司马迁在谈到《春秋》时说，《春秋》明辨人事经纪，判别嫌疑、是非、善恶，以宣扬王道，是一部政治、百官之大法，人伦、礼义之大宗，有国者、为人臣者，都不可不知《春秋》。司马光撰《资治通鉴》，并不是一般意义上的著书立说和史学研究，而是极具政治目的的。他在给皇帝的《进资治通鉴表》中称：该书"专取关国家盛衰，系民生休戚，善可为法，恶可为戒者，为编年一书"。又说，通过此书可"鉴前世之兴衰，考当今之得失，嘉善矜恶，取是舍非，足以懋稽古之盛德，跻无前之至治"。

第四，经籍有益于国家的治理、信仰的确立和教化的形成。

第五，经籍或读书具有象征意义，从某种程度上来看，它体现了一个人的地位、权利或特征。读书会使一个人更有教养，即使不会，它也使一个人看起来有教养。

阅读经典：成为每个人教养的一部分

那些传统经典中的好文学，浇溉和滋养着我们的心灵，使我们有涵养与情趣；而圣哲格言，在为人处事方面，给我们以指引，不致使我们陷入困惑的黑暗之中。在 20 世纪 90 年代，经过多次动荡的中国教育界，多少已意识到梁启超的深意，开始强调学生的素质教育。

1942 年，在西南联大任教的朱自清，写成《经典常谈》，此后多次出版或重印。作者在《序》中说：在中等以上的教育里，经典训练应该是一个必要的项目。经典训练的价值不在实用，而在文化……再说做一个有相当教育的国民，至少对于本国的经典，也有接触的义务。

1978 年，香港中文大学新亚书院设立"钱宾四先生学术讲座"，请 84 岁高龄的钱穆作了《从中国历史来看中国民族性及中国文化》系列讲座。在讲演中，钱穆指出：有七部书是"中国人所人人必读的书"。他说：我们今天一个知识分子，一个读书人，应该读四部书：一部是《论语》，一部《孟子》，第三部是《老子》，第四部是《庄子》。读了这面，还应读那面，这就叫"一阴一阳"。又说：这四部书都是古代的。若要再读后代的，则我再举三部。一是禅宗慧能的《六祖坛经》。第二部是朱子选的《近思录》。第三部是王阳明的《传习录》。拿唐朝以下的三部，汇合上战国时代的四部，可成为中国新的《七经》。

钱先生终生致力于中国文化的研究，是一位"对其本国已往历史有一种温情与敬意者"。其所《七经》说,乃其一生的读书经验之所得。

钱穆高足余英时,长期在美国大学执教。20世纪末,作《怎样读中国书》,主张读传统经典,提倡"旧书不厌百回读"。该文中有一段话很值得我们思考。他说:中国知识界似乎还没有完全摆脱殖民地的心态,一切以西方的观念为最后依据。甚至"反西方"的思想也还是来自西方,如"依赖理论"、如"批判学说"、如"解构"之类。所以特别是这十几年来,只要西方思想界稍有风吹草动(主要还是从美国转贩的),便有一批中国知识分子兴风作浪一番,而且立即用之于中国书的解读上面,这不是中西会通,而是随着外国调子起舞,像被人牵着线的傀儡一样,青年朋友们如果不幸而入此魔道,则从此便断送了自己的学问前途。

在美国,习读经典名著,特别是习读传统经典,同样是受人关注的话题。早在20世纪初,哥伦比亚大学就创设了"文学人文"和"当代文明"两门本科生的必修课。前者致力于提供一个欧洲文学名著的标准选目,后者提供一个哲学和社会理论名著选目。美国《纽约》杂志的电影评论家大卫·丹比谈到母校坚持开设这类课程的原因时说:学校很清楚地知道,消费主义和平庸趣味的污染从来没有远离过这些经典著作名单。学校试图通过它组织和教授这两门课的方式驱除这种污染。首先,阅读常常是艰涩的,对当代的学生来说尤其如此。这是对西方传统的极度尊崇,而且校方坚持认为它是必要的。……它们应该成为每个人的教养的一部分。

阅读哪些经典:时间检验出古老文化的精髓

书目,特别是那些指导阅读性的推荐书目,在我们购书、藏书和读书时可提供重要帮助。

然而,由于受多方面因素的制约,推荐书目的推荐性往往并不十分公允、准确与客观。

有鉴于此,我们收集了80种中外推荐书目(中国的推荐书目54种,外国的推荐书目26种),运用了计量的方法,对这80种书目所推荐的书进行统计,以各书被推荐次数的多少为序,列出目录。这份书目不带有我们的主观性和偶然性。因而,它在推荐名著方面,应该说更加公允、准确与客观。我想,在这份书目上,推荐次数最多的书,可称之为经典吧。其中中国著作大致有以下八类:

1.四书五经

这类书中《诗经》、《论语》二书被收录的次数最多。自汉以来，两千余年间，这些书对中国政界、学界，都有重大影响。这两本书为什么被学者认为是最重要的，还有一个原因是简单易懂，而《尚书》、《周易》，可不是一般人读得懂的。

《论语》作为孔子的言论记录，一问世就受到人们的尊重，汉代之后，它几乎是每个读书人的必读之书。《论语》经过朱熹的注解后，便一直成为科举考试的最重要的教科书，宋元明清几朝的做官人、读书人无不受其影响。纵是科举废除以后，《论语》还是读书人经常诵读的书，今天，该书仍是一版再版，发行量之大是惊人的。书中许多词语，即便是在这白话文的时代，仍被人们在书面上或口头上常常使用。

《诗经》作为古代优秀的文学遗产，具有丰富的思想内容和迷人的艺术魅力，为后代诗人墨客所景仰、学习、借鉴，强烈影响着中国文学的发展。《诗经》中民歌和贵族讽刺诗表现的现实主义精神，开创了我国诗歌创作的传统。《诗经》也影响了散文的发展。唐代中期，韩愈、柳宗元发起古文运动，提倡散文，反对骈文，就都把《诗经》的内容与优美艺术形式的统一，作为学习的典范，开创了中国散文文学的一个光辉时期。几乎可以说，《诗经》的影响，渗透于我国文学艺术的各个领域。《诗经》不仅是一部重要的文学作品，同时也是一部有史料价值的古代文献。

2.前四史与《资治通鉴》

这类书中《史记》与《资治通鉴》二书收录次数最多。在传统史籍中，《史记》、《汉书》与《资治通鉴》最受重视。

史家之绝唱，无韵之《离骚》——这是鲁迅对《史记》的称赞，也是对《史记》在史学和文学史上卓越成就的精辟评价。《史记》可以当小说看，《史记》里的纪、传跟小说一样很通俗，很有情节。《史记》说起来是一本史书，但实际上后来很多文学作品，如电视剧、剧本、小说等，多以它为根据，比如《霸王别姬》等。

《资治通鉴》294 卷，北宋司马光主编。全书记载了上自周威王 23 年（前403 年），下讫后周显德 6 年（959 年）的 1362 年的历史，是中国古代一部著名的编年体通史。

司马光不仅是史学家，也是政治家，他在撰写史书的同时，也希望自己的书能为君主治国提供借鉴。

3.先秦诸子

这类书中《老子》、《庄子》、《荀子》、《韩非子》、《孙子兵法》诸家收录次数最多。

道家的著作是很多知识分子晚年读的书,其中《老子》和《庄子》是最具有代表性的。几千年来,老庄的学说与思想一直延续不断,对中国人的思想有着很深的影响。西汉初年,政治上推行"无为而治"、"与民休息"的政策,即是以《老子》的思想为其基础的,并带来了文景之盛。东汉,道教产生后,《老子》作为经典,为道教徒所诵习。魏晋玄学家们以祖述老庄立论,将老庄与《周易》合称"三玄"。唐代,《庄子》成为道教的主要经典之一,被尊称为《南华真经》,老子被道教奉为教主,庄子也被神化了。《韩非子》对我们认识中国政治大有帮助,它是一部政治教科书。即便在今天,《孙子兵法》在军事、企业管理方面仍有借鉴。《荀子》一书在汉代与《孟子》同列诸子,并颇受学者所重。大概是主张性恶说,故受后儒诟厉,未能列入经书中。然而《荀子》对儒学的贡献和在中国学术、思想界的地位是不可忽视的。

4.其他子部书

被收录较多的书是:《论衡》、《坛经》、《颜氏家训》、《明夷待访录》。

近代以来,《论衡》一书受到学者们的普遍关注。章太炎认为王充是"汉代一人",绝未过火。

颜之推的《颜氏家训》问世后,一直受读书人的重视,宋、元、明、清历代学者颇多赞誉,认为古今家训,以此为祖,在古代中国的家庭教育中,极具影响。黄宗羲的《明夷待访录》被蔡尚思与几家大学书目收录,可见此书受当前学界重视。这部思想史上的名著,对中国两千年的专制制度进行了批判,对中国近代思想启蒙起到了极为重要的作用。

5.唐宋诗文

据最近的调查:73.1%的家长和86.7%的教师认为背诵古典诗文能弘扬传统文化;88.7%的家长和96.7%的教师认为对孩子的修养和人格发育有好处;94.2%的家长和100%的教师认为对提高孩子的语言文字能力有好处。以上数据表明,人们对这一问题基本上达成共识:阅读传统经典,对我们传承文化和提高素质是大有裨益的,而那些优秀的古诗文,特别是唐宋诗文,更受人们重视。

6.其他诗文

以《楚辞》、《文选》、《陶渊明集》、《世说新语》收录次数最多,宋代以后的诗文被推荐的较少。

《楚辞》作为中国文学的源头之一,与《诗经》差不多有着同等重要的地位。大约从西周初年到春秋中叶,春秋末叶以后,流行于黄河流域的诗不再有人续作了，而南方长江流域的楚国，文化渐渐地发达起来，在文学上更有不少建树，这就是楚辞的兴起。正如梁朝刘勰在《文心雕龙·辨骚》中所说：自从《国风》、《小雅》、《大雅》以后，不大有人继续写《诗经》那样的诗了。后来涌现出一些奇特的妙文，那就是《离骚》一类的作品了。

可以说，《诗经》与楚辞同为后世韵文之祖，堪称为我国远古先民的绝唱。

7.古典小说

以《红楼梦》、《三国演义》、《水浒传》、《西游记》为主。

一次对北京市民的调查问卷结果表明：对被调查者影响最大的中外书籍中，《红楼梦》、《三国演义》、《水浒传》、《西游记》分别排名第一、第二、第五、第十，足可表明四大古典小说的影响力。

8.其他

以《说文解字》、《左传》二书收录次数较多。

1949 年以前，各书目重视推荐《说文解字》，这是受这种治学传统，即"读书以识字为先"的影响。因而，朱自清的《经典常谈》第一篇即为《说文解字》，并说：从前学问限于经典，所以说研究学问必须从小学入手；现在学问的范围是广了，但要研究古典、古史、古文化，也还得从文字学入手。《说文解字》是文字学的古典，又是一切古典的工具或门径。

1949 年以后，这种治学传统的影响逐渐消失，《说文解字》不再受推荐者重视了。

《左传》一书古代列入经部，长期又受到史学家与文学家的重视，一直有着持久与广泛的影响。《左传》记事起自鲁隐公元年（前 722 年），终于鲁哀公二十七年（前 468 年），是我国最详备完整的早期编年史。"□□□□□事，对春秋各国的政治、军事、外交等都有很好的记载，特别是记□□□□得很详细，而且也很生动。此外，书中对当时的朝聘盟会、天文□□□□数民族等都各有详略不同的记载。《左传》的出现，标志着我国□□□□到比较完备的程度。史学家刘知几、章学诚都把它看作是编年□□□给予很高的评价。《左传》善于描写人物，烘托场面，经纬史事，□□□□字的开山，成为后人学习和模仿的典范。

结　语

从以上各类传统经典被推荐的情况来看，不少经典是有着持久的生命力，如《诗经》、《论语》、《孟子》、《史记》、《资治通鉴》、《老子》、《庄子》、《荀子》、《韩非子》、《楚辞》、《文选》、《左传》等书。有些经典其影响力则随着时代的变化而变化,如《明夷待访录》、《古文观止》、《唐诗三百首》、古典小说、《说文解字》等。从总的方面来看,近百余年来,传统经典阅读的基本倾向是:从艰深到浅显,从文言到白话,从原本到节本,从专集到选本,体现了传统经典阅读大众化的发展方向。

以上各部经典,都写成于古代,近人或今人的著作都未进入。这或许从一个侧面反映了中国读书人的一种珍古典重基础的心理。长期以来,中国学人强调辨章学术、考镜源流,这些著作,真正是中国学术之源。而作为经典,是要经得起时间的考验的,这正是明证。

中华民族是一个重古训、尊先法的民族,对前人圣贤的大道理看得特别重。在这样一个民族社会的背景下,结晶着前辈思想的经典,就不仅具有一种狭义的学术意义,同时在政治、思想、文化等方面都发生着不可估量的影响作用。

在这斑斓的文化园地里,大道名儒,各树一帜;诗词曲调,连峰叠起;每一位哲人的每一本宏著,都构成了这一古老文化的精神实体,并垒起了这一厚重国体的思想基础,塑造着民族的灵魂与性格,也在感召着每一代人自强不息。

(《光明日报》2009 年 4 月 30 日)

我一读再读的十部书

绿　原

【绿原(1922— 2009)，湖北黄陂人。原名刘仁甫，又名刘半九。著名作家、诗人、翻译家、编辑家。】

　　余自识字以来，虽称不上好学，过目篇什亦难计其数，其中一读再读者似可举出如下十部。之所以只举十部而不是九部，或再添一部而称十一部，倒未必像"十全大补丸"那样关乎疗效之灵验与否；只是——要减或要加，既然无可无不可，也就不必多此一举了。不言而喻，这十部都是知识的"大海"，这里只能尽我的吸收容量，谈谈自己的"一瓢饮"。其实，也不过是蜻蜓点水，点一下题目，说几句淡话而已。

一、《鲁迅全集》

　　记得在小学、初中的课本上，我已高声朗读过夫子的一些名篇，如描写"奇怪而高的天空"的《秋夜》，介绍戴银项圈的海之子闰土的《故乡》，以及读过多遍都没读懂的《聪明人和傻子和奴才》。长大几岁，手头有点零用钱，还买过一两本"北新"版的毛边单行本，如《野草》、《朝花夕拾》。新中国成立前夕，不知出于什么机缘，案头已弄到几本许广平先生在上海编印的红布面《鲁迅全集》；人民文学出版社正式出版的《鲁迅全集》，是到解放以后很久才有一部的；至于更完全的新版《鲁迅全集》，则迄今尚未考虑购置。不过，让我真正一读再读的，倒也未必在于《鲁迅全集》的范围，而是他晚年所写的一些个别文章。所谓"一读再读"，除了表示一种阅读频率，并不意味着心得的增多或加厚。不妨打个不恰当的比方，就像当年年轻的萧红对鲁迅先生的"打搅"：据说他坐在书房，一见到她进来，就会戏说一声："久违了"，其实她昨天甚或上午还来过，说不定明朝或今晚还会再来，而且其实并没有什么必要，单纯出于对先生的景仰和依恋而已。先生晚年的文章，不论采取单刀直入的直接方式，还是借古寓今的间接方式，无不字字句句以火热的主观激情浸透了冷酷的客观现实。这里仅凭印象挂一漏万地举几篇为例：《文艺与政治的歧途》(1927，《集外集》)、《拿来主义》、《隔膜》、《买"小学打全"记》、《阿金》(以上1934，《且介亭杂文》)、《"题未定"草》(一至九，缺四)、《论文人相轻》(一至七)(以上1935，《且介亭杂文二集》)、《写于深夜里》、《答徐懋庸并关于抗日统一战线问题》、《死》、《女吊》(以上1936，《且介亭杂文末编》)等。必须补充一句的是，以上所举每篇每句每字，我一读再读的每一次，都怀着如坐春风的敬爱心情加以揣摩过；至于揣摩所得，也就是我对它们的理解，距离它们的实际意义究竟还有多远，那是我至今也说不清楚的。

二、《毛泽东选集》

这里指的是当年风行全国以至几乎人手一部的"雄文四卷"(郭沫若语)，加上他去世后接班人仓促出版的、包括一些大批判式的编者按语(含关于"胡风反革命集团"三批材料的编者按语)的第五卷。这五卷"雄文"，可以毫不夸张地说，是我的整个革命生涯各个阶段的精神食粮。《中国社会各阶级的分析》、《中国革命和中国共产党》、《新民主主义论》、《论联合政府》等篇，帮助我建立过革命的立场和基本观点；《纪念白求恩》、《为人民服务》、《愚公移山》等篇，帮助我建立过革命的人生观；《反对自由主义》、《整顿党的作风》、《反对党八股》、《在延安文艺座谈会上的讲话》等篇，帮助我努力克服过作为小资产阶级知识分子的劣根性和错误思想；《敦促杜聿明等投降书》、《将革命进行到底》等篇，帮助我认识过革命的艰巨性和彻底性，从而培养过不断革命的意志。这些当年被奉为不刊之论的"雄文"经过时间淘洗(例如关于胡风三批材料的编者按语)，时至今日我仍觉得，尽管作者晚年犯过这样或那样的错误，它们的合理内核仍历历在目，并不因此丧失其固有的实用价值。我在青年时代，刚参加革命，曾经热情地读过它们，虽然还谈不上学以致用；到了中年，在历次政治运动的严峻要求下，却的确借助它们解答过一些实际的难题；而今进入晚年，社会生活日渐淡化，也没有什么难题需要解决，但有时心血来潮，仍不免翻翻手头这几卷"雄文"，体味一下人生世事回黄转绿的滋味——回到本文的题旨，也可以说是"一读再读"吧。同样必须补充一句的是，和读《鲁迅全集》相比，这部选集我虽也一读再读,却是怀着如遇大宾的敬畏心情来揣摩它的每篇每句每字的。

三、《红楼梦》

好像是哪位大人物说过,《红楼梦》至少要读五遍,才有资格对它发言。我读它恐怕不止五遍了,却至今仍不敢要求这个发言的资格。然而,我毕竟也算是《红楼梦》的一名认真的读者,按照正常的审美趣味,对于它目前流行的前八十回和后四十回,不会没有自己的爱与憎。对于前八十回的爱,倒也似乎一般化:对它的古典现实主义之沁人心脾,即鲁迅所谓"盖叙述皆存本真,闻见悉所亲历,正因写实,转成新鲜",除以"未能窥全豹"为憾外,谁会对它有过什么挑剔呢?至于后四十回,其学术评价历来言人人殊,我在学术界的聚讼纷纭中,一直拿不准自己所应采取的坐标。每次读到第八十一回,对续书人(不论是谁)固然不免大失所望,直待读到后文,得见主人公在爱情破灭之后,对人世断念而出家,又不能不承认鲁迅所说,"即使出于续作,想来未必与作者本意大相悬殊"。林语堂以紫鹃在黛玉死后不肯原谅宝玉,同时为之护玉作为一例,证明后四十回不乏亮点,更不免"叹人间是非难辨今方信"。据野史云,另有抄本颇多本书异事,如谓主人公后流落饥寒至栖于街卒木棚中,或谓其沦为击柝之流以拾煤渣为生云。不让他"悬崖勒马",超脱红尘,而将他置于前后如此尖锐的反差之中,我认为,这种力透纸背的写法,在以冷眼旁观为能事的某些外国作家笔下未为罕见,而移之于曾经导演他神游太虚的曹公,则多少是令人惶惑而诧异的。

四、《聊斋志异》

值得一读再读的,除了长篇小说《红楼梦》,还有不少优秀的短篇小说,首先应当提到家喻户晓的《聊斋志异》。提到这一部,还不得不提同样家喻户晓的另一部,即《阅微草堂笔记》。前者是儿时通过大人娓娓动听的漫谈知道的,稍长后才由语文老师推荐了后者。接触原著后才发现:一种是作者自己不出面而让人物自行其是的传统方式,另一种是作者面对读者夹叙夹议人物行状的谈心方式,这两种叙述手法虽然迥异,但同样引人入胜。据说"阅微"的作者纪晓岚非难"志异"的作者蒲留仙:"两人密语,决不肯泄,又不为第三者所闻,作者何从知之?"故他的《笔记》"只写事状,而避去心思与密语"(引自鲁迅《怎么写》)。我少不更事,不懂人情世故,窃以为纪前辈好作惊人之语,其眼界与心胸未免嫌略滞泥,反倒更欢喜文字旖旎、想象奇诡的《聊斋志异》。马齿徒增,应世不暇,我久矣没有读它了,今日再读,恐难以恢复当年心凝神释之感。但有不少篇章,从题目到情节,仍令人油然而生一见如故的亲切感,如《画皮》、《崂山道士》、《青凤》、《陆判》、《婴宁》、《凤阳士人》、《莲香》、《连琐》、《促织》、《阿绣》、《嫦娥》、《胭脂》等等。其中神鬼狐妖均有人性,善良可亲,由此可见作者的人道主义与民主精神,在他所处的时代和社会是稀罕而又宝贵的。

不记得是哪一年,看到一本英译《聊斋》选本,似乎包括上述个别篇目。当时就琢磨过,英语读者会像我们一样,设身处地地和这些可爱的人物交游吗?这个疑问在我心中迄今没有得到解决。

五、《道德经》

鲁迅在《出关》里生动地描写过,老子在周朝不得意,打算出函谷关,到西域去,却被关令尹喜留住"子将隐矣,强为我著书",不得已写下了上下篇五千言,说的就是这本《道德经》,中国最古老也最深奥的经典,它居然完整无缺地流传下来,实在是不可思议而又值得想一想的。多少年来,有多少饱学之士拿出巨大的精力为它进行注释和评论,但它对于多少读者,仍然是个打不开的"众妙之门"。儿时以学舌的口吻跟着大人念过"道可道,非常道"这句 ABC 式的名言,除了莫名其妙的顽皮趣味,其实是把它当作"古董"敬而远之的。成年之后,偶然弄到王弼和魏源的注释本,仍由于简约而不符合、或者说超出了我的理解力,一直被束之高阁。想不到(20世纪)80年代,出访前民主德国出版界,在莱比锡市雷克拉姆出版社,承蒙惠赠图书中,竟有一本《道德经》的德译本。译者是德国著名汉学家恩斯特·施瓦茨,他以平易可解的德语翻译了原著八十一章之后,并"以精确的语文学与历史唯物主义方法为工具",逐章写出了自己的研究心得。除了区分"道"与"德"两个相互制约的范畴外,他还试图发掘原著充满二律背反而又不可解构的晦涩而神秘的结构。据他分析,老子把"静"、"淡"、"雌"、"弱"优先置于如水穿石的胜者地位,明确反对法律、权力和战争,为全世界("天下")设置了一个值得后人为之奋斗的和谐人类的远景。这部经典连同它的德译本搁在我的书架上,久已铺满了灰尘;到21世纪初,我已年逾八旬,又把它们拿下来掸一掸,摆在案头,不时翻阅一下。一读再读,若有所获,便像作者一样感慨系之:"子所言者,其人与骨皆已朽矣,独其言在耳。"

六、《金刚经》

余向无慧根，难言功德，但经某居士点化，也曾读过一两页经书。一页是据说由唐玄奘翻译成汉文的《般若波罗蜜多心经》，简称"心经"；"心"在这里喻为核心或精华，指"般若经"类之提要，似与心理学的"心"无涉。另页可不止一两页，是姚秦三藏法师鸠摩罗什所译的《金刚般若波罗蜜经》，简称《金刚经》。此经亦由唐玄奘翻译过，并在"金刚"前面加上"能断"二字。这两种经书，我在正式恭读之前，已在稗官野史中有所耳闻，如《心经》据《西游记》考证，是乌巢禅师传授给唐玄奘的；后者彻悟此经后，从此"打开了门户"，不但"无有恐怖、远离颠倒梦想"，而且达到了人牛俱忘、我法俱空的化境。至于《金刚经》，昔日禅宗六祖闻经悟道，就是指的这部经；所谓"道"，就是说的"空"，"本来无一物，何处惹尘埃"的"空"。《心经》最使我难忘的四句是："色不异空，空不异色；色即是空，空即是色"，它们以简洁的词句，高度概括了超越虚幻不实的世俗见识的般若内容。依我的浅陋心得来看，《金刚经》反复运用心灵的辩证法，宣讲"一切有为法，如梦幻泡影，如露亦如电，应作如是观"，如："若菩萨有我相、人相、众生相、寿者相，即非菩萨"，"凡所有相，皆是虚妄。若见诸相非相，即见如来"，"应无所住而生其心"，"应生无所住心。若心有住，即为非住。"；甚至为"佛说"得出一种特殊逻辑公式，即"佛说 X，即非 X，是名 X"，如："佛说般若波罗蜜，即非般若波罗蜜，是名般若波罗蜜"，"佛说微尘众，即非微尘众，是名微尘众"，"如来所说三千大千世界，即非世界，是名世界"，"世尊说我见、人见、众生见、寿者见，即非我见、人见、众生见、寿者见，是名我见、人见、众生见、寿者见"等等。这个逻辑公式具有断惑、破执的伟大功能，据说深受晚年毛泽东的欣赏。对于这两部博大精深的佛教经典，我虽迄今仍是门外汉，却也曾一读再读过，但与其说是出于宗教信仰，为了播种于福田，毋宁说是为其哲学意蕴所吸引，希图满足一点哲学上的求知欲而已。这是当年劝我读经的那位居士始料不及，想必不以为然的。

七、《圣经》

像我不是佛教徒，也读过几页《金刚经》一样，我不是基督徒，当年攻读大学外国文学系，也选修一门 Bible（《圣经》）。其实，儿时上过教会办的三一堂小学，早知道《圣经》分《旧约》和《新约》两部分；但到很晚才知道，《旧约》是犹太教和基督教共用的圣书,原文是用希伯来文写的,《新约》只为基督教徒所承认,原文是用希腊文写的。据说到 16 世纪宗教改革运动时期,新教徒认为《圣经》应当采用口语,以便为俗众所理解,于是有了马丁·路德的德语译本,给欧洲其他现代语言提供了榜样。较早的英译本在英王詹姆士一世(1566—1625)在位时期出版,被称为"钦定版",经过多次修订而成为当前流传的"新修订标准版(NRSV)";近年又看到由联合圣经公会改用更现代化英语出版的《佳音圣经(Good News Bible)》。我的一位中学老师告诉我,英译《圣经》(当指钦定版),文字既简洁又优美,是学习英语的好教材。中译本有中华基督教会印制的所谓"神"版(即以"神"代替"上帝"),却未见过其他更多文本。记得儿时从教会免费收到过不少小册子式的《新约》单行本,还有单幅宗教画,印刷都很精致;《圣经》的中译本,不知出于谁人的手笔,读来相当流畅,自有它所特有的韵味,无形间助长了我对宗教人士的敬意。《旧约》内容大致是世界的创造,人的堕落,犹太人的沉浮,先知的教训,大卫和所罗门的诗篇等。我当年读过几遍的,有上帝按照自己的形象造人的《创世记》、摩西拯救以色列人脱离苦难的《出埃及记》、歌颂在忍耐中接受试炼的《约伯记》、歌颂耶和华的《诗篇》、赞美新婚夫妇的《雅歌》。《新约》主要记录耶稣基督的生平和教诲,肯定他从神变人、使人类恢复洁净的使命,并描写了他为救世而被钉死在十字架上的英勇行为。但是,那位中学老师还告诉我,《新约》值得一读的是最后一篇《启示录》,它为了鼓励当时被罗马教廷所迫害的基督徒,通过一系列末世幻象,颂扬了神对撒旦的胜利。

八、《李白诗选》

我爱读诗,不论古今中外。我爱读的诗人,在古今中外范围内,多如天上的繁星。其中离我似乎最近、因而显得最亮最大的,有一颗就是太白金星,我们自己的李白。长年奔波在外,手头少不了有几本书,其中一本就是《李白诗选》。目前我手头这一本,说来不免见笑,是偶然从旧书铺买到的,即傅东华先生选注的《李白诗》,商务印书馆"民国十七年六月初版"。选得如何,注得怎么样,专家自有评定,它却足以对我显示一个真实的李白。诗人生性潇洒而豪放,诗风雄奇而自然,境界高远而气象万千,随心所欲不逾矩,不为格律所限制。他的一些名句对于我,实际上对于一切爱诗的青少年,无不产生镂骨铭心的艺术效果。例如:"噫吁戏,危乎高哉!蜀道之难难于上青天!"(《蜀道难》)"君不见黄河之水天上来,奔流到海不复回。"(《将进酒》)"骏马如风飙,鸣鞭出渭桥。弯弓辞汉月,插羽破天骄。"(《塞下曲》)"十步杀一人,千里步留行。事了拂衣去,深藏身与名。"(《侠客行》)"君不见淮南少年游侠客,白日球猎夜拥掷。呼卢百万终不惜,报仇千里如咫尺。"(《少年行》)"我本楚狂人,凤歌笑孔丘。手持绿玉杖,朝别黄鹤楼。"(《庐山谣》)"且放白鹿青崖间,须行即骑访名山。安能摧眉折腰事权贵,使我不得开心颜?"(《梦游天姥吟留别》)"会稽愚妇轻买臣,余亦辞家西入秦。仰天大笑出门去,我辈岂是蓬蒿人?"(《南陵别儿童入京》)"抽刀断水水更流,举杯消愁愁更愁。人生在世不称意,明朝散发弄扁舟。"(《宣城谢朓楼饯别校书叔云》)"我且为君捶碎黄鹤楼,君亦为吾倒却鹦鹉洲。赤壁争雄如梦里,且须歌舞宽离忧。"(《江夏赠韦南陵冰诗》)闲居无事,凭自己的偏好和记忆,重温了诗人一些断句,本来想证明一下他徘徊于进取与虚无之间,除了婉约的温情,更有豪放的一面。一位朋友看了笑道:诗篇不论长短,都是一个活的整体,把它从中断开,不是比解剖蝴蝶或蜻蜓更其煞风景么?

九、莎士比亚

　　这是说的是值得一读再读的莎士比亚的杰作。如果记得不错,《圣经》在大学外国文学系是选修课,而"莎士比亚"则是一门必修课。遗憾的是,我的这门必修课当年(20 世纪 40 年代)并没有"修"出什么成绩来,直到 40 年之后才由于业务的需要,略微为自己补了一次课。莎士比亚是英国最伟大的剧作家和诗人,但不仅属于英国民族,也不仅属于他所生活的那个时代。他只活了52 岁(1564—1616),旺盛的创作岁月大约只有 20 年(处女作《亨利六世》作于1591,天鹅之歌《暴风雨》作于 1611),其间竟一本接一本地写出了那许多旷世的杰作,实在令人难以想象。此后出现关于他的著作权问题,反映了世人奇怪的心理。先是他的友人扬森,既说他"不仅属于一个时代,而是属于所有时代",又认为他"缺乏古典知识",从而引起学术界对他的不信任。社会舆论继而指出,莎剧内容广博深厚,而作者出身寒微,教养贫瘠,二者间矛盾显然,更对莎氏的作者身份形成疑义。然而,以身份之高下辨人品之优劣,这种评论方式用于常人似可,用于莎氏则不可;也就是说,在他身上不能不承认"天才"的存在。当代批评家认为,莎士比亚是一位"自觉的交响乐式的艺术家",他的剧作是一个"乐章似的整体,任何释义都只会使之丧失天然的属性"。人们爱把他的剧本分成"悲剧"、"喜剧"或"正剧",我却信马由缰,率性而读,读出了我的四部最爱,那就是足以互相证明作者天才的《哈姆莱特》、《罗密欧和朱丽叶》、《仲夏夜之梦》和《暴风雨》。

十、《浮士德》

  我在动手翻译《浮士德》之前,已经对照先行者的几种译本,一读再读过歌德的原文。我接受出版社的邀约,把这部德语文学经典重新翻译一遍,是为了以更亲近的口语,把它送到我国青年读者面前,以便和他们一起共同学习它的深奥、崇高、庄严、博大的义理。歌德之所以在孜孜不息的进取者浮士德身旁安排一个以满足、怠惰和堕落相诱惑的魔鬼梅菲斯特,不是简单地为了以恶的化身和善的本性相对比,而是为了揭示二者相互不可缺少的共存关系,原来正是在梅菲斯特的否定与怀疑精神的挑战下,浮士德的进取精神才得以发扬光大的。对于人类而言,完善境界固然永不可及,人类所能达到的最高成就,恰在于一种自强不息的创造性的生活本身。正是这种人生观拯救了浮士德,帮助他击败了梅菲斯特的一再挑战:这就是诗人歌德花 60 年光阴撰写这部经典史诗以儆戒世人的苦心所在。译者今已匆匆跨入暮年,重读自己十几年前所翻译的《浮士德》,不禁反复吟诵那首闭幕词"神秘的合唱":"万象皆俄顷,无非是映影;事凡不充分,至此始发生;事凡无可名,至此始果行;永恒的女性,引我们飞升。"这位"永恒的女性",按照作者的基督教信仰,当是用以隐喻上帝的宽恕、恩宠与爱;对于译者这个东方无神论者,则只可能是一个最纯洁、最完美的永远有待实现的人生理想。

  识者云,书要慢慢读,才能从字里行间读出虽未明写、却蕴涵其间的真味。然而,未读之书太多,国外有人(据英国诗人丁尼生说)主张拿书跑着读,倒也不是没有道理的。愧我自幼多磨,岁不我与,无从循规蹈矩地慢读,只好信马由缰地漫读了;至于"跑着读",如古人一目十行,则更是心有余而力不足,也只能习惯于走马看花,聊胜于无而已。以上十部书,是值得我一读再读的,尽管我再怎样不求甚解,终如庄子所云"鼹鼠饮河,不过满腹",我在边读边忘的过程中,多少会留下一点什么吧。

(《书屋》2007 年第 1 期)

"四岁就读莎士比亚"的启示

周汝昌

【周汝昌(1918—2012),天津人。本字禹言,号敏庵,后改字玉言,曾用笔名玉工、石武、玉青、师言、茶客等。我国著名红学家、古典文学专家、诗人、书法家。有四十多部学术著作问世,其中代表作《红楼梦新证》是红学研究历史上里程碑式的著作,也是近代红学研究的奠基之作。】

2008年3月4日,国内颇具影响力的某报的一则报道引起了我惊奇、欣喜和半信半疑的复杂思绪。这则报道大意说:英国的教育家不但提出了儿童在四岁时就该读莎士比亚,而且有的幼儿园的小班已然开始尝试,并且获得可喜的成果。英国皇家莎士比亚公司有关人士说,如果等到儿童到十四岁时再叫他们读莎士比亚,那就太晚了。他们提出孩子在四岁时还不会被语言所吓住,他们在那时候就接受莎剧,反而获得了崭新的语言境界。

我读了这条消息之后,心里的第一反应是:这真是一种石破天惊的宣言,我佩服英国教育家的这种敢想、敢说、敢干的大无畏的精神。恕我寡陋,在我们这儿,似乎听不到有这样的主张公开发表,更谈不到开始实行。事实上,有的中学校长早就向我提出过这样的问题:在中学里,开始介绍中国文学最伟大的小说《红楼梦》,是初中好还是高中好呢? 意思是说太早了,怕有点儿不妥当吧? 我当时的回答是:"是啊,我也这么揣度过,心想初中的孩子就读《红楼梦》恐怕不太行,还是高中开始为宜吧。"

正因我们的教育家,包括我这样的"红学家",都那么畏畏缩缩、左瞻

267

右顾，害怕前狼后虎，唯恐给孩子们造成某种副作用、不良的效果；所以，此刻我将这种保守落后的思想和英国教育家的"四岁就该读莎剧"的主张和精神相比，真是太感惭愧了。

我心里的第一个强烈反响是什么呢？也要在此实话实说。我一向不喜欢某些论调，即不管哪些方面，总是人家外国的好，我们自己怎么、怎么不行。而今天，在这个问题面前，我却老老实实地钦佩英国人对于自己民族文化伟大代表作的那种无可比拟的崇敬和骄傲的精神心理。一提到莎士比亚这个名字，那就等于触及了他们全民族的、全文化历史的灵魂命脉，那种崇高神圣是如此深入到每个英国人的内心深处，并无例外，不容动摇。

而我们呢？谁是可以相当于中国莎士比亚的文学巨人呢？这个问题不是由我个人来回答，而是文化、教育、文艺等各界人士普遍承认：《红楼梦》是中国的一部文学巨著，其作者曹雪芹就相当于中国的莎士比亚，而曹雪芹那样的文学巨人是中华民族的骄傲。

——既然如此，那么我们能否向上述英国教育家那种勇敢而坚定不移的自信精神来学习一番呢？

当然，要回答这个问题，那情况可能就是意见不同，而且会引起争议、辩论不休。如果是这样，其实并不为奇，也无妨大局。我们仍然应该遵循百花齐放、百家争鸣的方针政策；其次也可能出现另一种意见：我们中华民族的作品《红楼梦》是否可以与英国的莎士比亚名作毫无分析、区别等同起来？莎翁作品的内容是否就是与曹雪芹作品之内容可以一概而论？这些就都是我们必须细致而深入考虑的问题。所以不应该很轻易简单地把曹雪芹、莎士比亚硬比起来。

我非常赞同上面的这一种考虑文化问题的审慎负责精神。中西文化有同有异，一切不可硬套硬搬，这其实是我一向的看法。但今天在这个"四岁就读莎士比亚"的崭新的石破天惊的主张面前，我却老老实实、诚诚恳恳地表示，我们还是应该重新考虑一下：在儿童的什么年龄、以什么形式和具体做法，适当地提早一点儿让他们接触《红楼梦》问题上，"不要被语言所吓住"。

面对上述问题，估计目前文化教育界的反响（如果有的话）大约是：一、这种主张太"胡闹"、是哗众取宠，甚至其他更尖锐难听的不文明言词。二、因为命题新颖，也感兴趣，开始讨论"四岁"的说法是否合理可行？三、更积极些的是提出自己的"修改"主张，比如"四岁"可以改为"八岁"，如此等等。再不然，比"八岁"更推迟以合中国国情。四、更加审慎，以为几岁的孩子根本接受不了世界或本民族的名著，勉强"灌输"还会发生副作用、坏影响……一句话，又疑又虑,又恐又怕,不敢那么设想,那么试验。

当然——又一次当然,这都是情理之中,绝不能说人家不对。但问题到底还是落到我开头提出的两大根本结论——

一是,有没有一点儿"超越通常""打破一般"的敢想、敢说、敢做的勇敢精神? 二是对于自己民族文化的代表性精神命脉的无价之宝、万世之奇,到底有没有基本的认知自信? 有没有为之不惜一切代价的捍卫和弘扬的胆识胸怀?

《红楼梦》是一部伟大的小说,这句话,似乎不必再重复了吧? 可是让我来提醒你:连这么一个提法,也还是在新中国建国之后才得到普遍认可的呢! 在以前,权威的评价是:它不足与世界一流的作品并列云云。就在建国以后,也还有人说什么是某一两个人把《红楼梦》人为地"拔高"起来的云云。什么是以前的认识呢:就是"吊膀子书"、"情场忏悔"、"色空观念"等等。你看,这就和英国人对待莎士比亚的认识态度不尽相同了。如此,则《红楼梦》应不应该读习? 若应该,从什么年纪才适合? 这样丢下"第一义"的根本问题,而只向次要性问题去纠缠,自然就会喧宾夺主起来。

英国教育家提出的:儿童学习莎士比亚应从四岁开始为宜,而到十四岁就太晚了。这个"四"字从何而产生? 是否人家根据幼儿教育的实践而得出的科学结论,不得而知。我只能说,我们学习的是人家的精神,而不是生搬硬套死规定。如果以为四岁太早了,应该再放宽一些才符合我们的国情,那当然是合理的研究讨论。此刻,我想起著名女作家张爱玲,她自小酷爱文学,十二三岁时读《红楼梦》就能深切地感受到前八十回与后四十回的截然不同。

事有凑巧,前些天我接到浙江平湖红学会寄来一份红学资料,内有小学生写的一二百字的读《红》短文,这个新现象已然引起了我的很大兴趣。更有凑巧者,我的家乡天津津南咸水沽的少年文化宫也创办了一个少儿学《红》班。据介绍,参加的学童人数不少,而文化、教育各界人士都颇感兴趣,前来旁听,了解情况。这样的事例更让我又惊又喜,他们是怎样萌生出这种意念,受了哪些启发呢? 我皆不得知,也未曾细问过。但我相信,这不是一件偶然的、无关紧要的教育创举。

话归本题,我这篇小论文虽然简短,但非无关紧要。我相信这是弘扬中华民族传统优秀文化的一个举足轻重的步骤,如能引起文化、教育各界人士的重视,展开有益的讨论,那就不是个人的一种荣幸,实在是关于民族自尊、自信、自豪的大事了。

读书到苦方觉甜

刘道玉

【刘道玉（1933— ）湖北枣阳人。著名教育家、化学家、社会活动家。1977 年，出任国家教育部党组成员兼高教司司长。1981 至 1988 年年初担任武汉大学校长。现任刘道玉教育基金会会长。】

我在自传《一个大学校长的自白》中，以"读书到苦方觉甜"的专章，叙述了我从私塾到大学再到留苏研究生的学习生活。我并不是苦行僧，但经历归结起来就是一个"苦"字：小时候农村生活苦，十年寒窗苦读，工作中埋头苦干，怎一个苦字了得？但是，我并不觉得其苦，从苦中反而品尝到了付出代价的分量，也获得了某些成功的欢乐。

读书是苦事还是乐事

苦与甜是相对的。元朝诗人白朴的诗句"从来好事天生俭，自古瓜儿苦后甜"，就道出了苦与甜的辩证关系。人们在生活中，也有这样的体验，苦瓜明明是苦的，可南方人就爱吃，因为入口虽苦，却是越品越香甜。读书也一样，有人觉得苦，有人却品到了甜。宋元间学者翁森写了一首《四时读书乐》，其中有四句是这样的："读书之乐乐如何，绿满窗前草不除；读书之乐乐无穷，瑶琴一曲来熏风；读书之乐乐陶陶，起弄明月霜天高；读书之乐何处寻，数点梅花天地心。"与此同时，当时民间也流行一首《四时读书歌》："春天不是读书天，夏日炎炎正好眠，过了秋天又冬至，收拾书箱过新年。"这是一首"不学调"，视读书为畏途，以各种借口逃避读书。

为什么有人觉得读书是乐事,而另一些人认为是苦事呢?读书苦与乐的区别,既反映人们的生活态度,也体现了人们的世界观。林语堂说:"有价值的学者不知道什么叫做'磨练',也不知道什么叫做'苦学'。他们只是爱好读书,情不自禁地一直读下去。……一个人有读书的心境时,随便什么地方都可以读书。如果知道读书的乐趣,他无论在学校内或学校外,都会读书。"我幼时受到的私塾教育,虽然是呆板的,却奠定了我的苦学理念,也初步接受了我国传统文化的影响。我的启蒙老师,开宗明义就是要求苦学,他说:"苦,苦,苦,不苦何以通今古?"再后来,接触到四书五经,特别是孟子的名句:"天将降大任于斯人也,必先苦其心志,劳其筋骨,饿其体肤,空乏其身……",获益更多。孟子这段话的核心就是一个"苦"字,我从内心里接受了他的教言,认为这是实现"以天下为己任"的人生抱负的必经的磨练过程。

什么人才是真的读书人

读书人自然是必须立志于读书,但并非读书的都能称为读书人。什么人才能称为读书人呢?1940年著名学者杨玉清曾著文写道:"以读书混文凭的人,不是读书人;以读书混官的人,不是读书人;以读书为时髦、为装饰的人,更不是读书人。能辅世长民,能经天纬地,那才是中国之所谓的读书人。"这说明,读书必须有正确的目的。带着任何不纯的动机读书,就亵渎了读书的真正意义。张载是北宋大儒,他屏居南山之下,终日危坐一室,左右简编,俯而读,仰而思,有得则识之,或中夜起坐,取烛以书。这是读书人的境界,由于有了这种心境,他才能发出铿锵的名言:"为天地立心,为生民立命,为往圣继绝学,为万世开太平。"这是一种理想,一个知识分子的担当,虽然不是每个人都能实现,却激励了一代又一代的知识分子,沿着这个目标前进!

读书、爱书、藏书,这是一种情怀。毛泽东同志一生爱书、藏书、嗜书如命,总共读过10多万册书,对中国的文化典籍,真正做到了烂熟于心。直到生命垂危,逝世前7分钟还在听人念书。这使他成为饱学之士。善读书者有大才,他的一生,真正实现了辅世长民的理想,建立了经天纬地的业绩。

我一直都以"苦读知书味,创造乐无穷"两句话自勉。在这两句话中,读书与创造和苦与乐都是对仗的。读书不是目的,而创造才是应当追求的目的。一般而言,读书是学习前人的知识,也就是间接知识,而创造则是发明体现新知识的新产品、新技术和新理论。读书当然是辛苦的,这苦不在于机体之劳困,而是冥思苦索之苦。人们通俗说书读进去了,就是指通过苦读而真正理解了书的要义,这也正是学习好与学习不好的人最主要的区别。读书虽然很辛苦,但如果能够用学到的知识从事创造,当新的发明胜利完成,或是得意之作最终诞生,那将会感到无限的快乐!

我们应该怎样读书

中国人与西方人在读书上是有差别的,中国人强调"学以致用",而西方人则更强调"学以致知"。当然,"学以致用"是必要的,但仅仅停留在学以致用上就不够了,应进一步深化境界。"用"和"知"有什么区别呢?德国马克斯·普朗克学会主席彼得·格鲁斯曾说:基础学科是回答"这是为什么",而应用学科回答的是"这有什么用"。以此而论,学以致用只是回答应用问题,而学以致知则回答真知问题。因此,在做学问上,我们不仅需要学以致用,还要学以致知,也即探究事物本源,发现以新理论、新技术为载体的新知识。

读书当然应有选择,不同专业和职业的人需要选择适合自己的书。不过,除了职业之外,还要阅读一些陶冶人文素质的书籍,例如哲学、美学、心理学、文学、历史等方面的著作。我个人的经验是,尽可能地阅读经典著作,因为经典之为经典,不仅是经过长久实践的检验,而且获得了学术界的认同,一般少有谬误流传。大凡经典之作,多出于大师和名家之手,他们严谨治学的态度也反映在书中,如康德、黑格尔、笛卡尔、培根、罗素、弗洛伊德、穆勒、杜威等。在我国文化典籍中,像《史记》、《红楼梦》、《三国志》、《资治通鉴》等,都是传承千百年的名著,受益者不计其数。读好书或是读坏书,是一个极有争议的话题。不过,我认为对于成年人来说,读一些不同学术见解的书,甚至"反面教材",也未尝不可。在读书中,需要有比较和鉴别,这对于提高读者的独立思考和批判能力是有好处的。

当今,网络技术十分发达,不少年轻人喜欢上网,而忽视读书。虽然网络上存储着巨大的信息,但网络不能代替读书。这是因为网络上的资料,是网站技术人员收集和综合的,往往不系统、不全面,也不见得都正确。因此,应当把网上阅读与读经典著作结合起来,使之相互补充。目前读书人不买书和不订阅报刊是很普遍的现象,这与做学问的要求是相悖的。有人曾作过调查,一个拥有数万人的大学,有5000多名教职员工,可是订阅期刊的仅有250人,订阅报纸的只有430人。这与上世纪五六十年代的风气完全不同,那时绝大多数教师都至少订2种专业杂志和一份报纸,人人专心向学。现在,校园里停满了各式名牌的轿车,居室无不装修得富丽堂皇,但就是舍不得花钱买书和订阅报刊。这显然不是金钱问题,可能是精神导向发生了偏移。不少现代人的精神变得虚脱,信仰逐渐迷失,读书风气日衰,这预示着文化的危机,应该引起国家有关部门的高度重视。

读书是毕生的课题。所谓活到老、学到老,我已 78 岁了,中风 14 年,基本上是个残疾人,但仍然坚持"每日必读,每月一新书;每日必思,思有所得;每日必写,写有新意。"在我看来,只要生命不息,就一定读书不止!

最后,我把高尔基的名言赠送给读者朋友们:"爱书吧,它是知识的源泉!"

(《人民日报》2011 年 2 月 15 日)

阅读是一种孤独

毕淑敏

【毕淑敏（1952— ），山东省文登人。中国作家协会会员，国家一级作家，代表作品《红处方》。】

阅读的感觉难以比拟。

它有些像吃。对于头脑来说，渴望阅读的时刻必定虚怀若谷。假如脑袋装得满满的，不断溢出香槟酒一样的泡沫，不论这泡沫是泛着金黄的铜彩还是热恋的粉红，都不宜于阅读，尤其是阅读名著。

它有些像搏斗。阅读的时候，我们不断同书的作者争辩。我们极力想寻出破绽，作者则千方百计把读者柔软的思绪纳入他的模具。在这种智力的角斗中，我们往往败下阵来。但思维的力度却在争执中强硬了翅膀。在读名著的时候，我常常在看上一页的时候，揣测下一页的趋势。它们经常同我的想象悬殊甚远。这种时候我会很高兴，知道自己碰上了武林中的高手。大师们的著作像某一流派掌门人的秘籍，记载着绝世的功法。细细研读，琢磨他们的一招一式，会在潜移默化中悟出不可言传的韵律。只是江湖上的口诀多藏于深山之密室，各个学科大师们的真迹却是唾手而得。由于它的廉价和平凡，人们常常忽视了它的价值。那是古往今来人类最智慧的大脑留给我们的结晶啊！我一次次在先哲们辉煌的思辨与精湛的匠艺面前顶礼膜拜，我一次次在无与伦比的语言搭配之下惊诧莫名……我战胜自己的怯懦不断地阅读它们，勇敢地从匍匐中站起。我知道大师们在高远的天际微笑着注视着后人，他们虽然灿烂却已经凝固。他们是秒表上固定了的纪录，是一根不再升高的横杆。今人虽然暗淡，但我们年轻。作为阅读者，我们还处在生命的不断蜕变之中，蛹里可能飞出美丽的天鹅。在阅读中,我们被征服。我们在较量中蓬勃了自身,迸发出从未有过的力量。

　　阅读是一种孤独。几个人共看一本书,那只是在极小的时候争抢连环画。它同看电影看录像听音乐会是那样的不同。前者是一块巨大的生日蛋糕可以美味地共享,后者只是孤灯下的一盏清茶,只可独啜,倾听一个遥远的灵魂对你一个人的窃窃私语。他在不同的时间对不同的人说过同样的话,但你此时只感觉他在为你而歌唱。如果你不听,他也不会恼,只会无声地从书页里渗出悲悯的叹息。你啪地合上书,就把一代先哲幽禁在里面。但你忍不住又要打开它,穿越历史的灰尘与他对话。

　　　　　　　　　　　　　　　　《中国社会报》2007 年 12 月 31 日)

访好书如访美人

韩石山

【韩石山（1947—　），山西临猗县人。1970 年山西大学历史系毕业。现为山西省作家协会副主席、《山西文学》主编。】

好书是要访的。那过程那感受，和访美人无甚差别。寻寻觅觅，曲径通幽，轻叩门儿慢卷帘儿，执子之手，与子偕老，全都一模一样。

有人或许不以为然，说图书馆里有的是好书，借来看看就行了，犯得着费那个工夫？我不作如是之想。借书看，再好的书，也让人有身在青楼的感觉，纵是情意缱绻，终有一别。自己访来的书，可就不同了。朝夕相处，随时取用，可把酒成欢，可相拥而眠，是一种情意，更是一种缘分。在我看来，好书非访不可，得之不易也就格外爱怜。

记得改革开放之初，中华书局的点校本"二十四史"陆续出版，对我这个"文革"前就上了历史系的人来说，不啻是天降甘霖。当时想纵然不看它，也要全买它。那时我还在晋西一个小县城教书，那儿的书店不进这类书，只能趁外出之便多方搜求。最难办的是，初版还没找全，第二版就出来了。我有个毛病，要买一定要买初版的。还有一个原因，初版的封面淡些，新版同样的图案颜色却深了许多。前四史是在太原买的，《明史》是在老家买的。《宋史》怎么也找不见，只好买了新版，插在书柜里，怎么看怎么不舒服。有一年去黑龙江游玩，竟在一个县城的书店里见了初版本，回来后将新版放在书店里卖掉了。搬过几次家，不管什么时候，二十四史都在我身边的书柜里，整整齐齐，一片绿茵。闲暇时看看，真如一个清秀女子侍立身侧，其乐何如！

仍是那次在黑龙江,我跟朋友说,要是能买到黄仁宇的《万历十五年》就好了。内地早已脱销,边远地方的书店说不定会有留存。真也巧了,到了黑河县城,我们去了书店,获得允许去书库里寻找,竟在一个书架的底层发现了 10 本。我和朋友一人买了 5 本。回来自己留下一本,其余 4 本全送了人。后来我的一本让朋友借走没有归还。至今还记得,那黄绿色的封面上,廖沫沙先生写的书名。后来,这本书再版一版比一版阔气,我见了不再买。见过清纯处子的人,艳妇哪能勾起他的兴致!

　　新书要访,旧书更要访。20 世纪 90 年代,我的兴趣转向现代文学人物传记的写作。写《李健吾传》《徐志摩传》时,为了得到两人的原版著作,在石家庄的《旧书交流信息报》上登了广告,表示愿意高价购藏:一本《咀华集》不过 20 元,一本《爱眉小札》不过 30 元。因为喜爱徐志摩,连带的也喜欢上了胡适,总以手上没有胡适的原著为憾事。一次到上海,认识了一位旧书商,去了他家。他告诉我,陈子善先生刚刚挑过,我一听就泄了气,子善挑过,如同悍匪劫过,哪里还会有遗漏之珍。然而,没料到的是,竟找到一本胡适手批的《神会和尚遗集》,封面上有胡适亲笔写的"胡适校本"四字。当时我的兴奋,直如曹孟德赤壁大败后逃到华容道上一样,不能不大笑诸葛亮的千密一疏!

　　从买书读书上,能感到改革开放的步子是阔大的,同时也能感到在某些方面,又是迟缓的,迂回的。比如大陆之外中国学人的著作,身在欧美的,很快就引进过来,而同类著作,台湾学人的,就不那么快捷了。比如何炳棣的《读史阅世六十年》,2004 年在海外出版,2005 年广西师范大学出版社就出了大陆版。而台湾的一大批著名学者的同类著作,则很少见印行的。当然,近年也有所松动。前不久我去厦门,谢泳先生领我去厦大附近的书店闲逛,就看到一套台湾传记文学社编的自传丛书,黄山书社引进出版了。这套书大多是 20 世纪 70 年代出版,大陆印行迟了 30 多年。这套书共 6 册,在厦门只买到 4 册,缺的两册中,有一册是《王映霞自传》,虽说我早就买了大陆版的,但美女之书,岂能漏过。前几天去本地一家书店,踅来踅去,一眼就看见了郁达夫笔下这个"王姬",二话不说,携之以归。还有一册,相信以我的执著,总会购得,以成全璧。

　　西方的心理学上,有情感转移之说。回想几十年来,我在情场上了无建树,朋友多讥为痴愚,自己也引为憾事。而在书场上却多有斩获,访好书如访美人,也算是一种感情转移吧。既如此,何憾之有?

　　　　　　　　　　　　　　　《京华时报》2008 年 5 月 5 日)

摸　书

冯骥才

【冯骥才（1942—　），浙江宁波人。当代著名作家，文学家，民间文艺家。现任中国文学艺术界联合会执行副主席，中国文联副主席，中国小说学会会长，中国民间文艺家协会主席，天津大学文学艺术研究院院长，《文学自由谈》杂志和《艺术家》杂志主编，并任中国民主促进会中央副主席，全国政协常委，国务院参事等职。】

名叫莫拉的这位老妇人嗜书如命。她认真地对我说："世界上所有的一切都在书里。"

"世界上没有的一切也在书里。把宇宙放在书里还有富余。"我说。

她笑了，点点头表示同意，又说："我收藏了4000多本书，每天晚上必须用眼扫一遍，才肯关灯睡觉。"她真有趣。我说："书，有时候不需要读，摸一摸就很美，很满足了。"她大叫："我也这样，常摸书。"她愉快地虚拟着摸书的动作。烁烁目光真诚地表示她是我的知音。谈话是个相互寻找与自我寻找的过程。这谈话使我高兴，因为既找到知己，又发现到自己一个美妙的习惯，就是摸书。

闲时，从书架上抽下几本新新旧旧的书来，或许是某位哲人文字的大脑，或许是某位幻想者迷人的呓语，或许是人类某种思维兴衰全过程的记录——这全凭一时兴趣，心血来潮。有的书早已读过，或再三读过，有的书买来就立在架上；此时也并非想读，不过翻翻、看看、摸摸而已。未读的书是一片密封着的诱惑人的世界，里边肯定有趣味更有智慧；打开来读是一种享受,放在手中不轻易去打开也是一种享受;而凡读过的书,都成为有生命的了,就像一个个朋友,我熟悉它们的情感与情感方式,它们每个珍贵的细节,包括曾把熄灭的思想重新燃亮的某一句话……翻翻、看看、摸摸、回味、重温、再体验,这就够了。何必再去读呢?

当一本古旧书拿在手里,它给我的感受便是另一般滋味。不仅它的内容,一切一切,都与今天相去遥远。那封面的风格,内页的版式,印刷的字体,都带着那时代独有的气息与永难回复的风韵,并从磨损变黄的纸页中生动地散发出来。也许这书没有多少耐读的内涵,也没有多少经久不衰的思想价值,它在手中更像一件古旧器物。它的文化价值反成为第一位了,这文化的意味无法读出来,只要看看、摸摸、就能感受到。

莫拉说,她过世的丈夫是个书虫子。她藏书及其嗜好,一半来自她的丈夫。她丈夫终日在书房里,读书之外,便是把那些书搬来搬去,翻一翻、看一看、摸一摸。每每此时,"他像醉汉泡在酒缸里,这才叫真醉了呢!"她说。她的神气好似看到了过去一幅迷人的画。

我忽然想到了一句话:"人与书的境界是超越读。"但我没说,因她早已懂得。

（《中国社会报》2008 年 4 月 25 日）

我不太读新书

徐城北

【徐城北（1942—　），生于重庆，长于北京，肄业于中国戏曲学院戏曲文学系。曾在新疆和河北工作 15 年。曾在中国京剧院担任编剧，后转入学术研究，任该院研究部主任。中国作家协会会员、北京大学兼职教授。】

　　在读者和编辑眼中，我大概要算是"写书人"了。于是，也就经常接到要我写书评的邀请。写什么书评呢？当然是评论新书。这样，我每每就很尴尬了，因为我不怎么读新书，往往知道市场上出现一些很轰动的书，我也习惯上搁置一两年，等它们有了定评，甚至要等老先生们对之有了美誉，我才另抓时候认真阅读。

　　我是从中年进入专业写作岗位的，那时，国家也恰恰进入了新时期。20 世纪 80 年代前期，我曾很用心读过一些新书，如系统论等"三论"，如一些翻译过来的大部头。后来，我的写作逐步进入自己的轨道，尤其是我把自己限定在"京剧、老字号与京城文化"的"三大块"之后，我就渐渐与新书疏远了。不是否认新书对社会没有教益，而是它们对我"不太直接"。新书的思想营养要想渗透进我的写作范畴，大约要等上一两代人。

　　于是，我开始在写作间隙中反复阅读对我有用的旧书，有些还是公认的"闲书"。我 1997 年在山东画报出版社出过一本《书前书后》，其中记录了在我艰难一生当中时时给我指引方向的许多书。编辑为我的这本书特意做了点评："还很少有哪本书像《书前书后》这样，把人生和书结合得这样紧密，这样心酸，这样实际。我们不妨把它看成作者的自传，青年时代由失学而自学,去边疆,去流浪,到梨园,相伴随则有《青铜器图释》、《诗韵新编》、《中国地图册》、《齐如山全集》……由于作者的特殊生活环境,他读书求教来往者有沈从文、张友松、聂绀弩、吴祖光、翁偶虹、汪曾祺等,这就使《书前书后》又具有了'广义的书'的特点……"

有些让我非常倾倒的前辈,如果他的某本书让读者倾倒了,那我就一定要想方设法把这本书搞到手,抽时间一读。比如最近三联书店发行的《我们仨》,作者杨绛本是我母亲昔日在苏州振华女中时的高班同学,但我从没打扰过她,也没有急着去读这本书。直到社会上普遍反映很好了,直到其销量已突破十万之后,我才从出版社要了一本,自己抽时间仔细读了。最初觉得它的写法很怪,第一章无非就是一篇精短散文,当然很能体现她一贯的文风。第二章就更虚幻缥缈了,一般人的回忆录绝对不会这样写,也只有她才能这样写,也只有她才能把它写得如此之好。所以这个第二章是这本书与众不同之处,它是该书对所有这类书的一种冲刺。

我或许还有个更大的"毛病":偏爱"图文书",喜欢欣赏与摩挲书中的图片、书法以及整体包装。比如王世襄先生不久前又出版了《锦灰二堆》,依然在整体装帧上是那么典雅,唯一遗憾的是其书法不如第一集了。作者也在书尾声明:"目眇之后,近又右手五指发麻,书不成字矣。"联想到最近朱家溍先生的逝世,我心确实悲痛。我国老一辈的文物专家本来就屈指可数,如今又日渐凋零。他们在各自领域内所创立的"绝学",难道真的要从此衰落下去吗?对他们的最大安慰,似乎还不是在其晚年为其出版高规格的作品(当然这也重要),而应该是及时为其配备得力的助手,使这些"绝学"不至于中途断绝。

我愿意看我愿意看的书,更愿意透过看书去看人——看到"写书人"的高尚心灵。

(《深圳特区报》2008 年 4 月 18 日)

枕头下的书

倪梁康

【倪梁康(1956—)，江苏省南京市人。1985 年获
南京大学哲学硕士，1990 年获德国弗赖堡大学哲学博
士。现任中山大学现象学研究所教授。国际 Husserl-
Studies 杂志编委。国际 Orbis Phaenomenologicus 丛书
编委。《中国现象学与哲学评论》期刊编委。】

　　自觉小时候属于喜欢读书的一类。也许是因为父母的职业都与书有
关，得到书的机会很多。那时没有高考的负担，可以尽情尽兴地读。读的
书既多且杂。除了《红楼梦》、《三国演义》等汉语古典名著之外，更多是一
些西方的文学著作，现在想起来，大都是俄、法的小说，短篇、中篇、长篇都
看。从巴尔扎克、司汤达、福楼拜、雨果，到屠格涅夫、莱蒙托夫、契诃夫、
托尔斯泰等人的作品，都曾胡乱地读过。印象比较深刻的例如有车尔尼
雪夫斯基的《怎么办》、屠格涅夫的《贵族之家》、莱蒙托夫的《当代英雄》、
托尔斯泰的《复活》，还有罗曼·罗兰的《约翰·克利斯朵夫》，如此等等，
想下去可以列出一长串。相比较而言，更喜欢的是俄罗斯作家而非法国
作家，罗曼·罗兰和雨果是例外。而在俄罗斯作者中最喜欢的又是屠格
涅夫。或许因为自己本性上是理想主义者而非现实主义者。

　　那时读书已经成瘾，至少可以说是爱不释手。拿到一本心仪已久的
书，常常会舍不得看，就像拿到稀有的糖果舍不得吃。因而枕头下既会藏
着几本小说，也会藏着几粒糖果。也许这就是理想主义者的一种怪癖：把
期待的感觉看得比当下的享受更美好。

　　或许受小时读书的影响，大了以后常看的小说也是俄罗斯的。如陀

思妥耶夫斯基的《白痴》和《白夜》，外部是如此地现实，内心又是如此地理想。当然雨果的《悲惨世界》也属于此类，既是如此地真诚，又是如此地残酷。而所有这些归根到底还是理想。——对这些书只能说，全身心地喜欢！

较少喜欢传记——这也是理想主义者的毛病。但有一本除外：柳比歇夫的传记《奇特的一生》，是苏联作家格拉宁写的。记得当时很佩服作者驾驭文字的能力，把传主单调、机械的一生，写得如此"奇特"。之所以说"当时"，是因为现在读起来，常会感觉里面有造作的成分，也许是因为如今少了投入，也许是因为今天多了成熟。

当然，文笔的魅力只是一方面，打动人的还有那些数据，它们让你惊异地知道：一个人一生可以做那么多的事情！那段时间也曾读到资料，说一个人一生平均要消耗几百吨谷物、上千头牲畜，还不知多少鸡蛋、牛奶、咖啡等等，因此有过文学青年般的沮丧，甚至质疑人生的究竟意义。看了《奇特的一生》之后忽然悟到，生命完全能够创造出比她所消耗的更多的东西。固然最主要的可能还是从这部书中看到了一种生活方式，那种追求最最朴实的人性的生活方式。那时便在书的内页上录下其中一段话：

需要好多年才能懂得，最好不是去震惊世界，而是像易卜生所说的那样，生活在这个世界上。

这样，对人、对那门科学，都要好一些。

柳比歇夫的长处首先在于他懂得这些道理要比其他人早一些。

无法知道这部书是否对自己日后的生活态度和生活方式产生过哪些具体的作用力。能够确定的只是：以后自己常常会想到这部书的内容。例如每当自认为，或者被看作是坐功特别好的人时，也会像柳比歇夫一样自嘲，认为自己属于那类照相时不该照脸，而该照屁股的学者。

这类坐功多半是有前提的，这是在许多年之后才悟出的道理。这个前提就是：你必须是个柳比歇夫意义上的"狄列坦特"。这个词的原意是"半瓶子醋"或"业余爱好者"，但柳比歇夫说它出自意大利文的"狄列托"，即"愉悦"，据此而把它解释为一个做起事情来深得快感的人。我想，倘若一个学者坐功好，但却不是"狄列坦特"，那他便是一个需要怜悯的人了，因为他的坐功无异于自我折磨。

前年和一位大学同学见面，才知道自己那时对这部书竟然如此痴迷，还买了一本送给他，内页上也抄录了这段话，自己倒是全然忘了，他却一直还留着。

另一本无法忘怀的小说是《你到底要什么？》。也是那一时期的苏联作家柯切托夫写的。很喜欢里面伊娅的角色，至今也一直很欣赏她的态度：在物质利益方面要求不高,但也不是禁欲主义者。

而最主要的是书名所要说明的东西,每每会给人以触动,虽然其中的情节已经模糊。在以后的日子里,每当做大的决定时,都会用这书名来自问。

人在江湖,有的时候并不知道,也无暇自问:你到底要的是什么?或许如书中所说,"只不过是不喝一百里拉一瓶而喝两千里拉一瓶的酒,不住一个小房间而住有十个大房间的公寓,不是只有一套衣服而是有十五套衣服罢了。"而为此付出的代价却可能是你的自由——精神的或肉体的自由。

我想,一旦一个人能够回答书名所提的问题,他便算是有了自己的世界观。就我自己而言,虽然不知自己何时有了世界观,却知自己何时知道自己已经有了世界观。这话听来拗口,却是真实不妄的。

原先的那些书,大都是借来的。偶然有一些不必归还的,也因不经意而没能留存下来。《你到底要什么?》在1972年出版后似乎未曾再版,一直没有再见到。以后对这部书牵挂得多了,便借一篇文字征询:何处可以再得?后来果然有一位做编辑的朋友看到文章,给我送了一本他的藏书。于是像是得了一个天大的惊喜。——这也属于书的命运之故事中的另一个章节了。

关于这两本书已经说得太多,在这篇短文中所占篇幅已经不成比例。但既然是回忆,也就无法整齐划一和面面俱到。不敢说这两本书对我的影响最大,只能说它们至此对我印象最深。

此外,读起来兴趣不算很大,却仍有影响的是一些拉拉杂杂的《中华活页文选》。里面文史哲什么内容都有,读起来不成系统,读到哪算哪。但也很有意思。现在想起来,觉得那些书的编写水平实在是比较高的,竟可以让一个中小学生读起来不感到厌倦。近几年看到书店还在出着这个系列,便又买了一些,但终究没有时间再去细读。

写到这里便有些感慨。若计算一下,恐怕现在花在写书上的时间要比花在读书上的时间要多,而且还多出许多。虽然自己绝不属于那种想读一本书便可写出七本书来的角色,但读书更多带有功用的目的,这已经是无法否认的了。纯粹的读书,亦即只是为了读书而读书,这种情况似乎越来越少。

当然,话说回来,什么才叫纯粹的读书?如果将它定义为不带功利目的的读书,那么儿时的读书也不算纯粹,因为那时也有满足好奇和兴趣的基本意向,尽管是无意识的,却也是功用的一种。如果说纯粹,那时的读书可说是纯粹地审美。这样一来,现时的读书也就可以或多或少地称作纯粹地求真。这个时候,主观感性的满足退居于次席,客观理性的追求充当了主角。与历史和现今的思想家们对话、论辩,其中也不乏深度的愉悦。这些恐怕都与儿时的读

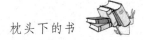

书有关,至少不能说,现时的读书与儿时的读书完全就是两码事。

费希特曾说,你是什么人,就选择什么样的哲学。我常想这是一个鸡生蛋蛋生鸡的问题,因为反过来同样可以说,你选择什么样的哲学,你才成为什么样的人。

这个道理显然也可以用在读书上:你是什么样的人,就读什么书!反过来,你读什么书,你就成为什么样的人!

《南方周末》2008 年 3 月 28 日)

跋

人类社会有一个永恒话题,那就是"怎样读书"。

大凡读过书、爱读书的人都思考过这个问题。对这个问题,各人有各人的经历和感受,但一旦形成经验和见解,其影响就不是个人,而是一代又一代人,以至成为一种传统、一种精神。中国人的读书传统和读书精神,就是由一代又一代中国人的读书经验和读书见解凝成的,这本集子就是一个缩影。

在这本集子中,一代伟人毛泽东的分量最重,让我们充分领略到作为读书人的毛泽东,无论在艰苦卓绝的环境里,还是在日理万机的时期中,所展现出来的读书生活和读书风采。在他身上,集中体现着中国人专心致志,坚持不懈,博览群书,多读多思的读书传统和读书精神。还有那些名人和学者,他们的读书经历和经验,无不表明读书如人生行走,无论疾速还是舒缓,都是人生历程的一种体验、一种收获。疾速中见眼光,舒缓中见胆识,专心中见涵养,坚持中见功力;都表明有眼光、有胆识、有涵养、有功力的读书,自然会把书读活,把书当人看,与其对话,与其交流,与其结成伴侣。这样,人随书走,书随人行,如鱼饮水,如水育鱼,生命便鲜活、亮丽、丰富起来。至于许嘉璐、朱永新等的文章,则告诉我们,当代人如何养成科学的读书习惯,如何珍惜时光去读书做学问,如何发扬中国人优秀的读书传统和读书精神,去读好当代的书,未来的书,把读书当成一种人生责任、社会责任。

读书是一种责任。一个爱读书的人,是一个有希望的人;一个爱读书的民族,是一个有希望的民族。在倡导终身学习的学习型社会中,作为一种负责任、有希望的读书,不是浮躁的读书、功利的读书,而是一种沉潜的读书、思考的读书,回归养心缮性,含英咀华的读书。类似这样的道理,从这个集子中都可以领悟到。

感谢书籍和社会教会我们读书,教会我们做人。让我们觉得,人与书结缘,便像人与人结缘。见到书籍,便像见到爱人;捧起书本,便像牵携爱人。有爱人相伴左右,日月也随之增色,天地也随之宽广,人生也随之丰富,前景也随之灿烂。因而,品赏这些篇章,真是福中之大福!遂编成集子,将福与读好书、走好路、做好人的人们共享。

感谢本节所选文献相关作者的支持。但是,虽经我们多方努力,仍有部分作者尚未联系到,渴望这些作者看到本书后联系我校或出版社,我们将尽快奉上稿酬和样书。

许序修

2012 年 8 月 18 日

图书在版编目(CIP)数据

怎样读书/许嘉璐等著,许序修选编. —厦门:厦门大学出版社,2012.9(2016.12重印)

福建省厦门双十中学校本读本

ISBN 978-7-5615-4271-2

Ⅰ. ①怎…　Ⅱ. ①许…　②许…　Ⅲ. ①读书方法－中学－课外读物　Ⅳ. ①G634

中国版本图书馆 CIP 数据核字(2012)第 087084 号

厦门大学出版社出版发行

(地址:厦门市软件园二期望海路 39 号　邮编:361008)

http://www.xmupress.com

xmup @ xmupress.com

厦门集大印刷厂印刷

2012 年 9 月第 1 版　2016 年 12 月第 2 次印刷

开本:720×970　1/16　印张:18.25　插页:2

字数:318 千字　印数:2001～4000 册

定价:32.00 元

本书如有印装质量问题请直接寄承印厂调换